琉球諸語と古代日本語

日琉祖語の再建にむけて

Ryukyuan and Premodern Japanese:
Toward the Reconstruction of Proto-Japanese-Ryukyuan

田窪行則／ジョン・ホイットマン／平子達也［編］

くろしお出版

Ryukyuan and Premodern Japanese:
Toward the Reconstruction of Proto-Japanese-Ryukyuan

© Yukinori Takubo, John Whitman and Tatsuya Hirako, 2016

First published 2016

All rights reserved. No part of this publication may be reproduced,
stored in a retrieval system, or transmitted in any form or by any means,
without the prior permission in writing of Kurosio Publishers.

Kurosio Publishers
3-21-10, Hongo, Bunkyo-ku, Tokyo 113-0033, Japan

ISBN 978-4-87424-692-4
printed in Japan

目　次

はじめに iii

第 1 部　古代日本語に関する研究

第 1 章　古語辞典における実証形と推定形 .... 早田輝洋　　3
　　　　　――上代語を主として

第 2 章　日琉祖語の音韻体系と連体形・已然形の起源
　　　　　... ジョン・ホイットマン　21

第 3 章　上代東国語の移動動詞について .... ケリー・ラッセル　39
　　　　　――コーパスによる研究

第 4 章　諺文以呂波雑考 .... スエン・オースタカンプ　57

第 5 章　平安時代語アクセント再考 .... 平子達也　77
　　　　　――式（語声調）は幾つあったのか

第 2 部　琉球諸語の歴史的研究

第 6 章　日琉祖語の分岐年代 .... トマ・ペラール　99

第 7 章　琉球諸語のアスペクト・テンス体系を構成する形式
　　　　　... かりまたしげひさ　125

[i]

第 8 章　声調言語としての宮古祖語　　　　　　　　　　松森晶子　*149*
　　　　――特にその TBU として機能する韻律上の単位について

第 3 部　琉球諸語の共時的研究

第 9 章　南琉球与那国語の格配列について　　　　　　　下地理則　*173*

第 10 章　徳之島浅間方言の名詞アクセント体系　　　　　上野善道　*209*

第 11 章　琉球諸語のアロキュティビティー　　アントン・アントノフ　*235*

第 12 章　ドゥナン（与那国）語の動詞形態論　　　　　　山田真寛　*259*

　　　　　　　　　おわりに　　　　　　　　　　　　*291*
　　　　　　　　　索引　　　　　　　　　　　　　　*297*
　　　　　　　　　執筆者紹介　　　　　　　　　　　*301*

はじめに

　この論文集の出版に至る経緯について簡単に述べたい。本書に採録された論文は 2013 年 2 月に京都大学文学研究科で行われたワークショップ「琉球諸語と古代日本語に関する比較言語学的研究」で発表されたものが中心となっている。このワークショップは京都大学文学研究科の「若手研究者による国際ワークショップ」事業実施経費として若手研究者の国際交流を推進する経費により企画されたワークショップのうちの一つである。これはなんらかの形で京都大学と関係のあった若手研究者を招いて、研究交流を図ろうというものであった。ここでは簡単に企画意図について述べ、発表してくれた若手研究者の紹介をしたい。

　ワークショップの計画、人選は当初から本書共編著者である平子達也氏と私が行った。まず、テーマであるが、日本語史と琉球諸語にかかわるものとした。琉球諸語は日本語と唯一同系性が証明されている言語群であり、それらが日本語と分岐したのは日本語文献が現れる以前であると考えられる。琉球諸語の研究には、古代日本語の知識が必須であり、古代日本語の理解には琉球諸語の知識が不可欠である。しかし、日本の研究者で双方に通じているものはそれほど多くない。したがって古代日本語、琉球諸語の研究者が一同に会することに意味があると思われたからである。

　発表者は、京都大学から平子氏と田窪、それに若手研究者として京都大学言語学専修で田窪のもとで日本学術振興会の海外特別研究員として研究を行ったトマ・ペラール (Thomas Pellard) 氏、スエン・オースタカンプ (Sven Osterkamp) 氏、クリス・デービス (Chris Davis) 氏、同じく特別研究員として研究を行った山田真寛氏、それにこれまでさまざまな形で研究会やワークショップで田窪、平子氏と交流のあった下地理則氏、ケリー・ラッセル (Kerri Russell) 氏、アントン・アントノフ (Anton Antonov) 氏にお願いした。さらに、若手以外の研究者として全体を見渡し、指導的な役割をしてくれる研究者としてジョン・ホイットマン (John Whitman) 氏、早田輝洋氏に発表

を依頼した。

　ペラール氏は筑波大学で古代日本語の音韻の研究を行い、さらに琉球諸語比較言語学に転じ、大神のフィールドワークを中心にして、そこから宮古祖語の再建を行い、さらには琉球祖語の再建、日琉祖語の再建を行っている若手比較言語学者である。氏の研究の特徴は多くの比較言語学者とは異なり、文献による言語調査以外に広範囲でしかも深いフィールドワークを通じた一次資料によるデータを使っていること、また、分子系統モデル (molecular phylogenetics) という生物学のモデルを援用した最新の比較言語学の方法を用いて研究を行っていることである。また、上代の日本語に通じているだけでなく、琉球諸語の深い知識を持つ氏の研究は日本のすべての方言学、比較言語学、琉球諸語の研究者にとって模範にすべきものと思われる。本書に収録された「日琉祖語の分岐年代」の発表原稿は、Academia.edu という研究者が論文を置く SNS サイトで 3000 以上のビューを誇る注目の論文である。

　オースタカンプ氏は現在主として外国文献に現れる日本語の研究を行っている研究者である。氏の上代日本語の木簡を中心としたボーフム (Bochum) 大学の修士論文は非常に評価が高く、修士論文がそのまま博士論文として受理されるという破格の扱いを受けている。京都大学言語学専修で日本学術振興会海外特別研究員を終えた後、母校で教授として 20 代で採用されている。京都大学ではすこし時代を下って、室町後期、江戸あたりの朝鮮文献を中心に日本語研究を行った。氏は多くの朝鮮文献資料の発見を行っており、代表的なものとしてはバチカン図書館蔵『伊呂波』、シーボルト旧蔵にかかるマンチェスター・ジョンライランズ図書館現蔵『倭語類解』の欧州所在朝鮮資料 2 点などがあげられる。ワークショップではこれらの研究のなかから諺文『伊呂波』について、欧米、韓国、日本の資料から考察したものを発表してもらった。

　山田氏はアメリカのデラウェア (Delaware) 大学で形式意味論・統語論で博士号を取った後、京都大学言語学専修で日本学術振興会の特別研究員として 3 年間研究を行った。この時に喜界島、宮古島などのフィールド調査に加わり、その後、与那国の滞在型のフィールドワークを行いながら、与那国語の記述研究を行っている。彼は長期滞在を通じて、話者との交流を深め、与那国語で調査ができるまでに土地の言語に通じている。現在は、母語話者自

身による言語調査の指導を行い、与那国語の維持、再活性化に尽力をしている。発表は与那国語の動詞形態論であった。

　下地氏はオーストラリア国立大学から、宮古語伊良部方言に関する記述文法で博士号を取った研究者で、琉球諸語の若手研究者のリーダー的な存在である。また、類型論にも詳しく、琉球諸語を広い見地から記述、説明できる研究者である。氏はワークショップでは宮古語の双数に関する発表をされたが、本書では現代琉球諸語に関する類型論的解説を依頼したため、より一般的な内容である琉球諸語の格表示に関する論文を投稿されている。この論文は琉球諸語にとどまらず、格表示の類型論にかかわる画期的な提案となる可能性を秘めている。

　アントノフ氏は、博士論文としてはトルコ系諸言語に関するものであった。氏は大変なポリグロットで、専門のトルコ系諸言語だけでなく日本語、朝鮮語、ロマンス系言語、バスク語、グルジア語など20になんなんとする言語をほとんど母語のように駆使する。しかも、これらの言語の歴史にも詳しく、日本語の上代語、中期朝鮮語など古代語にも通じている。この発表では琉球諸語を中心にアロキュティビティー（allocutivity：非項が聞き手活用をする現象）に関する現象を類型論的に考察していただいた。氏は、本書での考察がその一部となる他の諸言語におけるアロキュティビティーの論文をいくつも公刊している。本稿は日本語で書かれたアロキュティビティーに関する最初の論文である。

　平子氏は、ワークショップ当時京都大学言語学専修の博士課程の学生で、日本学術振興会の特別研究員（九州大学）を経て現在実践女子大学国文学科の助教をしている。専門は、日本語の音調の歴史であるが、視野は非常に広く、琉球諸語、朝鮮語などの知識もあり、多くの方言のフィールドワークも並行して行いながら、一般言語学的な見地から日本語音調史を研究している。海外からの発表者への連絡、執筆に関しての著者、出版社との連絡はすべて平子氏が行った。企画から、出版まで氏の労を多としたい。

　ラッセル氏はハワイ大学で古代日本語に関する論文で博士号を取り、オックスフォード大学の研究員として、古代日本語のデータベース（FRELLESVIG, Bjarke; HORN, Stephen Wright; RUSSELL, Kerri L; and SELLS, Peter. *The Oxford Corpus of Old Japanese*: http://vsarpj.orinst.ox.ac.uk/corpus/ojcorpus.

html)の作成を行ってきた。このデータベースは近代以前の日本語のオンラインテキストデータベースの構築を目的にし、現在は上代語を中心として、テキストのみならず文法的なアノテーションも含んだ画期的なデータベースである。氏は、現在は同大学日本語言語学科の講師である。ワークショップではデータベースを用いた古代日本語動詞の格表示に関する論文を発表され、本書でもその論文を提出された。

　早田氏とホイットマン氏は若手を中心とするワークショップに参加され、基調講演をされた。早田氏の発表は日本語の文献を扱う言語学者が心得ていなければならない事実について詳しく述べたもので、若手の研究者のお手本となる研究内容であった。ホイットマン氏のものは日琉祖語の活用に関する論文でこれもこれから日本語研究に志す若手研究者にぜひ読んでいただきたい。ホイットマン氏には編者の一人として企画段階から参加していただいた。

　ワークショップで発表された論文のうち田窪のものとデービス氏のものはすでに発表誌が決まっていたため本書には採録されなかった。また、全体のテーマの統一性を増すため、また、若手研究者の研究内容を補完するために琉球諸語の論文をかりまたしげひさ氏、松森晶子氏、日本語アクセント論の論文を上野善道氏に依頼した。それぞれ日本を代表する研究者であり、現在の琉球諸語研究、日本語研究の水準をしめしていただいた。快諾されたお三方に感謝したい。

　本書の論文はすべて編者が二人ずつ読み、読者として様々な観点からコメントした。それにこたえる形で改訂したものを再提出していただいている。コメントに真摯に対応していただいた著者の皆さんに感謝したい。

　最後に、ワークショップの企画から、編集のこまごまとした作業、著者との連絡、校正作業全般に八面六臂の活躍をされた平子氏に感謝したい。本書は氏の働きなくしては完成できなかったといえる。また、くろしお出版の荻原典子さんには企画の最初から完成にいたるまで大変お世話になり、感謝します。

第1部

古代日本語に関する研究

第1章

古語辞典における実証形と推定形[1]
── 上代語を主として

早田輝洋

1. はじめに

(1)

a　よみ【黄泉】《ヨモツのヨモの転。ヤミ〔闇〕の母音交替形か》死者のゆく所。地下の世界。あの世。よみのくに。「しにむしろに待たむと、隠沼の下延へ置きて、うち嘆く妹(いも)が去(い)ぬれば」〈万二〇六〉†*yomï

b　よみがへ・り ヨミガヘリ【蘇り】《四段》《黄泉(よみ)かへ(り)の意》死んだ人、死にかけた人が命を取りもどす。「わたつみの沖に持ち行きて放つともよれもそれが―りなむ」〈万三三七〉。「忌むことのしるし―りてなむ」〈源氏夕顔〉†yomï- gaperi

c　かむなづき【神無月】《もと「神の月」の意か。ナは連体助詞であったが、平安時代になると一般に使われなくなったので、無シのナと思われ、「神無月」の俗説を生じたか》陰暦十月の称。「─しぐれに逢へる黄葉(もみち)の」〈万一五九〇〉↓かみなづき。†kamunaduki

---

1　本稿は 2013 年 2 月 19 日、京都大学文学研究科で開かれた「琉球諸語と古代日本語に関する比較言語学的研究」で発表した同名の報告に修正を加えたものである。発表の際に有益な指摘を下さった多くの方に心から感謝の意を表したい。

上代語（奈良時代およびそれ以前の文献時代の言語）の語形や使用例を
ちょっと見ようとするには手頃な小さな古語辞典が便利である。そのような
ものの一つとして筆者も愛用している『岩波 古語辞典 補訂版』（2013）があ
る。いま「ヨミ」〈黄泉〉、「ヨミガヘル」〈蘇生〉、「カムナヅキ」〈十月〉につ
いてその辞書を引くと（1）のようになっている。

　問題の3語はそれぞれ見出し語として「よみ」「よみがへり」「かむな
づき」となっていて、3語とも上代文献『万葉集』＜8世紀＞に用例があ
り、それぞれ上代音は「yömï(ヨ$_乙$ミ$_乙$)」、「yömïgaFeri(ヨ$_乙$ミ$_乙$ガヘ$_甲$リ)」、
「kamunadukï(カムナヅキ$_乙$)」であるとされている。ただ単独名詞「よみ」
の上代音ヨ$_乙$ミ$_乙$だけは推定形の記号「*」が附されている。

　上代語の専門家以外の人は（1）を見て、3語とも万葉集に上記の音形で
存在し、単独名詞「よみ」の上代音形だけが推定形である、と思うのではな
かろうか。事実は、上の3語の万葉集からの引用部分は、それぞれ（2）の
とおりである。見出語部分は下線部のとおりの漢語表記であって、上代語音
は表記されていない。句と句の間に適宜スペースを置いた。(1a)の「しし
むしろ」は「ししくしろ」の誤植[2]。

(2)a　宍串呂 黄泉尓將待跡 隠沼乃 下延置而 打歎 妹之去者　　　万 9-1809
　 b　海若之 奥尓持行而 雖放 宇礼牟曽此之 将死還生　　　　　 万 3-327
　 c　十月 鍾礼尓相有 黄葉乃　　　　　　　　　　　　　　　　 万 8-1590
　　　　　　（出典略称：万＝万葉集、記＝古事記、紀＝日本書紀）

上に見るとおり3語とも原表記は漢語であり、いずれも見出語の「よみ」
「よみがへり」「かむなづき」の和語は、少なくともその歌としては、推定形
である。

　本稿では古語辞典の類で上代語を確認する際に注意すべきこと、上代文献
で実証されている語形と推定された語形との区別について改めて考えてみた
いと思う。

　理論上の辞書形・基底形は特に断らなくても推定形であることが明らかで
あるが、表面形は文献に実証される形と推定形とを明確に区別すべきであ

2　同辞典の「ししくしろ」の項に同じ歌が引用されている。

る。古語辞典の類は便利で手っ取り早い。しかし、音仮名表記例が実証されていなくても推定形と明記せずに推定形が登録されているのを多々見かける。

　上代語の語形を知るためには当然原資料に当たるのが、それができなければ少なくとも原資料の写真複製に当たるのが望ましい。しかし、原資料で実証されている形を集大成したものがあるのならば便利に違いない。それが古語辞典の類である。いま手許の五つ六つの辞典を見たところ、これは少なくとも初学者が上代語の実証されている語形を求めるためには、安易に使えるものでないことに気づく。

　本稿は、日本語特に上代日本語文献に詳しい諸賢には自明のことであろうが、そういう面に必ずしも得意ではない言語学者、上代日本語を専門にしてはいないが、例えば比較言語学的興味なり類型論的興味なりから上代日本語の語形を求めるために古語辞典の類に頼る言語学者たちのために初歩的な注意事項として書いたものと考えて頂きたい。

2. 上代文献の表記

　上代日本語は漢字で表記されている。当時の漢字音を用いた「音仮名表記」は日本語の音形をかなり忠実に反映しているが、漢字の訓を用いた「訓仮名表記」は、意味は分かるが音は直接表していない。例えば、「天」の表記があった場合、音仮名表記ならばテの音を表していると見られるが、訓仮名表記ならばアマかも知れないしアメ$_\mathrm{乙}$かも知れない。アマの音を表すためには例えば「阿麻」のような音仮名表記の方が曖昧性がなくなる。

　上代語資料に見られる万葉仮名の用い方は歴史的仮名遣い（旧仮名）と対比して「上代特殊仮名遣い」といわれる。

　仮名遣いとは、音の違いに対応しない文字（仮名）の遣い方、例えば「現代仮名遣い」では、同じ [o] の音でも文字「お」と「を」を遣い分けたり、同じ [e] の音でも「え」と「へ」を遣い分けたりする決まりをいう。以下（3）に橋本進吉（1950: 196–199 ≒ 1980: 116–120）「萬葉假名類別表」から「コ〔清音〕」「キ〔清音〕」「ケ〔清音〕」の音仮名のみを抜き出して示す。

（3）　コ ｛〔清音〕古故胡姑祜枯固高庫顧孤　　　　　甲類
　　　　　｛〔清音〕許己巨渠去居擧虛據莒興　　　　　　乙類

　　　　キ ｛〔清音〕支岐伎妓吉棄弃枳企耆祇祁　　　　甲類
　　　　　｛〔清音〕歸己紀記忌幾機基奇綺騎寄氣旣貴癸　乙類

　　　　ケ ｛〔清音〕祁計稽家奚鷄雞谿溪啓價賈結　　　甲類
　　　　　｛〔清音〕氣開旣概概溉該階戒凱愷居擧希　　　乙類

　「仮名遣い」なら同一の音の日本語に2種類（甲類と乙類）の万葉仮名（漢字）を遣い分けなければならない。例えば、「越し」も「腰」も同音[コシ]だったとしたら、「越し」のコは甲類漢字の中の文字を用いて「古之」「故之」等、「腰」のコは乙類漢字の中の文字を用いて「許志」「擧始」等にすることを、音の支え無しに仮名遣いとして覚えなければならない。「付き」も「尽き」も同音「ツキ」だったとしたら「付き」の「キ」は甲類漢字中の漢字（例えば「伎」を遣って「都伎」）、「尽き」の「キ」は乙類漢字（例えば「奇」を遣って「都奇」）を<u>仮名遣いの約束として記憶</u>しなければならない。
　甲類音漢字と乙類音漢字の音の違いを知っていても、日本語にそれに当たるような音の違いがなければ、甲類グループの漢字も乙類グループの漢字も多すぎて、甲乙同音の日本語を2グループに分けて覚えきれるものではない。
　同じ音の日本語を甲乙の2グループに分けて覚えるのでなく、2種類の音の違うグループ（「越し」コ甲シは [kosi]、「腰」コ乙シは [kəsi]；「付き」ツキ甲は [tukʲi]、「尽き」ツキ乙は [tukʲi]）なら漢字の音を知っている限り、<u>特別の記憶をしないで</u>区別ができる。「上代特殊仮名遣い」とは「仮名遣い」でなく、上代における甲類音節と乙類音節の違いは音の違いである、という解釈をとる。
　8世紀には区別がありながら平安時代9世紀になると殆ど区別のなくなる甲類音節と乙類音節の別も、上代文献に100%実証されているわけではない。子音の清濁も上代の万葉仮名ではおおむね区別があるが、9世紀以降はほぼ中世まで、厳密な意味では第二次大戦後に制定された「現代仮名遣い」までは、辞書・注釈等特に必要とする場合に濁点を附する以外は、娯楽用の

読み物や教科書を除いて必ずしも濁点を附さなかった。むしろ濁点を附さない方が正式であった。第二次大戦後の「日本国憲法」まで有効であった「大日本帝国憲法」の第1章第3条は、「天皇ハ神聖ニシテ侵スヘカラス」と表記されていた。

　そのような表記をされてきた日本語の8世紀までの上代語を中心として、いま手許の辞書の記述について見てみたいと思う。

3. 取り上げた辞書

　古語辞典の類として本稿で取り上げた辞書は手許にある以下のものに限ることにする。本稿で利用した版・刷の年代順に掲げる。

- 『時代別 国語大辞典 上代編』三省堂 (1967) ―― 略称〔上代〕
- 『小学館 古語大辞典』小学館 (1983) ―― 略称〔小古〕
  一冊ものであるが「現代語と語形・語義の異ならないものには、掲出を見合わせたものがあり、【中略】手頃な分量と使い易さを考慮したからである。」という。
- 『新潮国語辞典 ― 現代語・古語 ― 第二版』新潮社 (1995) ―― 略称〔潮国〕
  古語の引用も出典も文句のない挙げ方であるにしても、簡潔であるだけに非専門家はもとより初学者にも正しい利用は難しそうである。現代語引き。
- 『日本国語大辞典』小学館 (2000) ―― 略称〔日国〕
  例文中の見出語該当部分の原文表記が便利。大部で且つ現代語引きで古語を引くのは大変であるが、やむを得ないところであろう。
- 『古語大鑑』東京大学出版会 (2011) 全4巻中第1巻のみ既刊
  　　　　　　　　　　　　　　　　　　　　　　　―― 略称〔古大〕
  例文の原文表記の反映に努めているのは有り難い。
- 『岩波 古語辞典 補訂版』岩波書店 (2013) ―― 略称〔岩古〕
  手頃な一冊ものの古語辞典で、基本語もすべて収めている。

それぞれ工夫を凝らし、新しいものほど原文への復原を可能にするように配慮しているのであるが、古事記・万葉集等の用例は、おおむね訳文の形で挙

げてあり、平仮名・片仮名主体で表記された文献については、「適宜」濁点を加えてある。

　しかし推定形である以上、清濁に関しても推定形であるという標識が欲しいのであるが、実際にそういう標識を各資料（写本類）について附するのは校本の仕事に廻し、古語辞典の類では「適宜」にせざるを得ないのかも知れない。

　古語辞典における記述法については本稿「10. おわりに」でやや詳しく述べる。

4. 被覆形と露出形との関係

　多く現代語にまで続いている上代語の母音交替に（4）のようなものがある。

（4）　　　　　　露出形　　被覆形
　　酒　酒壺　　サケ_乙_　　サカツボ
　　木　木末　　キ_乙_　　　コ_乙_ヌレ
　　月　月夜　　ツキ_乙_　　ツクヨ_甲_
　　神　神風　　カミ_乙_　　カムカゼ

この中の左側の形は「語根の終の母音が語の末尾に露出する場合にも用ゐられ得るものであるから之を露出形と名付け」右側の形は「語根の終の母音が何か他の要素に被はれてゐる場合にのみ用ゐられるものであるから、之を被覆形と名付ける。」（有坂 1957: 50）

　有坂秀世の上の説明と有坂の挙げる（4）の類の数多の例以外に厳密な定義は無い。その定義と例からすると、

（5）　語末音節としてエ列乙類母音で終わる形態素が非語末位置でア列母音で終わる形になって現れる場合、語末音節としてイ列乙類母音で終わる形態素が非語末位置では非前舌母音で終わる形になって現れる場合、非語末位置に現れる形を「被覆形」、語末位置に現れる形を「露出形」

第1章 古語辞典における実証形と推定形

と呼んでいるようである。

　簡単にいえば、被覆形に母音 i が後続した場合に母音融合を起こして露出形が生まれる、と仮定される。(4)の例は(6)のように考えられる(上代語における母音融合に関しては早田 2009; 2010 を参照)。

(6)　　　　　　　　露出形　　　　　　被覆形
　　酒　酒壺　　saka-i → sake乙　　saka-(tubo)
　　木　木末　　ko乙-i → ki乙　　　ko乙-(nure)
　　月　月夜　　tuku-i → tuki乙　　tuku-(yo甲)
　　神　神風　　kamu-i → kami乙　　kamu-(kaze)

上のように有坂の挙げる例では、被覆形から露出形を予測することは可能である。しかし、露出形(ki乙《木》、tuki乙《月》)から被覆形(ko乙、tuku)は予測できない。

　(5)に筆者の言葉で、有坂の意図するところを忖度して露出形・被覆形の定義を述べたが、もっと緩い定義として、同一形態素が独立形や複合語・派生語の語末要素として用いられる場合の形を「露出形」、複合語・派生語の非語末要素として用いられる場合の形を「被覆形」とする使い方も無いではない。このような理解では、形態素「タマ」は独立形「タマ」《玉》では露出形、複合語「タマガキ」《玉垣》の中では被覆形ということになる。この使い方では、被覆形タマから露出形タマを予測することはできない――正しくない形タメ乙が予測されてしまう。自称の謙称ワケ乙《戯奴》とワカクサ《若草》のワカは同源かも知れない。それが正しければ、ワクゴ甲《若子》のワクも同源ということになる。その場合、ワケ乙は「露出形」で、ワカもワクも「被覆形」ということになり、被覆形ワカから露出形ワケ乙は予測できるが、ワクからワケ乙は予測できない。waku-i → wake乙 が成り立つためには u-i → e乙 という一般に認められていない音韻規則を認めなければならないが、実例からも音声的にも困難だと思われる。同源と思われる異形態群は少なくないが、有坂のいう範囲のもの(5)が生産的であるように思われる。

　原表記〈黄泉〉に対する和訓 yömï ヨ乙ミ乙 (1a)は上代文献に実証されていない。古語辞典の類の記述は(7)のとおりである。

　以下、古語辞典の類の挙例では辞書編者の推定形を{ }で囲み、原表記を

「 」で囲み、上代の音仮名表記を[ ]で囲んで下線を引く。9 世紀以後の資料の原表記は《 》で囲む。

（7）　黄泉
　　　〔上代〕{ヨ乙ミ乙}「黄泉」万 9-1804, 1809　《与美津枚坂》祝詞鎮火祭
　　　　　　　　　　　「黄泉」出雲風土記出雲郡
　　　〔小古〕{ヨ乙ミ乙}「黄泉」万 9-1809　　　　《与美》祝詞・鎮火祭
　　　〔潮国〕　　　　 「黄泉」万 9-1804　　　　《与美》祝詞・鎮火祭
　　　〔日国〕{ヨ乙ミ乙}「黄泉」万 9-1809
　　　〔古大〕【まだア行で始まる第 1 巻しか出版されていない】
　　　〔岩古〕{*ヨ乙ミ乙}万 9-1809

上に見るとおり上代文献に音仮名でヨ乙ミ乙となっているものはない。10 世紀以後の祝詞にヨミと読める「与美」の表記がある。勿論甲類音節・乙類音節の区別の失われている時代である。

　上代文献に「黄泉」を意味すると思われる形態素として「よみ」を含む動詞「よみがへる」があるように辞典の類には挙げられているが、この単語も（8）に見るとおり上代文献に音仮名の例はない。

（8）　動詞「よみがえる」の記述
　　　〔上代〕{ヨ乙ミ乙ガヘ乙【ママ】ル}
　　　　「死還生」万 3-327
　　　　　　　　「蘇生」紀敏達 12 年
　　　　　　　　「穌」《与弥加へ利》新撰字鏡＜ 900 年頃＞
　　　　　　　　「醒悟」《ヨミカヘル》石山寺本大唐西域記長寛点＜ 12 世紀＞
　　　　　　　　「穌」《ヨミガヘル》、「活・蘓」《ヨミカヘル》
　　　　　　　　　　　　　観智院本類聚名義抄＜ 13 世紀末頃＞
　　　〔小古〕【「よみがへる」の項目なし】
　　　〔日国〕【現代仮名遣い「よみがえる」、歴史的仮名遣「よみがへる」は明記してあるが、上代語の音は書いてない】
　　　　　　　　「蘇活」《ヨミカヘル》天理本金剛般若経修験記平安初期点
　　　　　　　　　　　　　　　　　　　　　　　　　＜ 850 年頃＞

「蘇生」《ヨミカヘリ》紀敏達（前田本訓＜ 12 世紀頃＞）
〔潮国〕【上代語の音は書いてない】
「死還生」万 3-327
〔岩古〕{ヨ乙ミ乙ガヘ甲リ}万 3-327

「ヨミガヘル」の「ガ」が上代に連濁していたのか否かどころか、今のところそういう複合動詞そのものが上代文献に実証されていないのである。
　先の(1a)の原表記「黄泉」が(7)のようにヨ乙ミ乙と推定されているのは、上代文献にヨ乙ミ乙が実証されていなくても、(a)ヨ乙モ乙ツ、ヨ乙モツの例が(9)のように上代文献で実証されており、そのヨ乙モ乙、ヨ乙モが被覆形であるならば、露出形はヨ乙ミ乙と考えられること、(b)上代に続く中古文献にはヨミが実証されていること、さらに中古文献に「ヨミガヘル」が実証されていることによる。

（9）　[豫母都志許賣]（ヨ乙モ乙ツシコ乙メ甲）記上
　　　　　　　　　　　　　　　　【紀一書第六に「泉津醜女」「泉津狭女」】
　　[泉津平坂此云余母都比羅佐可]（ヨ乙モツヒ甲ラサカ）
　　　　　　　　　　　　　　　　　　　　　　　　　　　紀神代上一書第七
　　[滄泉之竈此云譽母都俳遇比]（ヨ乙モツヘ乙グヒ甲）　紀神代上一書第七

5. 上代語の連濁

　上代文献に動詞「よみがへる」の音仮名表記は無い。その「よみ」は既に上述のように被覆形「ヨ乙モ乙」「ヨ乙モ」の露出形として推定されているが、9 世紀半ばには清濁不明の「ヨミカヘル」がある。濁音表記の「ヨミガヘル」は『観智院本類聚名義抄』＜ 13 世紀末頃＞に実証される。
　上代語の複合動詞（名詞＋動詞）の後部成素の連濁は気になるが、「しま・がくる」＜島隠＞、「こぬれ・がくる」＜木末隠＞、「あま・がける」＜天翔＞、「いは・ばしる」＜石走＞等々前部成素が位置格のものには多々あるようである。「ヨミ・ガヘル」の「ヨミ」も位置格ではある。
　それにしても筆者の知る限り 13 世紀末頃にようやく濁音が実証される「よみがへる」が、8 世紀の上代語音「ヨ乙ミ乙ガヘ甲ル」として(8)のよう

に推定形の標識も無く挙げられている古語辞典の類のあることは知っておくべきである。

　和語の月名も、例として (1c)「十月」を挙げたが、上代の音仮名表記は見出しがたい。古語辞典の類の記述は (10) のとおり。各辞典ともほとんど推定形{カムナヅキ$_乙$}を見出しにしている。

(10) 〔上代〕{カムナヅキ$_乙$}「十月」万 3-1590, 12-3214
　　　〔小古〕{カムナヅキ$_乙$}「十月」万 12-3213
　　　〔日国〕【「かむなづき」を引くと「⇒かんなづき（神無月）」となっているだけ。「かんなづき」を引くと、「(「かむなづき」とも表記)「かみなづき（神無月）」に同じ。」となっていて、書紀雄略天皇即位前（前田本訓＜12 世紀頃＞）として「孟冬」《カムナツキ》が挙げられている。】
　　　〔潮国〕【「かむなづき」を引くと「⇒かみなづき「…（十月）万 8-1590〔雄略紀訓〕」となっている】
　　　〔岩古〕{カムナヅキ$_乙$}万 3-1590

<u>上代文献にカムナヅキ$_乙$は実証されていない。</u>カム－は有坂 (1957: 73–79) の論文「カムカゼ（神風）のムについて」により有力になっている推定形であろう。

6. 連体助詞ナ〜ノ＋連濁形

　「助詞ナ＋連濁形」は上代文献に実証されていないばかりでなく、それ以降現代にいたるまで日常語には見出されていないようである。先上代語属格形態素「ナ」の陰母音形と考えられる「ノ」＋連濁形はどうであろうか。記紀歌謡には存在しないようである。しかし万葉集の 2 例[<u>安麻能我波</u>] 15-3658 と 18-4126 はアマノ$_乙$ガハの表記といえる。しかし他の 2 例[<u>安麻乃可波</u>] 20-4308 と[<u>安麻能河波</u>] 20-4310 のカの清濁は保留したい。

　上代語の「天漢」は[アマノ$_乙$ガハ][アマノ$_乙$カハ]の両形が行われていたかも知れない。12 世紀初頭成立と見られる『図書寮本類聚名義抄』には、「銀（河）＜又云、和名阿麻乃賀波（平平平上平）＞」となっていて、「賀波」

の部分の声点は単点で＜上平＞と打ってあり、清濁は示されていない。
　古語辞典の類の記述を改めて挙げると以下の如くである。

(11)　「天漢」
　　　〔上代〕{アマノ乙ガハ}[安麻能我波]万 18-4126
　　　〔小古〕{アマノ乙ガハ}「天漢」万 10-2068
　　　〔日国〕{アマノガハ}[安麻能我波]万 15-3658
　　　〔潮国〕{アマノ乙ガハ}「天漢」万 8-1518
　　　〔古大〕{アマノ乙ガハ}[安麻乃可波]万 20-4308
　　　〔岩古〕{アマノガハ}万 18-4126

上代文献に「属格助詞ノ＋連濁形」は[アマノ乙ガハ]以外には見出されていないようである。しかし、上代文献『万葉集』に属格助詞「ノ」＋連濁形[アマノ乙ガハ]が少なくとも2例は確かにある。ただ上代に属格助詞「ノ」＋連濁形が[アマノ乙ガハ]だけにせよ有ったとしても、そのまま属格形「ナ」＋連濁形が上代に有ったことにはならない。「カム＋ナ＋ツキ」さえ上代文献で実証されていないのである。連濁形「カムナヅキ」は上代に本当に有ったのであろうか。
　その前にカム＋ナの如き被覆形＋ナが有ったのかどうかを確認しておかなければならない。

7. 被覆形＋ナ

　確実ともいえる被覆形＋ナの例(上代以外のものは行頭を右にずらして示す)：

(12)　被覆形＋ナ
　　　　タ．ナ．スヱ「手端」[多那須衛]紀神代上
　　　　タ．ナ．ソ乙コ乙「手掌」[多那則擧]紀顯宗即位前
　　　　　　　タ．ナ．ココロ「蹈」図書寮本類聚名義抄＜12世紀初頃＞
　　　　ヌ．ナ．(オ)ト乙(瓊音)[奴儺等]紀神代、(瓊音)[奴那登]記上
　　　　マ．ナ．カヒ甲(眼間)[麻奈迦比]万 5-802

マ.ナ.コ「目・眇・瞳・眸・精」観智院本類聚名義抄
＜13世紀末頃＞
マ.ナ.シリ「眦」観智院本類聚名義抄＜13世紀末頃＞

被覆形・露出形の交替の無い形に「ナ」の続いた例には次のようなものがある。

(13)　単音節形態素
　　　ミ甲.ナ.ト甲（水門）[彌儺斗]紀歌謡87、[彌儺度]紀歌謡120
　　　ミ甲.ナ.ウラ（水卜）[美奈宇良]万17-4028
　　　ミ甲.ナ.ソ乙コ乙（水底）[美奈曾己]万20-4491
　　　ミ甲.ナ.ソ乙ソ乙ク（水注）[美那曾曾久]記歌謡103、
　　　　　　[彌儺曾曾矩]紀歌謡95
　　重複形　次のモモは単音節形態素の重複形のように見える
　　　モモ.ナ.ヒ甲ト乙（百な人）[毛毛那比苔]紀歌謡11

多音節被覆形を前部成素とする複合語は、カム.カゼ（神風）、アマ.クモ（天雲）等のように、一般に「ナ」「ノ」無しで複合した。カムにナの続いた複合語として有坂(1957: 76)に「古語に神の坐す森を加牟奈備【カム.ナ.ビ乙】と言ひ、地名又は神社の名になつて居る場合も多い。」として例を多数挙げてあるが、加牟奈備の音仮名例は無い。[カムナビ乙]を表した可能性の有る上代の音表記はせいぜい「甘南備」万7-1125、8-1435、13-3223、13-3227、13-3230程度である。この表記はむしろ [kamnabi] を思わせる。このカム.ナ.ビ乙のビ乙は bʲi 〜 mʲi < moi < mori の音韻変化が考えられるが、有坂博士は疾うに考えていらしたことであろう。いずれにしても多音節被覆形＋ナ〜ノ乙の確たる例が欲しいものである。

8. 後部成素「月」の連濁

　古語辞典類の見出しに「十月」は{カムナヅキ乙}となっているが、この[ツキ乙]の連濁形[ヅキ乙]は上代文献に実証されていないようである。
　上代文献にカムナヅキもカムナツキも実証されていないが、それに続く

時代はどうか。「ム」の仮名は [m] か [mu] か問題である。先に挙げた書紀雄略天皇即位前（前田本訓＜ 12 世紀頃＞）「孟冬」《カムナツキ》のカムナは [kamuna] か [kamna] か分からない。カムナツキのツキや例の多い「カミナ月」の「月」は [tuki] なのか [duki] なのか。

17 世紀初のイエズス会宣教師等による Caminadzuqui、Vdzuqui『ロドリゲス大文典』、Caminazzuqi、Vzzuqi『日葡辞書』までは十二ヶ月の和語の月名の清濁は実証されていないようである。

(14)　十二ヶ月の月名　（大＝『ロドリゲス大文典』、日葡＝『日葡辞書』）
　　　1 月［武都紀］（ムツキ乙）万 5-815、［牟都奇］（ムツキ乙）万 18-4137
　　　　　　　　　　　　　　　　　　　Mutçuqui 大、Mutçuqi 日葡
　　　2 月　　　　　　　　　　　　　　Quisaragui 大、Qisaragui 日葡
　　　3 月「三月」紀孝霊 4（ヤヨヒ）北野本訓＜ 12 世紀＞　Yayoi 大、日葡
　　　4 月　　　　　　　　　　　　　　Vdzuqui 大、Vzzuqi 日葡
　　　5 月［佐都奇］（サツキ乙）万 17-3996、17-3997
　　　　　　　　　　　　　　　　　　　Satçuqui 大、Satçuqi 日葡
　　　6 月　　　　　　　　　　　　　　Minadzuqui 大、Minazzuqi 日葡
　　　7 月「七月」紀欽明元（フツキ）北野本訓＜ 12 世紀＞
　　　　　　　　　　　　　　　Fumidzuqui 大、Futçuqi、Fumizzuqi 日葡
　　　8 月「八月」紀神武即位前（ハツキ）北野本訓＜ 12 世紀＞
　　　　　　　　　　　　　　　　　　　Fatçuqui 大、Fatçuqi 日葡
　　　9 月「九月」紀応神（ナカツキ）北野本訓＜ 12 世紀＞
　　　　　　　　　　　　　　　　　　　Nagatçuqui 大、Nagazzuqi 日葡
　　　10 月　　　　　　　　　　　　　Caminadzuqui 大、Caminazzuqi 日葡
　　　11 月「十有一月」紀神武即位前（シモツキ）北野本室町時代訓
　　　　　　　　　　　　　　　　　　　Ximotçuqui 大、Ximotçuqi 日葡
　　　12 月「十有二月」紀仁徳前田本室町訓（シハス）　Xiuasu 大、日葡

上代文献に実証されている月名は(14)に見るとおり、ムツキ乙とサツキ乙だけである。上代文献にカムナヅキ乙は実証されていないが、十二ヶ月の月名以外の「〜月」の［ヅキ］に、「三日月」が〔岩古〕に mikadukï すなわち［ミ甲カヅキ乙］万 6-994 として挙げられているものの、原表記「若月」の他に音仮名

表記は無い。なお万 11-2464 も「若月」である。万 6-993 には「三日月」の例がある。いずれにも音仮名表記は無い。

『ロドリゲス大文典』（17世紀初）、『日葡辞書』（17世紀初）以前に少なくとも『図書寮本類聚名義抄』（12世紀初頃）と『観智院本類聚名義抄』（13世紀末頃）になると(15)のような濁音例が見られる。

(15)　　［モチヅキ平平平濁上］「望月」図書寮本類聚名義抄
　　　　［ホシヅキノムマ上上上濁上〇〇〇］「落星馬」観智院本類聚名義抄

上代語の入門書等には、万葉仮名の甲乙の区別は力説しているが、清濁の区別は自明のこととして触れていないのが一般のようである。それでもそれらに附載されている万葉仮名一覧表には、例えば「度」「土」はト$_甲$のところにもド$_甲$のところにも載せられている。

　万葉仮名音仮名の清濁は、a) おおむね清音文字、b) おおむね濁音文字、c) 清濁両方にまたがって用いられる文字、の三種に分けられるとすべきもののようである。以上の a)b)c) のそれぞれに d) 資料による違いの交叉したものが万葉仮名一覧表ということになる。

9. 後代の実証語形を、前代の実証されていない語形に援用する問題

　既に見たようにヨ$_乙$ミ$_乙$、ヨ$_乙$ミ$_乙$ガヘ$_甲$ル、カムナヅキ$_乙$は上代文献に実証されていないが、後代の文献にはそれぞれの後代の形と思われるものが(16)のように見出されている。それを基にして、またそれ以外の根拠からも、上代の語形を推定・復原して古語辞典の類に載せている。

(16)　　　　　ヨ$_乙$ミ$_乙$　　　　　ヨ$_乙$ミ$_乙$ガヘ$_甲$ル　　　　カムナヅキ$_乙$
　　　上代　　　？　　　　　　　　？　　　　　　　　　　？
　　　中古　ヨミ＜10世紀＞　ヨミガヘル＜10世紀＞
　　　近世　　　　　　　　　　　　　　　　　　　　　カミナヅキ＜17世紀＞

一般に昔の文献に実証されていない形を、明らかな音韻変化の証拠がなくても、後代の形から復原してよいのか。具体的に、上代文献で清濁が実証されていない場合に後代の文献の清濁を援用して上代の清濁を復原していること

が多々ある。正規の音韻変化でない変化としてタレ＞ダレ「誰」は近世に起こり始めた変化で、ちょっと古い童謡や流行歌でもタレである。「あの子はたあれ」「誰か故郷を想はざる」「誰か夢なき」「誰に恋せん」等等みなタレであるが、今やダレと歌う人もあるようである。モミチ＞モミヂ「黄葉、紅葉」も音韻変化でない変化として有名である。

(17) 上代の黄葉・紅葉
　　　〔上代〕名詞［毛美知］（モミ甲チ）万 15-3707、17-3993；
　　　　　　　　　　　　　　　　　［母美知］（モミ甲チ）万 19-4222
　　　　　　動詞「毛美知たりけり」【原表記［毛美知多里家利］
　　　　　　　　　　　　　　（モミ甲チタリケ甲リ）】万 19-4268
　　　　　　　　［毛美都］（モミ甲ツ）万 14-3494【東歌】、
　　　　　　　　［毛美照］（モミ甲｛テル｝）万 8-1628
　　　〔小古〕名詞［毛美知］（モミ甲チ）万 15-3716
　　　　　　動詞［毛美都］（モミ甲ツ）万 14-3494【東歌】、
　　　　　　［毛美知多里家利］（モミ甲チタリケ甲リ）万 19-4268
　　　〔日国〕名詞［毛美知］（モミ甲チ）万 15-3707
　　　　　　動詞［毛美都］（モミ甲ツ）万 14-3494（東歌）、
　　　　　　「毛美知たりけり」【原表記［毛美知多里家利］（モミ甲チタリケ甲リ）】万 19-4268
　　　〔潮国〕名詞（上代は「モミチ」）［毛美知］万 17-3993、15-3707
　　　　　　動詞［毛美都］（モミ甲ツ）万 14-3494【東歌】
　　　〔岩古〕名詞［毛美知］（モミ甲チ）万 17-3993
　　　　　　動詞［毛美照］（モミ甲｛テル｝）万 8-1628【「照」は訓仮名であるが、子音語幹動詞 momit- と推測される】

この単語は中古平安期以後の文献では「モミヂ」になり、現代でも［モミジ］と発音されている。

(18) 中古の黄葉・紅葉
　　　『観智院本類聚名義抄』
　　　　　　「黄葉」［モミヂバ平平平濁平濁］、「黄草」［モミヅ平○上濁］

上代では黄葉の派生元の動詞は (17) の例（[毛美₉知多里家₉利]（モミ₉チタリケ₉リ））にあるように四段活用 momit- であり派生名詞形は momiti であるが、平安期にその t が d に換えられると、momid- というダ行四段活用動詞は無いから (18) の第 2 例のように上二段活用 momidi- にならざるを得ない。

服部四郎博士はかつて授業で、これはモミチ＞モミヂの音韻変化ではなく、上代のモミ₉チは口頭語としては忘れられてしまったが、濁音表記をしない中古期の歌人たちが上代の「毛美知」等を[モミヂ]と読んで書き言葉として使ったのだ、と仰っていた。この改新形モミヂは、きっかけは誤読でも一般に使われるようになれば共時的に正しい形である。現代の「他人事」ヒトゴト＞タニンゴトも同様の運命をたどるのかも知れない[3]。当然こういう語形は祖語には遡らない。後代のモミヂのような形から上代の形をモミヂと再構してはいけない。日本語や満洲語[4]のような清濁無表記の時代を経た言語は、安易に新しい濁点表記形を根拠にして古形を再建しないように慎まねばならない。

10. おわりに

上に書いたような古語辞典の類の記述は、国語学の世界では常識であっても言語学者の間でどれだけ知られているか心配である。古文献の表記は信頼の置ける校本と原資料（の写真複製）を見ることが前提になっている、と考えるべきである。

『古語大鑑』第 1 巻の「表記様式凡例」には次のように書かれている。

〔A　平仮名・片仮名主体で表記された【非上代】文献からの挙例〕

3　モミヂはモミチが消失してから出てきた形であるらしいのに対して、タニンゴトはヒトゴトが生きているうちに生まれて勢力を伸ばしている点が違う。タニンゴトの発生伸展は振仮名廃止と音訓制限という文字政策が原因と考えられる。

4　モンゴル語を用いて読み書きしていたトゥングース系の満洲人は、16 世紀の末年にモンゴル文字を用いて満洲語を書き始めた。そのモンゴル文字は母音の広狭・子音の閉鎖摩擦・清濁（有声無声に近い）も区別しない文字（無圏点満洲文字）であったが、公的には 30 年余で「まる（圏）」や「てん（点）」を振って（有圏点満洲文字で）清濁等を区別するようになった。

「一、本文には、適宜濁点を加えて提示する(下線筆者)。清濁の判定は、語の清濁を明示する資料のうち、当該文献の成立時期に近接する資料を援用して、可能な限り当時の清濁の別に順うよう努めた。」(p. xxii)【中略】
〔F　特殊な引用形式をとる文献からの挙例〕
「一、古事記・万葉集等、【中略】原文の表記をそのままに掲示しても、それを即時用例として利用することが困難であると思われる文献からの挙例(下線筆者)については、以下の操作を加えた。a、用例は、原文を基にして作成した所謂訳文の形で提示し、当該見出語の部分についてのみ、原文の表記を＜　＞に括って付記した。」(p. xxvii)【以下略】

すなわち信頼の置ける良心的な辞書でも、上代資料からの挙例の例文は「原文を基にして作成した所謂訳文」であり、「原文の表記」は(『古語大鑑』の場合)＜　＞に括った「当該見出語の部分」以外は保証されていない。『古語大鑑』の挙例は、(19)の如くである(「うづき」の例としての引用)。

(19)　木(こ)の暗(くれ)のうづき＜四月＞し立てば夜隠(よごも)りに鳴くほととぎす　　　　　　　　　　　　　　　　　　　〔万 19-4166〕

この原文は、

(20)　… 許能久礼能四月之立者欲其母理尓鳴霍公鳥 …

音仮名を片仮名で表記すれば、(21)のようになる。

(21)　… コ乙ノ乙クレノ乙四月シ立者ヨ甲ゴ乙モリニ鳴霍公鳥…

根本的な問題として、漢語しか表記していないのに、その漢語を表す和語を当てることが可能なのか、ということがある。しかし辞書としては推定形でも附さざるを得ない。推定形であることが明示されていればよいのであるが、すべての推定形に推定形標識を附するのは実際的でないから、見出語についてのみ原表記を＜　＞で囲むしかなかったのであろう。見出語部分以外についての原文表記を復原するには可成り問題があるが、それでも最近の辞書のやり方として望ましい方向に進んでいるといえよう。

参照文献

有坂秀世(1957)『國語音韻史の研究 増補新版』東京：三省堂.
橋本進吉(1950)『國語音韻の研究(橋本進吉博士著作集4)』(105–200)東京：岩波書店.［岩波文庫『古代国語の音韻に就いて 他二篇』(1980: 11–120)に採録.］
早田輝洋(2009)「上代日本語の母音」『水門』21: 左1–13.
早田輝洋(2010)「上代語の動詞活用について」『水門』22: 左1–29.

参照辞書

本文で用いた〔 〕内の略称を先に示す。利用した版の発行年代順に挙げる。
〔上代〕(1967)『時代別 国語大辞典 上代編』三省堂.
〔小古〕(1983)『小学館 古語大辞典』小学館.
〔潮国〕(1995)『新潮国語辞典―現代語・古語―第二版』新潮社.
〔日国〕(2000)『日本国語大辞典』小学館.
〔古大〕(2011)『古語大鑑』東京大学出版会(全4巻中第1巻のみ既刊).
〔岩古〕(2013)『岩波 古語辞典 補訂版』岩波書店.

第2章
日琉祖語の音韻体系と連体形・已然形の起源

ジョン・ホイットマン

1. はじめに

本稿では日琉祖語（pJR）の母音体系と音節構造を再検討し、動詞活用の再建との関係について論じる。主な主張は下記の通りである。

(1) pJR の母音体系は6母音からなる：*i, *u, *e, *ə, *o, *a（服部 1976）
(2) 8世紀中央方言（以下上代語あるいは上代中央方言、OJ）の段階では名詞拘束語幹と接辞の間の母音調和がまだ存在していた。その母音調和は舌根調和（tongue root harmony）であった。
(3) pJR には、閉音節語幹動詞（四段活用の祖先）のほかに、閉音節名詞語幹、閉音節からなる拘束形態素（活用語尾・接辞）も存在した。
(4) pJR での連体形語尾は閉音節 *-or であった。
(5) pJR の已然形は連体形から派生されたものである。

本稿では、上代語の内的再建を行う場合にはその再建された言語を「先上代語」（早田 2006、Whitman 1990 の pre-Old Japanese）と呼び、日琉語族諸言語間の比較を考慮に入れる場合、「日琉祖語」（服部 1979、proto-Japanese-Ryūkyūan = pJR）と呼ぶ。

2. 母音体系

服部 (1976: 10, 1978: 101) 以来、多くの研究者は pJR には下記の 6 つの母音があることを認めている (Frellesvig and Whitman 2008b, 早田 1998, Miyake 2003, Serafim 2008, Pellard 2009, 2013 参照)。

(6) 日琉祖語の母音体系と上代語への発達[1]

*i > i$_甲$ *u > u
*e > e$_甲$, i$_甲$ *ə > o$_乙$ *o > o$_甲$, u
*a > a

(6) の母音体系に一種の母音調和が (化石化された形で) 働いていたことは有坂 (1934) と池上 (1934) 以来の見解である (次節参照)。「先上代母音調和説」では、*ə(>o$_乙$) は *o(>o$_甲$)、*a、*u と対立する。この 1 対 3 の比率は不均衡であることを踏まえて、服部 (1979: 113) は上代語と琉球祖語の比較に基づいて pJR にもう 1 つの母音 *ü を再建した。

(7) pJR の母音 (服部 1979)

*i *ü *u
*e *ə *o
*a

服部 (1979) は、上代語における「火」/pwi/(pi$_乙$) と「皆」/mwina/(mi$_乙$na) が対応する琉球祖語形は、予測される *pe、*mena ではなく、*pi、*mina である、という根拠をあげている。しかし Whitman (1985) が指摘するように、この 2 つの例は円唇子音 *p、*m に続くものである。琉球祖語以前の段階では円唇子音に続く *ə が円唇化して *o と合流したと仮定すれば、pJR の再建形 *pəj、*məjna は、先琉球祖語の段階では *poj、*mojna になる。Pellard (2013) が示すように、日琉祖語の *oj (と *uj) は琉球祖語の段

---

[1] 上代語の母音体系は Frellesvig and Whitman (2008b) に従い以下のように解釈する。

i = i$_甲$ u
ye = e$_甲$ o = o$_乙$ wo = o$_甲$
e = e$_乙$ a

階では*ɨとなる。これで服部があげた OJ /wi/(i₂)：琉球祖語*i の対応を、更なる母音を仮定せずに説明することができる。Thorpe (1983: 228–229) も概ね同じ分析を行っている。

日琉比較の問題とはまた別に、早田 (2006: 7) は、(7) は「母音調和としてはおかしい…(7) の母音体系は、(A)*ə*o の円唇性が一致しない、(B)*e*a が共に男性母音である、という点で、奇麗な母音調和を成す体系ではない」と指摘している。同じような批判は、Frellesvig and Whitman (2008a) の7母音説に対しても当てはまる。Frellesvig and Whitman は服部とは別の観点から、中舌母音*ɨ を再建している。(8) に示す。

(8) pJR の母音 (Frellesvig and Whitman 2008a)
    *i   *ɨ   *u
    *e   *ə   *o
            *a

(8) では、*ə*o だけではなく、*ɨ*u も円唇性が一致しないので、母音調和の観点から考えれば問題は一層深刻である。Frellesvig and Whitman による7つ目の母音*ɨ の再建は、上代語に見られる母音交替に基づいた仮説である。/wi/(i₂) を含めた名詞語幹は一般的に /u/ か /o/(o₂) と交替するが、(9)–(10) に示すように、/e/(e₂) が /o/(o₂) と交替することもある。

(9) a.　止禰利 (神楽歌・大宮) toneri「舎人」　＜　tono 殿 + iri 入り
　　b.　恵沼 (十巻本和名抄) wenu　＜　wo 小 + inu 犬
(10) a.　mo「藻」～ me₂「海藻」
　　b.　yo₂「枝」～ e₂「枝」
　　c.　yo₂-「良い」～ ye「良い」
　　d.　so-「背」(被覆形)～ se「背」(露出形)

ただし、(9)–(10) の用例をよく見ると、その不均質性が目立つ。(9b) の「恵沼」は10世紀の例で、(10a–c) は様々な資料に現れる基本形の異形である。(10d) だけが典型的な名詞の被覆形～露出形の交替である。平安時代の例 (9b) を除けば、/e/(e₂)～/o/(o₂) の交替は舌頂子音に続く環境に限られることが分かる。/wi/(i₂)～/o/(o₂) の交替の典型例が円唇子音 /p/ と軟口蓋

子音 /k/ の後に限られることを考慮に入れれば、上代語では /o/(o乙) の交替は先行する子音の高音調性・低音調性 (acute・grave) の対立により左右される可能性が大きい。そうだとすると、祖語に新たなる母音を仮定する必要はない。

3. 母音調和のありさま

服部 (1979) と Frellesvig and Whitman (2009) の 7 母音説を排除するもう 1 つの根拠は、上代語と祖語に見られる母音調和のありさまである。早田 (2006: 13) が指摘するように、先上代語に再建すべき母音調和の対は (11) のようになる。

(11)　　*i > i甲　　　*ə > o乙　　　*u > u　　　「女性母音」
　　　　*e > e甲　　　*a > a　　　　*o > o甲　　「男性母音」

(11) の対立を裏付ける形態論的対立は、名詞の被覆形＋属格助詞 -no乙 〜 -na の交替と動詞の尊敬形 -o乙s- 〜 -as- の交替である。

(12)　月の tuku no乙　火の po no乙　令聞 kiko乙s-　令負 opo乙s-　「女性母音」
　　　水 *me na > mi甲 na　　　手 te na　　刀良斯 to甲 ras-　「男性母音」

早田 (2006: 14) の指摘の通り、(11) は先清時代満洲語の母音体系 (13) と一致する。

(13)　先清時代満洲語の母音体系（早田 2006: 14 による）
　　　　i　　　ə（ローマ字転写で e）　　u　　「女性母音」
　　　　e(ɪ)　　a　　　　　　　　　　　o　　「男性母音」

完全に (11) の体系と一致する東北アジアの言語としては、ニヴフ語があげられる。

(14)　ニヴフ語の母音体系 (Gruzdeva 2015 に基づく)
　　　　i　　　ə　　u　　「ATR 舌根前伸」
　　　　e　　　a　　o　　「RTR 舌根後縮」

［ATR］は advanced tongue root（舌根前伸）を、［RTR］は retracted tongue root（舌根後縮）を指す。現在のニヴフ語の母音調和は生産的でないが、(15) のように、限られた環境ではその痕跡が見られる。

(15)　ニヴフ語接頭辞代名詞の母音調和（Gruzdeva 2015）

「ATR 舌根前伸」名詞語幹 řlə「空」		「RTR 舌根後縮」名詞語幹 řla「銛」
	ñi-řlə「私の空」	ñe-řla「私の銛」
÷	tʻi-řlə「君の空」	tʻe-řla「君の銛」
÷	ji-řlə「彼の空」	je-řla「彼の銛」
÷	pʻi-řlə「自分の空」	pʻe-řla「自分の銛」

　ツングース諸語のうち、(13) の先清時代満洲語以外にも、ツングース祖語の 8 母音の数を 7 つ、あるいは 6 つに減らした言語がある。これらの言語が示す母音調和は、ツングース祖語に比べて範囲が限られてきたものもあるが、祖語を含めて一般的に舌根母音調和と分析される（Li 1996）。舌根後縮母音調和を前提にした Ko et al.(2014) による、ツングース祖語といくつかの子孫言語の母音体系を (16) に示す。

(16)　舌根後縮母音調和分析によるツングース祖語の再建と諸語の対応

(Ko et al. 2014)

ツングース祖語	エヴェン語	オロチョン語	オロチ語	ウデヘ語	ナナイ語	ウイルタ語
*i	i	i	i	i	i	i
*ɪ	ɪ	ɪ	i	i	ɪ	ɪ
*u	i/u	i/u	i/u	i/u	u	u
*ʊ	ʊ	ʊ	ʊ	u	ɔ	ʊ
*ə	ə	ə	ə	ə	ə	ə
*a	a	a	a	a	a	a
*o	u/o	u/o	u	u	u	u/o
*ɔ	ɔ	ɔ	ɔ	ɔ	ɔ	ɔ

6 母音体系としてはウデヘ語が注目に値する（Nikolaeva and Tolskaya 2001）。Ko et al.(2014) は、舌根母音調和を東北アジアの地域的特徴として捉え、ツングース語族やニヴフ語のほかに、モンゴル語族、チュクチ・カムチャツ

カ語族、朝鮮語、ユカギール語が舌根母音調和を示していると指摘している (Janhunen 1981、松本 1998 も参照)。松本 (1998: 52) は先上代語における母音調和も舌根母音調和類型に属するものであった可能性を指摘しているが、舌根前伸・後縮の対立と母音体系の関係を明確にしていない。(11) で、「女性母音」を「ATR 舌根前伸母音」と解釈し、「男性母音」を「RTR 舌根後縮母音」と解釈すればその関係は明確である。(11) を [Front]、[Back]、[Round]、[ATR]、[RTR] という 5 つの素性で記述すれば (17) のようになる。

(17)　舌根母音調和分析による日琉祖語母音体系の再建

　　　[Front]　　　　　　　[Back]
　　　　　　　　　　　　　　　　　[Round]

i	ə	u	[ATR]
e	a	o	[RTR]

　服部 (1976, 1978) の再建では、日琉祖語の短母音 *e と *o がそれぞれ先上代語の段階で *i と *u に合流し、上代語の段階に残された /e/(e甲) と /o/(o甲) はすべて長母音 *ee と *oo に由来するとされる。Frellesvig and Whitman (2004, 2008b) では、*e と *o が *i と *u に合流しない環境は多くの場合が語末か語幹末なので、韻律的に顕著な位置で元の母音が保たれると仮定すれば、日琉祖語に母音の長短の対立を再建する必要はないと指摘している。いずれの説を認めても、*e > *i、*o > *u といった、「中高母音の上昇」(Mid Vowel Raising) による合流は動詞活用における母音調和に大きな影響を及ぼしたはずである。なぜなら、活用語の語幹に後続する語尾 *-i (動詞の連用形)、*-u (動詞の終止形)、*-u、*-uru (動詞の連体形) *-ki < *-ke (形容詞の連体形)、*-ku (形容詞の連用形) において、もし日琉祖語の段階で母音調和による母音交替があったとしても、その交替は *e > *i、*o > *u の合流によって喪失されたはずだからである。

　上代語に起きた中高母音の上昇、つまり *e > *i、*o > *u の合流の結果、*i : *e と *u : *o を弁別する素性 [±RTR] が低母音以外には弁別的でなくなったと見なされる。高母音の間で [±RTR] の区別を失った言語としては (16) のウデヘ語があげられる。ウデヘ語ではツングース祖語の [+RTR] 母音

*ɪと*ʊが[-RTR]の*iと*uに合流した。[±RTR]の区別が残っているのは低母音の /a/：/ə/ と /ɔ/：/u/ のみである。上代語の場合、[±RTR]の区別が残っていたのは、(12)の例で見られる*aと*ə>o乙のみであった。

4. 音節構造

日琉祖語に語末閉音節が動詞語幹以外にも存在したという仮説は、村山(1962)や服部(1979: 106–107)により提唱されている。服部は「先日本祖語」(日本祖語に内部再建を適用して再建された、祖語以前の段階)に*-rの語末子音を持つ非活用語幹を次のような対応に基づいて仮定している。

(18)　　先日本祖語　　　日本祖語　　　　　上代語（服部 1979: 106–107）
　　a.　**kur-　　　　*kui, *kur-a　　ki乙ri /kwiri/「霧」kura「暗」
　　　　**kurmu　　　 *kumu　　　　　 kumo乙 /kumwo/「雲」
　　b.　**pür　　　　 *püi　　　　　　pi乙 /pwi/「火」
　　　　**pürnə　　　 *pürnə　　　　　pono乙 /pono/「火の」
　　c.　**tar　　　　 *tai　　　　　　te- /te-/「照、輝」
　　　　　　　　　　　　　　　　　　　首里方言 A 時代[2] *te: > *ti: tiida「太陽」
　　　　**tarma　　　 *tama　　　　　 tama「輝く丸いもの、珠」

(18)の具体例には疑問点があるとはいえ、服部が仮定した語末の*-rの発達過程は規則的である。同じ語内に母音が後続する場合には**rは /r/ として残るが、形態素境界で子音が後続する場合には**rは脱落し、音韻句末では口蓋化して /i/（もしくは半母音 /j/）になる。音韻句末の流音の口蓋化は、たとえば Gurage 語 (Leslau 1992) で見られる、きわめて自然な現象である。現在の鹿児島方言でも、狭母音の脱落後、/r/ が半母音 [i] に口蓋化する現象(19)があることを木部(2001)が述べている。

(19)　［mai］「鞠」　　　［çi:］「昼」　　　［ai］「ある」　　　　（木部 2001: 43）

---

[2] 「首里方言 A 時代」は服部(1979)が想定する、*e が /i/ に上昇する以前の、現代首里方言の祖先である。

服部の「語末子音説」では、pi_乙「火」〜 po-(「炎」など)のような母音交替は語末子音の口蓋化・脱落として説明される。先日本祖語の**pür「火」(本稿の母音体系では**pər)では音韻句末の**rが口蓋化して*iもしくは半母音*jとなり、祖語の*pəjはただちに上代語の「露出形」pi_乙/pwi/となる。先祖語の**pər=nə「火の」では音韻句末の**rが属格**=nəの前で脱落し、そのまま上代語の「被覆形」po=no_乙/po=no/「火の」となるわけである。

それに対して、従来の多くの研究では、pi_乙〜 po- のような母音交替は母音語幹と語尾*-iの融合により派生したものだと解釈されてきた(Yoshitake 1930など)。この「語尾*-i説」による典型例の分析を(20)に示す。

(20) a. 乙類 i_乙 (/wi/) の交替

   露出形   被覆形
   i_乙 < *u+i mi_乙 (万3757 安我未)「身」 < *mu+i 〜 mu-
   i_乙 < *ə+i ki_乙 (万812 紀尓茂)「木」 < *kə+i 〜 ko_乙-

b. 乙類 e_乙 の交替

   露出形   被覆形
   e_乙 < *ə+i se (万3725 和我世故)「背」 < *sə+i 〜 so_乙-
   e_乙 < *a+i te (万3724 奈我弖乎)「手」 < *ta+i 〜 ta-

代表的な研究として、阪倉(1966)は*-iを名詞(体言)の派生語尾と捉えているが、問題の*-iには一定の意味論的・統語論的機能が見当たらない。たとえば、上記の(20)の「身」「背」「手」はすべて「身体の部分」という意味的領域に収まるが、同じ母音交替を示すpi_乙〜 po「火」や ki_乙〜 ko_乙「木」はまったく異なった意味的領域に属する。一方、「身体の部分」に属する pa「歯」など母音交替を示さない語彙もある。幻の形態素*-iをいわゆる上代語の主格助詞 =i に結びつけようとする説もあるが、この説ではいつ*-iが現れるか、いつ現れないか規則的な説明がないため容認できない。Whitman and Yanagida(2014)が示すように、『続日本紀宣命令』や初期訓点資料に見られる主格助詞 =i は祖語より後世のもので、朝鮮語からの借用語である可能性が強い。

「語尾*-i説」と違って、「語末子音説」では母音交替の原因となる語末子

音は名詞語幹の一部分なので、意味論的分布がなくても特別おかしくない。ただし、この説でも、語末の*rを再建する積極的な根拠を示してくれる名詞は少ないので、上記の(18)のような例以外の場合は、語末子音として硬口蓋接近音（palatal approximant）*jを再建しなければならない。従って、この説では「身」「木」「背」「手」のように、母音交替を示す一音節名詞は*CVjの形で再建される。

(21)　「語末子音説」で再建される母音交替を示す名詞語幹
　　　露出形　　　　　　　　　　被覆形
　　　mi乙/mwi/「身」　　＜　*muj　　〜　mu-
　　　ki乙/kwi/「木」　　＜　*kɨj　　〜　*kə- > ko乙-
　　　se「背」　　　　　＜　*səj　　〜　*sə- > so乙-
　　　te「手」　　　　　＜　*taj　　〜　ta-

(18)のほかに、語末の*rを支持する例はあるだろうか。たとえば、母音交替を示す名詞「神」kami乙/kamwi/ 〜 kamu- がその一例である可能性はある。

被覆形kamu-は延喜式祝詞の天皇系神名Kamuromi「神漏彌」とKamuroki「神漏伎」に現れる[3]。「彌」はwomi甲na「女」、omi甲na「婆」の-mi甲-に対応し、me甲「女」の母音e甲が語中で上昇した結果であると考えられる。「伎」はoki甲na「翁」の-ki甲-に由来すると一般的に考えられているが、「漏」については諸説がある。「漏」-roを属格助詞と見なす説もあるが、この形の属格助詞はほかに見られない。むしろ、omiとokiをそれぞ

---

[3] ここでは詳細を割愛するが、この2つの名詞は仮名例にkami乙rumi/kamiwirumi/「賀味留弥」、kami乙ruki/kamwiruki/「賀味留岐」（『常陸風土記』香島郡717〜724）、kaburoki「加夫呂伎」（『祝詞』出雲国造神賀詞927）、KAMIro甲mi「神漏弥」KAMIro甲ki「神漏伎」（『祝詞』祈年祭出雲版訓927）がある（大文字表記はその部分が（音）仮名表記ではなく、漢文（つまり、訓）表記である事を示す）。本居宣長が『古事記伝』で指摘するように、原義は「神祖」（『日本書紀』白雉元年2月の項720）である。宣長の語源説「カムアレオヤギミ」は形態素順序を正しく捉えているが、/a/, /e/, /ja/, /mi/の省略を想定するところに無理があろう。現在は、ro甲を助詞と見なす説が一般的であるが、名詞の被覆形と語尾の間に立つ「ロ」の根拠がない。いわゆる「感動の助詞」roは乙類なのに対して、カミロミ・カミロキの「ロ」は「ル」と交替するので、甲類の「ロ」ro甲/rwo/<*roに遡るであろう。

れ「婆」と「翁」を意味する形態素(-na は愛称)と見なし、Kamuromi「神漏彌」と Kamuroki「神漏彌」の第1要素を kamur- と見なしたほうが、第3音節の形が説明しやすい。つまり、*Kamur+əmi, Kamur+əki > Kamuromi, Kamuroki となるのである。この論理で分析すると、服部(1979)の案の通り、音節末の流音*r は語末では口蓋化し*j となり、(22)に示すように子音の前では脱落し、母音の前でのみ /r/ として残る、という結論になる。

(22)　再建形　　　　　形態素境界前の現れ方　　　　音韻句末の現れ方
　　　*-r　　　　　　　　　　Ø　　　　　　　　　　　*j
　　　*kamur「神」　　　kamu+kaze「神風」　　*kamur# > *kamuj# > kami 甲

5. 上代語動詞の屈折と音節末流音の再建

　上代中央方言における動詞語幹の屈折は、Frellesvig (2010: 54) で表1のように分析されている(一部省略)。表1では、未然形を単独の派生語幹(活用形)と認めていない。

表1　上代中央方言の動詞活用表

活用	語幹	連用	終止	連体	已然	命令
四段	行 yuk-	yuk-i	yuk-u	yuk-u/wo	yuk-e	yuk-ye
ラ変	有 ar-	ar-i	ar-i	ar-u	ar-e	are
上二段	起 okwi-	okwi	ok-u	ok-uru	ok-ure	
下二段	受 uke-	uke	uk-u	uk-uru	uk-ure	uke (-yo)
一段	着 ki-	ki	ki-ru	ki-ru	ki-re	ki (-yo)
カ変	来 ko-	k-i	k-u	k-uru	k-ure	ko
サ変	為 se-	s-i	s-u	s-uru	s-ure	se (-yo)

　表1では、四段動詞(子音語幹動詞)以外における、連体形(名詞化形)語尾と已然形語尾の類似性に注目されたい。母音語幹動詞(二段、カ変、サ変)の連体形に現れる -ur が同じ活用の已然形にも現れる。この類似性をいかに説明するかが本節の課題の1つである。
　さて、動詞活用(屈折)の内的再建を試みた研究としては、大野(1953)と Unger (1977) が代表的である。

表2　大野 (1953) による活用形の再建

活用	語幹	未然	連用	終止	連体	已然	命令
四段	行 *yuk-	*yuk-a	*yuk-i	*yuk-i-u	*yuk-ru	*yuk-ai	*yuki-a
ラ変	有 *ar-	*ar-a	*ar-i	*ar-i	*ar-ru	*ar-ai	*ari-a
上二段	起 *oko-	*oko-i	*oko-i	*oko-u	*oko-uru	*oko-urai	*okwi-yo
下二段	受 *uka-	*uka-i	*uka-i	*uka-u	*uka-uru	*uka-urai	*uke-yo
一段	着 *ki-	*ki-i	*ki-i	*ki-ru	*ki-ru	*ki-rai	*ki-yo

(23)　Unger (1977) による四段活用と二段活用の再建

　　　　　　四段「行く」　　　　　　　　**二段「受く」**
　　　　　　先上代語　＞上代語　　　　　　先上代語　＞　　　上代語
a.　終止　*yuka-u　＞yuku　　　　*uka-gi-u　＞ukagu　＞uku
b.　未然　*yuka-aX　＞yukaX　　　*uka-gi-aX　＞ukagiX　＞ukeX
c.　連用　*yuka-i　＞yuki　　　　*aka-gi-i　＞ukagi　＞uke
d.　連体　*yuku-re-u＞yukuru＞yuku　*uka-gi-u-re-u＞ukaguru＞ukuru
e.　已然　*yuku-re　＞yukure　　　*uka-gi-u-re　＞ukure
f.　命令　*yuka-Ø　＞yukye　　　　*uka-gi-Ø　＞uke-Ø (yo)

大野とUngerの説に関しては以下の (24) のような問題点があげられる。

(24)　大野、Unger再建説の問題点
　　a.　大野の再建では四段動詞の連体形語尾を*-ru、二段動詞の連体形語尾を*-uruと、別の形で再建している。その理由は定かではない。
　　b.　大野の再建では連体形と已然形の関係が不明である（川端1970参照）。
　　c.　Ungerの再建では連体形と已然形の関係は明確であるが、已然形が終止形から、連体形が已然形から派生される根拠が明らかではない。

Ungerによる連体形の再建が、子音語幹動詞（四段動詞）と母音語幹動詞で統一されている点は、大野の再建説と比べて優れているように思われるが、その再建に経済性がないことと (24c) に述べた問題が欠点だといえよう。

大野とUngerの再建にとって共通の問題は連体形の原型である。上代語

以外の事実を考慮に入れると、祖語においては連体形（名詞化形）語尾の母音の原型は、上代中央方言で見られる /u/ ではなく、上代東国方言と現在の八丈島方言で見られる o甲 / wo/, <*o だったことが明らかである（服部 1968, Thorpe 1983, Hayata 2000）。万葉集の東歌には四段活用とラ変活用の連体形語尾 -wo が見られる：

(25)　和妣伊波呂尓　由加毛比等母我　　　　　　　（万葉集 20/4406）
　　　[wa.g.ipa-ro ni　yuk-am-o　pito]
　　　私.の.家-接尾　に　行-已然-連体　人
　　「私の家に行くだろう人」

　上代東国方言の資料（東歌、防人歌）には変異が見られるが、資料を地方別に整理すると、連体形語尾 -wo の分布にある程度の規則性が見られる（水島 1983, Ikier 2006）。これに加えて、八丈島方言の連体形語尾は -o であることはよく知られている（服部 1968, 金田 2001）。さらに、Thorpe (1983: 182) は琉球祖語の連体形として*o を再建している。これらの事実を合わせて考えると、Hayata (2000) に従って、連体形語尾の母音は*o として再建するべきであろう。

　連体形語尾の再建に残る問題は*o と一段、二段、カ変、サ変、ナ変活用に見られる*r との関係である。この問題に対して、服部（1969、Hayata 2000 の報告による）は*-uru、Hayata (2000) は -ro <*-rua の形で再建している。服部説は上代東国方言などにおける事実を考慮すると*-uro に訂正すべきだろうが、それでも、なぜ四段活用では*-ur が脱落するかは説明を要する。これに対して、Hayata (2000) は四段活用の -ro <-rua を連体形語尾の原型と見なし、四段活用以外の連体形に現れる -uru は語幹末母音 -i の逆行同化の結果と見なす。Hayata 説では連体形、已然形の通時派生は (26) のようになる。

(26) Hayata (2000) による四段活用と二段活用連体形の再建

	四段「行く」			二段「受く」		
	先上代語	>	上代語	先上代語	>	上代語
a. 連体形	yuk-rua	> (*)yuk	> yuku	uka-i-rua	> *ukoro	> ukuru
b. 已然形	yuk-rua-gi	> (*)yuko	> yuku	uka-i-rua-gi	> (*)ukore	> ukure

（26）では連体形と已然形の通時的関係が説明される。さらに、四段動詞以外の連体形語尾 -uru の第 1 音節の母音の形が、語尾の第 2 音節の形に影響されているという指摘が大いに参考になる。第 6 節では、この指摘に従って、第 4 節で提唱した語末子音説と組み合わせ、連体形、已然形の再建を試みる。

6. 連体形語尾の再建

本節では、連体形語尾を閉音節 -VC、具体的には形態素末流音を有する *-or の形で再建する。四段動詞における -u（東国方言では -wo）の形は形態素境界前、つまり *-or # の環境で流音が脱落した形である（22）の「形態素境界前の現れ方」と同様に扱う。なぜなら、連体形は名詞節、名詞修飾、連体終止など、ほとんどの場合、助詞や主要名詞といった別の形態素（X）が後続するからである。これを「行く」で示すと、（27）のようになる。

(27) *-or 説による四段活用連体形の派生

　　　先上代語　　　　　>　　　　　　上代語
　　「行く」 *yuk-or#X］　>　（*)yuko#X］　>　yuku#X］

さて、四段活用以外、つまり、一段活用、二段活用と、いわゆる変格活用はどうであろうか。これらの活用に関しては、その起源が 1 音節の開音節 *CV- の語幹に由来するという、Whitman (2008) の見解に従う。一段、カ変、サ変動詞が *CV- の語幹に由来するという説は新しいものではない。ナ変の原型は完了の助動詞 *na-、「往ヌ」の第 1 音節は接頭辞 i- であり、「死ヌ」の第 1 音節は中国語からの借用語である。これらの *CV- 語幹に連体形語尾の再建形 *-or を付加すると（28）のようになる。

(28) *-or 説による一段、カ変、サ変、ナ変連体形の派生
　　　　先上代語　　　　　　　　　　上代語
　　「見る」*mi-or#X]　　　　　　> *miur(*) > miru#X]
　　「来」　*kə-or#X] > *koor#X] > *kuur#X] > kuru#X]
　　「する」*se-or#X] > *soor#X] > *suur#X] > suru#X]
　　「ぬ」　*na-or#X] > *noor#X] > *nuur　　> nuru#X]

　(28) は (i) 語幹母音と語尾母音の同化 (ii) 中高母音の上昇 (iii) 母音連続を解消する流音*-r との音位転換 (metathesis) という順序で派生している。一段活用だけは、語幹母音が語尾の母音より聞こえ度が低いので、同化が妨害される。

　連体形の通時的派生に関する最後に残る課題は二段活用である。Unger 説 (23) と Hayata 説 (26) では、二段活用語幹を派生語幹と捉える。Unger 説では二段活用の派生語尾を*-gi-、Hayata 説では*-i- と分析する。二段活用を派生する形態素には 3 つの機能があったと見なければならない。

(29)　二段活用を派生する形態素の機能
　　a.　形容詞 (状態名詞) から動詞を派生する。「赤」aka- → ake- (起動動詞 inchoative)
　　b.　自動詞から他動詞を派生する。「付」*tuk- → tuke- (他動詞 transitive)
　　c.　他動詞から自動詞を派生する。「裂」*sak- → sake- (逆使役動詞 anticausative)

　(29) の 3 つの機能を持つ形態素を、単なる「使役」または「受け身」の語尾と解釈することはできない。類型論的に考えると、この 3 つの機能を示す形態素は述語「得」、GET のような動詞である。実際に、国語学の研究においては、武田 (1957: 201) や吉田 (1973: 85–86) が、二段活用の「原型」を動詞「得」(ウ、ウル、エ) 由来とする見方を示している。この説に従うと、「得」の語幹は連用形・未然形 e- であり、二段活用は*(C)V- の語幹、つまり e- に由来する、ということになる。「得」の連体形「ウル」の派生を (30) に示す。

(30)　　*-or 説による二段活用「得」の連体形の派生
　　　　　　先上代語　　　　　　＞　　　　　　　　　　　　上代語
　　　「得」 *e-or#X] ＞　　*oor#X] ＞　　*uur#X] ＞　　uru

　上下二段動詞は一般動詞・形容詞語幹と(30)に示した「得」の融合で派生される。Frellesvig(2008)が指摘するように、二段活用は通時的に浅い、二次的な活用なのである。

7. 已然形と連体形の関係

　(26)で見たように、Hayata(2000)の再建では上代語の已然形は連体形＋-gi の融合により派生される。この再建では連体形と已然形の類似性はうまく捉えられているが、再建された形態素 -gi の存在が問題となる。この -gi はどのような意味的機能があるのか、また対応する後世の形態素は何かがはっきりしない。
　連体形語尾を*-or と捉える本稿の見解でも、連体形*-or とそれに続く形態素の融合により派生できると都合がいい。その形態素の候補としては、形式名詞「エ」が有力である。

(31)　　於毛布恵尓安布毛能奈良婆 之末思久毛 伊母我目可礼弖 安礼乎良米也
　　　　母思ふゑに逢ふものならばしましくも妹が目離れて我れ居らめやも
　　　　　　　　　　　　　　　　　　　　　　　　　　　　　　（万 15/3731）

　『万葉集』15/3731 の「恵」(「エ」we)は一般的に「ユエ」(故、理由)の省略形と見なされるが、逆に「エ」we が原型で、「ユエ」yuwe が派生形であり、奪格「ユ」yu と「エ」we の組み合わせからできたという説も成り立つであろう。後者の説と連体形語尾を*-or とする説に従えば、(32)に示すように、*or と*we との融合が已然形の起源となる。

(32)　連体語尾*-or 説による已然形の派生
　　　a.　四段「行く」
　　　　　　　　*r 脱落　　中高母音上昇　　*uw 単純母音化　　母音連続の解消
　　　*yuk-or#we ＞　*yuk-owe ＞　*yukuwe　　＞　　*yukue　　＞　yuke(乙)

b. 下二段「受く」

音位転換　　中高母音上昇　＊uw 単純母音化　母音連続の解消

＊uko-or#we ＞ ＊ukoro#we ＞ ＊ukuruwe ＞ ＊ukurue ＞ ukure(乙)

8. まとめ

　本稿では服部(1976)の6母音説、服部(1979)の日琉祖語語末子音説、早田(2006)の母音調和説を考慮に入れて、日琉祖語における母音調和を含めた音韻体系・音節構造の様相を再検討した。その結果として、複数の側面で日琉祖語は東北アジア言語地域の類型に近いといえると結論付けられる。本稿で仮定した6母音体系に一致する母音調和は東北アジアでよく見られる舌根母音調和であった可能性が強い。限られた語末子音しか存在しないという特徴も東北アジアの類型と一致する。また、5節では、日琉祖語における動詞連体形・已然形の再建に関する従来の説を批判的に再検討した。その上で6・7節では、日琉祖語に語末子音の存在した可能性を考慮に入れ、語末子音を有した形態素の1つとして連体形(名詞化形)の語尾＊-orを再建し、それが形式名詞との融合によりもう1つの不定形屈折である已然形へと発達したという私論を述べた。

参照文献

有坂秀世(1934)「古代日本語に於ける音節結合の法則」『國語と國文学』11 (1): 80–93.

Frellesvig, Bjarke (2008) On reconstruction of proto-Japanese and pre-Old Japanese verb inflection. In: Frellesvig and Whitman (2008b), 175–192.

Frellesvig, Bjarke (2010) *A history of the Japanese language*. Cambridge: Cambridge University Press.

Frellesvig, Bjarke and John Whitman (2004) The vowels of proto-Japanese. *Japanese Language and Literature* 38 (2): 281–299.

Frellesvig, Bjarke and John Whitman (2008a) Evidence for seven vowels in proto-Japanese. In: Frellesvig and Whitman (2008b), 15–42.

Frellesvig, Bjarke and John Whitman (eds.) (2008b) *Proto-Japanese: Issues and prospects*. Amsterdam/Philadelphia: John Benjamins.

Gruzdeva, Ekaterina (2015) Introduction to Nivkh Language. University of Helsinki ms.

池上禎造（1934）「古事記に於ける仮名『毛・母』に就いて」『国語国文』2（10）: 138–159.
金田章宏（2001）『八丈方言動詞の基礎研究』東京：笠間書院.
木部暢子（2001）「鹿児島方言に見られる音変化について」『音声研究』5（3）: 42–48.
服部四郎（1968）「八丈島方言について」『ことばの宇宙』11: 92–95.
服部四郎（1976）「上代日本語の母音体系と母音調和」『月刊言語』5（6）: 2–14.
服部四郎（1978）「日本祖語について・8」『月刊言語』7（10）: 94–102.
服部四郎（1979）「日本祖語について・20」『月刊言語』8（10）: 105–115.
早田輝洋（1998）「上代日本語の音節構造とオ列甲乙の別」『音声研究』2（1）: 25–33.
Hayata, Teruhiro (2000) The liquid and stem-final vowel alternations of verbs in Ancient Japanese. *Gengo Kenkyu* 11 (8): 5–27.
早田輝洋（2006）「上代日本語母音調和覚書」『筑紫語学論叢 II：日本語史と方言』1–16. 東京：風間書房.
Ikier, Steven (2006) *On the attributive and final predicate forms in Eastern Old Japanese*. MA thesis, University of Hawai'i.
Janhunen, Juha (1981) The Korean vowel system in North Asian perspective. *Hangeul* 172: 129–146.
Ko, Seongyeon, Andrew Joseph and John Whitman (2015) Comparative consequences of the tongue root harmony analysis for proto-Tungusic, proto-Mongolic, and proto-Korean. In: Martine Robbeets and Walter Bisang (eds.) *Paradigm change: In the Transeurasian languages and beyond*, 141–176. Amsterdam/Philadelphia: John Benjamins.
Leslau, Wolf (1992) Outline of Gurage phonology. In *Gurage studies: Collected articles*, 1–116. Wiesbaden: Harrassowitiz.
Li, Bing (1996) *Tungusic vowel harmony: Description and analysis*. HIL Dissertations 18. Dordrecht: Holland Institute of Generative Linguistics.
松本克己（1998）「ユーラシアにおける母音調和の2つのタイプ」『言語研究』114: 1–34.
水島義治（1983）『万葉集東歌の国語学的研究』東京：笠間書院.
Miyake, Marc (2003) *Old Japanese: A phonetic reconstruction*. London/New York: Routledge.
村山七郎（1962）「日本語及び高句麗語の数詞：日本語系統問題によせて」『国語学』48: 1–11.
Nikolaeva, Irina and Maria Tolskaya (2001) *A grammar of Udihe*. Berlin: Walter de Gruyter.
大野晋（1953）「日本語の動詞の活用形の起源について」『国語と国文学』350: 47–56.
Pellard, Thomas (2009) Ōgami – Élements de description d'un parler du Sud des Ryūkyū. Doctoral dissertation, École des hautes études in sciences sociales.
Pellard, Thomas (2013) Ryūkyūan perspectives on the Proto-Japonic vowel system.

In: Bjarke Frellesvig and Peter Sells (eds.) *Japanese Korean linguistics* 20, 81–98. Stanford: Center for the Study of Language and Information.

阪倉篤義(1966)『語構成の研究』東京：角川書店.

Serafim, Leon (2008) The uses of Ryūkyūan in understanding Japanese language history. In Bjarke Frellesvig and John Whitman (eds.) *Proto-Japanese: Issues and prospects,* 79–99. Amsterdam; Philadelphia: John Benjamins.

武田祐吉(1957)『万葉集線注釈 2：言語』東京：角川書店.

Thorpe, M (1983) Ryūkyuan Language History. Ph.D. dissertation, University of Southern California.

Unger, J. M. (1977) Studies in early Japanese morphophonemics. Ph.D. dissertation, Yale University.

Whitman, John (1985) The phonological basis for the comparison of Japanese and Korean. Ph.D. dissertation, Harvard University.

Whitman, John (1990) A rule of medial *-r- loss in pre-Old Japanese. In Phillip Baldi (ed.) *Linguistic change and reconstruction methodology*, 511–546. Berlin: Mouton de Gruyer.

Whitman, John (2008) The source of the bigrade conjugation and stem shape in pre-Old Japanese. In: Frellesvig and Whitman(2008b), 159–174.

Whitman, John and Yuko Yanagida(2014) A Korean grammatical borrowing in Early Middle Japanese *kunten* texts and its relation to the syntactic alignment of earlier Korean and Japanese. In: Seungho Nam, Heejeong Ko and Jongho Jun (eds.) *Japanese Korean linguistics* 21, 121–135. Stanford: Center for the Study of Language and Information.

吉田金彦(1973)『上代助動詞の史的研究』東京：明治書院.

Yoshitake, Saburô (1930) The history of the Japanese particle "i". *Bulletin of the School of Oriental Studies* 5 (4): 889–895.

第3章
上代東国語の移動動詞について
――コーパスによる研究

ケリー・ラッセル

1. 序節

　本稿は、上代東国語（1.1 節）における移動動詞に関する予備的調査の結果を報告するものである。これにより、上代日本語一般における移動動詞の項の具現化についての研究が進展することが期待される。本研究では、オックスフォード上代日本語コーパス（OCOJ, 1.2 節）を使用し、東国語において少なくとも1つは顕在化した項のある移動動詞の例を検索し[1]、その移動動詞の項を分析することによって、どのような意味役割を担っているか、また、どのような格助詞と移動動詞とが共起するかを考察した。本稿では、移動動詞を Levin (1993) に従って、次のように分類した：方向移動動詞（verbs of directed movement. 例えば「行く」、「来る」、「渡る」など（2.1 節））；様態移動動詞（verbs of manner of motion. 例えば「落ちる」、「立つ」など（2.2 節））；移動推進動詞（verbs of motion using a vehicle. 例えば「漕ぐ」、「乗る」など（2.3 節））；使役移動動詞（causative verbs of motion. 例えば「遣る」、「寄せる」など（2.4 節））。移動動詞の構造については3節で論じる。

---

[1] 複合動詞の場合、どちらの動詞が項の具現化や意味役割、また格助詞選択に関係するかまだわかっていない（影山 1993; Frellesvig, Horn, Russell and Sells 2010）。よって、本研究では複合移動動詞の例を除外した。

1.1　東国語

　東国語は上代における北日本および東日本の方言の総称である。万葉集の巻14（東歌）と巻20（防人歌）には東国語の歌240首がおさめられている。東国語にはいくつかの方言があり、飛鳥・奈良の地域の方言とは異なった特徴を持つ。東国語についての研究は、福田（1965）、北条（1966, 1983）、水島（1972, 1984a, 1984b, 2003）、Ikier（2006）、Russell（2006, 2008, 2009, 2010）、Kupchik（2011）などがあるが、東国語の動詞の意味的特性についての詳しい研究はない。

　先行研究において東国語の方言はその地理的位置によって3つのグループに分けられている。先行研究でA、B、Cと名付けられたグループを本研究では北東国語（A）、中東国語（B）、南東国語（C）と呼ぶことにする[2]。また、地域が不明の歌は未詳東国語とした。東国語はそれが1つの方言からなるとは思われないのであるが、殆どの資料では地域が分からず、地域の分かる歌は僅少であることには注意したい（表1）。そのため、個々の方言に関する詳しい研究や東国語の諸方言を用いた比較言語学的な分析は難しい[3]。

　ある歌を東国語の歌に分類するにはまず歌の起源地域が東国の特定の地方でなければならない。そのほかに、以下の3つの基準を満たさなければならない：①上代語（奈良の方言）と異なる音韻的特徴；②上代語と異なる文法的特徴；③上代語と異なる語彙的特徴（例えば上代語で使われていない語彙があるなど）。表1に東国語として分類された歌を示す。この分類は水島（1972, 1984a, 1984b, 2003）、澤瀉（1984a, 1984b）、Russell（2006）、Vovin（2009）、OCOJで示されたものに基づいている[4]。

---

[2]　北東国語と中東国語と南東国語は言語的な区別ではなく、地理的な区別である。Ikier（2006）やRussell（2006）やKupchik（2011）では、東国語の方言は3つ以上あると述べられているが、各地域の資料が十分でないため、方言の数は恣意的に決められている。

[3]　東国語コーパスの歌のうち約43%は未詳東国語で、東国語コーパスの単語のうち約44%は未詳東国語に分類される。

[4]　この表はOCOJに従ったためRussell（2006: 210）とは異なる分類となっている。OCOJでは、日本古典文学大系でバリアントとされる歌の番号に「a」もしくは「b」を付ける（例えば、万葉集14.3359aと万葉集14.3359b）。このような歌は2首として数える。

表1　万葉集の東国語で書かれた歌

地域	地名	歌番号	歌の数	単語数[5]
北東国語	上総	万葉集.14.3382, 3383; 万葉集.20.4347, 4348, 4349, 4350, 4351, 4352, 4353, 4354, 4355, 4356, 4357, 4358, 4359	15	212
北東国語	下野	万葉集.14.3424, 3425; 万葉集.20.4373, 4374, 4375, 4376, 4377, 4378, 4379, 4380, 4381, 4382, 4383	13	178
北東国語	陸奥	万葉集.14.3426, 3437	2	21
中東国語	上野	万葉集.14.3402, 3404, 3405a, 3405b, 3408, 3409, 3410, 3412, 3413, 3414, 3415, 3418, 3419, 3420, 3422, 3423, 3434, 3435, 3436; 万葉集.20.4404, 4405, 4406, 4407	23	316
中東国語	武蔵	万葉集.14.3374, 3375, 3376a, 3376b, 3379; 万葉集.20.4413, 4414, 4415, 4416, 4417, 4418, 4419, 4420, 4421, 4422, 4423, 4424	17	240
中東国語	常陸	万葉集.14.3351, 3388, 3394, 3395, 3397; 万葉集.20.4363, 4364, 4365, 4366, 4367, 4368, 4369, 4370, 4371, 4372	15	233
中東国語	下総	万葉集.14.3349, 3384, 3385; 万葉集.20.4384, 4385, 4386, 4387, 4388, 4389, 4390, 4391, 4392, 4393, 4394	14	204
中東国語	相模	万葉集.14.3361, 3363, 3366, 3368, 3369, 3370, 3431, 3432; 万葉集.20.4328, 4329, 4330	11	165
南東国語	駿河	万葉集.14.3359a, 3359b; 万葉集.20.4337, 4338, 4339, 4340, 4341, 4342, 4343, 4344, 4345, 4346	12	155
南東国語	遠江	万葉集.20.4321, 4322, 4323, 4324, 4325, 4326, 4327	7	101
南東国語	信濃	万葉集.14.3352, 3398, 3399, 3400; 万葉集.20.4401, 4402, 4403	7	96

---

[5] ここでの「単語数」とは延べ数ではなく、異なり語数である。なお、複合語や動詞＋助動詞は1つとして数える。

未詳東国語	未詳	万葉集.14.3442, 3444, 3445, 3446, 3447, 3448, 3450, 3452, 3456, 3458, 3460, 3461, 3463, 3465, 3466, 3468, 3469, 3472, 3473, 3474, 3476a, 3476b, 3477, 3478, 3480, 3481, 3482a, 3482b, 3483, 3484, 3485, 3487, 3489, 3493a, 3493b, 3494, 3495, 3496, 3499, 3500, 3501, 3502, 3503, 3504, 3505, 3506, 3509, 3511, 3512, 3513, 3514, 3515, 3516, 3517, 3518, 3520, 3521, 3522, 3523, 3524, 3525, 3526, 3527, 3528, 3529, 3530, 3531, 3532, 3533, 3536, 3537a, 3537b, 3539, 3540, 3541, 3543, 3544, 3546, 3548, 3549, 3551, 3552, 3553, 3555, 3556, 3557, 3561, 3563, 3564, 3565, 3566, 3571, 3572, 3575, 3576; 万葉集.20.4425, 4426, 4427, 4428, 4429, 4430, 4431, 4432, 4436	104	1,506
合計			240	3,427

　東国語の歌は殆どが音仮名で書かれている。水島（1972: 43）によると、巻14では地名以外は一音節一文字の音仮名で書かれている。また、巻20では「白玉」、「父」、「母」、「道」というような口語的なもの以外は音仮名で書かれている（水島 1972: 43）。

　音仮名で書かれた資料の重要性はその時の発音を示すことだと考えられるが、東国語は上代中央語と同じように書かれており、おそらく奈良の中央語を話す人物が書いたものと思われている。問題は、奈良の人間が書いたのであれば、それは聞き取った東国語の音を中央語の音韻の枠組みによって書いたと思われることにある。即ち、万葉集に書かれた東国語の音韻を理解するためには、上代中央語の音韻に関する理解が必要であるとともに、ある上代語の変種を話す人物が、どのようにして異なる上代語の変種を知覚し、記録したかに関する理解が必要なのである。なお、東国語と上代語の音韻対応については多くの先行研究があるが、ここでは詳述しない。

1.2　オックスフォード上代日本語コーパス

　オックスフォード上代日本語コーパス（OCOJ）は長期的なプロジェクトである（Frellesvig, Bjarke, Stephen Wright Horn, Kerri L. Russell, and Peter Sells (n.d.)）。OCOJ は上代語文のコーパスで、言語学だけではなく、文学や歴史

の研究のためのリソースでもある。

　OCOJ はもともと「日本語史における動詞の意味構造と項の具現化」というプロジェクトのために作成された。「項の具現化」は言語のシンタクスの根本的に重要な側面をなすものである。それは動詞の意味が項の数、項の意味的特性、そしてそれらの形態的・統語的具現化をいかに決定するかに関係する。日本語が言語学者の関心をひいてきたのは、世界の他の主要言語とは構造的に非常に異なるからである。何より日本語は 8 世紀初頭まで遡る豊かな記述資料を持ち、世界でもっとも豊富な史的資料を持つ言語の 1 つである。この研究プロジェクトは、日本語史における動詞の項の具現化を詳細に調査し、歴史資料のある 8 世紀初頭から 17 世紀初頭のそれぞれの史的段階における文法の基本的側面に対して包括的な説明を与えようとするものである。

　OCOJ の語彙数は約 111000 と、比較的小さいコーパスではある。資料は古事記歌謡、日本書紀歌謡、風土記歌謡、仏足石歌、万葉集、続日本紀歌謡、続日本紀宣命、上宮聖徳法王帝説、延喜式祝詞である。

　OCOJ は Frellesvig and Whitman のシステム[6]に従って、ローマ字化されている。原文も併記し、各音節は音仮名で書かれたか表意文字で書かれたかという情報のアノテーションを含む。もちろん、品詞、活用、文、節、項、項の意味役割などのアノテーションも含まれている。

　その上、語彙素と形態素の ID 番号も入力されている。その ID 番号は「Lexicon」という OCOJ の辞書にリンクされている。Lexicon には収集された上代語資料のすべての単語についての見出しがある。各見出しは ID 番号、品詞、活用形、語源、動詞分類、英訳などを含む。

　アノテーションの例を図 1 に、Lexicon の見出しの例を図 2 に示す。

6　http://vsarpj.orinst.ox.ac.uk/corpus/display.html

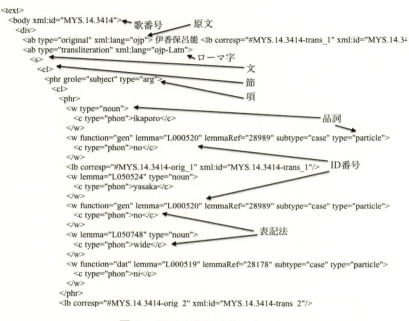

図1　OCOJのアノテーション

```
<superEntry xml:id="L030145-main">     ← 見出し
    <entry xml:id="L030145a">           ← ID番号
        <form type="stem">
            <orth stage="I">ik-</orth>
            <gramGrp>
                <pos>verb</pos>         ← 品詞
                <iType type="QD"/>      ← 活用形
                <gram type="class">motion</gram>
            </gramGrp>                              ← 分類
        </form>
        <sense n="1">
            <def>go</def>    ← 意味
        </sense>
        <re type="related">
            <form>
                <orth>         ← 関連単語
                    <ref target="L031840a">yuk-</ref>
                </orth>
            </form>
        </re>
    </entry>
    <entry xml:id="L030145b">     ← 名詞
        <form type="noun">
            <orth stage="I">iki</orth>
            <gramGrp>
                <pos>noun</pos>
            </gramGrp>
        </form>
    </entry>
</superEntry>
```

図 2　Lexicon の見出し

2. 東国語の移動動詞

　東国語における移動動詞の項の具現化を調査するために、OCOJ を使用して、1 つ以上の項をとる移動動詞の例をすべて検索した。下に移動動詞の分類ごとに説明する。

2.1　方向移動動詞

　最初に方向移動動詞を取り上げる。この種の移動動詞はある場所から別の

場所まで移動することを表わす。東国語にある方向移動動詞としては、yuk-（行く、15例）、ko-（来る、9例）、kwoye-/kuye-（超える、7例）、sugwi-（過ぎる、4例）、ide-（出る、3例）、watar-（渡る、3例）、ik-（行く、1例）、ir-（入る、1例）、kayup-（通う、1例）、yor-（寄る、1例）がある。

　方向移動動詞は、その項に動作主／主題と目標と経路と起点の意味役割を与える。非能格動詞の場合には動作主、非対格動詞の場合には主題が主語に与えられる意味役割である。ここでは、その動詞の主語が意思を持つものであれば動作主、意思性がなければ主題と分析する。動作主を主語にとる方向動詞は ik-、ko-、yuk-、主題を主語にとる方向動詞は ide-、kayup-、kwoye-、sugwi-、yor-、yuk- である。その意味役割を持つ名詞句は属格助詞「が」か「の」でマークされる場合と何も格助詞がつかない場合がある（例 1–3）[7]。

（1）　伎美我　　伎麻左奴
　　　kimi=ga *ki-masa-nu*[8]
　　　君 =GEN　来 -RESP-NEG
　　　君が来ません。　　　　　　　　（万葉集 .14.3495、未詳東国語）

（2）　安受倍可良　**古麻能**　　由胡　　能須
　　　azupe=kara　***kwoma=no***　*yukwo*　*nosu*
　　　崩れた岸 =ABL　駒 =GEN　　行く　　ように
　　　崩れた岸を**駒**が行くように。　　（万葉集 .14.3541、未詳東国語）

（3）　努　　由伎　夜麻　由伎　**和例**　久礼等
　　　nwo　*yuki*　*yama*　*yuki*　***ware***　*kuredo*
　　　野　　行き　山　　行き　私　　　来たけれど
　　　野を行き、山を行き、**私**は来たけれど。

　　　　　　　　　　　　　　　　　　　（万葉集 .20.4344、南東国語－駿河）

　次の例文における項が持つ意味役割は目標で、ide-、ir-、ko-、yor-、yuk-

7　「が」か「の」か無助詞かの条件はここでは詳述しない。

8　OCOJ に従って、音仮名で書かれた部分はイタリック体で、表意文字で書かれた部分はプレーンテキストで表記する。既に述べたように東国語資料は音仮名で書かれた部分が多い。

といった動詞と共起する。目標の項は助詞「がり」、与格助詞「な」[9]、与格助詞「に」でマークされる場合と、または格助詞がない場合もある[10]。

(4) 和我理　許武等　　　伊布
　　 wa=gari *ko-mu=to*　*ipu*
　　 私 =ALL　来 -CONJ=COMP　言う

　　 私の所に来ようと言う。　　　　　（万葉集 .14.3536、未詳東国語）

(5) 安努奈　由可武等
　　 anwo=na *yuka-mu=to*
　　 阿努 =DAT　行 -CONJ=CNJ

　　 阿努に行くつもり。　　　　　　　（万葉集 .14.3447、未詳東国語）

(6) 宇良野乃　夜麻爾　都久　可多与留　母
　　 uranwo=no yama=ni *tuku kata-yoru mo*
　　 うら野 = GEN　山 = DAT　月　片寄る　　FIN

　　 うら野の山に月片寄っていることよ。（万葉集 .14.3565、未詳東国語）

(7) 多妣　由久　阿礼波
　　 tabi *yuku are=pa*
　　 旅　　行く　私 =TOP

　　 旅に行く私は。　　　　　　　　　（万葉集 .20.4327、南東国語 – 遠江）

次に取り上げる意味役割は経路で、kwoye-/kuye-、sugwi-、watar-、yuk- と共起する。経路の項となる名詞句は奪格助詞「から」、対格助詞「を」、奪格助詞「よ（ywo）」でマークされるか、または何も格助詞がつかない（例 8–11）。なお、経路を奪格助詞でマークする理由は不明である[11]。

(8) 安受倍可良　古麻能　　　由胡　能須（=（2））
　　 azupe=kara *kwoma=no yukwo nosu*
　　 崩れた岸 =ABL　駒 =GEN　　行く　ように

9　与格助詞「な」は東国語固有の形式で例が 2 例しかない。(5) の例では目標を標示し、万葉集 14.3461 では場所付加語を標示する。

10　格助詞のない例は名詞抱合の分析もできる。

11　上代語でも奪格助詞は経路と起点を表わしうる。

崩れた岸を駒が行くように。　　　　（万葉集 .14.3541、未詳東国語）

（9）　比能具礼爾　宇須比　乃　夜麻乎　古由流　日波
　　　　pinogure=ni **usupi**　**no**　yama=wo　kwoyuru　pi=pa
　　　　日暮れ =DAT　確氷　COP　山 =ACC　越える　日 =TOP

日暮れに碓氷の山を越える日には。

（万葉集 .14.3402、中東国語 – 上野）

（10）　児呂我　可奈門欲　由可久之　要思母
　　　　kwo-ro=ga　**kanatwo=ywo**　yukaku=si　yesi=mo
　　　　子 -DIM=GEN　金門 =ABL　行くこと =FOC　良い =FIN

子らが金門を通っていくことがいいのである。

（万葉集 .14.3530、未詳東国語）

（11）　不破乃　世伎　久江弖　和波　由久
　　　　pupa=no　seki　kuyete　wa=pa　yuku
　　　　不破 =GEN　関　越えて　私 =TOP　行く

不破の関を越えて、私は行く。　　（万葉集 .20.4372、中東国語 – 常陸）

　起点の意味役割が名詞句に与えられる例は 1 例しかない。起点の名詞句は、ko- と共起し、奪格助詞「よ（ywo）」でマークされる（例 12）。

（12）　志母都家努　安素乃　河泊良欲　伊之　布麻受
　　　　simotukyenwo　aswo=no　kapara=ywo　isi　puma-zu
　　　　下野の野　　　安蘇 =GEN　河原 =ABL　石　踏 -NEG

　　　　蘇良由　登　伎奴与
　　　　swora=yu　to　ki-nu=yo
　　　　空 =ABL　　COP　来 -PFV=INTJ

下野の野の安蘇の河原を石は踏まなかった。**空から**（飛んで）来たのよ。

（万葉集 .14.3425、北東国語 – 下野）

　表 2 は方向移動動詞の調査結果を要約したものである。

表 2　方向移動動詞の付与する意味役割と格助詞

意味役割	格助詞	方向移動動詞
動作主／主題	が	ko- (2 例)
	の	yuk- (1 例)
	Ø	ide- (1 例)、ik- (1 例)、kayup- (1 例)、ko- (4 例)、kwoye- (1 例)、sugwi- (3 例)、yor- (1 例)、yuk- (3 例)
目標	がり	ko- (1 例)
	な	yuk- (1 例)
	に	ide- (1 例)、ir- (1 例)、ko- (1 例)、yor- (1 例)、yuk- (2 例)
	Ø	yuk- (3 例)
経路	から	yuk- (1 例)
	を	kwoye- (3 例)
	よ	yuk- (1 例)
	Ø	kuye- (1 例)、kwoye- (2 例)、sugwi- (1 例)、watar- (3 例)、yuk- (4 例)
起点	よ	ko- (1 例)

　名詞句を2つ以上項としてとるものの例は2つしかなかった。これらの例における項の順番は「目標―主題―動詞」(例6)と「経路―動作主―動詞」(例2＝8)であったが、例が十分でないため、名詞句の義務的な順番があるかどうかは分からない。

2.2　様態移動動詞

　次に取り上げる移動動詞は様態移動動詞である。東国語では様態移動動詞の主語は意思を持たない。様態移動動詞に分類されるのは、tat-/tas- (立つ、9 例)[12]、tirap- (散らふ、1 例)、oti- (落ちる、1 例)である。様態移動動詞の項には、主題もしくは場所の意味役割が付与される。

　主題は動詞の主語で、tat-/tas- および tirap- と共起する。(13)のように主

12　上代語では tat- は「出発する」という意味もある。その場合、主語は意思性を有する可能性もあるが、東国語の場合は tat- の主語は無生物だけである。

題の名詞句には格助詞がつくことがない。

(13)　乎豆久波乃　祢呂爾　**都久**　多思
　　　wo-dukupa=no ne-ro=ni　***tuku***　*tasi*
　　　DIM- 筑波 =GEN　峯 -DIM=DAT　月　立ち
　　　小筑波の峯に月が立っている。　　（万葉集 .14.3395、中東国語－常陸）

　場所の意味役割の名詞句は tat-/tas- と oti- と共起し、与格助詞「に」をとる（例14）。

(14)　伊香保呂能　　夜左可　能　　為提爾　多都
　　　ikapo-ro=no　*ya-saka*　*no*　*wide=ni*　*tatu*
　　　伊香保 -DIM=GEN　8- 尺　COP　堰 =DAT　立つ
　　　努自能　安良波路万代母
　　　nwozi=no araparwo=made=mo
　　　虹 =GEN　現れる =RES=FIN
　　　伊香保の８尺の堰に立つ虹が現れるまで。
　　　　　　　　　　　　　　（万葉集 .14.3414、中東国語－上野）

表3は様態移動動詞に関してまとめたものである。

表3　様態移動動詞の付与する意味役割と格助詞

意味役割	格助詞	様態移動動詞
主題	Ø	tas-（1 例）、tat-（2 例）、tirap-（1 例）
場所	に	oti-（1 例）、tas-（1 例）、tat-（5 例）

　様態移動動詞においては項となる名詞句が2つ以上ある例は1つしかない（例13）。その例は「場所―主題―動詞」の順番であるが、1つの例だけでは特定の順番があるかどうか分からない。

2.3　移動推進動詞

　移動推進動詞は、乗り物（馬、船など）を使って動くことを表わす動詞である。東国語で少なくとも1つの項がある移動推進動詞は、kog-（漕ぐ、2例）と nor-（乗る、3例）のみである。これらの動詞が項としてとる名詞句が

持つ意味役割は経路（kog-）と乗り物（nor-）である[13]。経路の名詞句は対格助詞「を」でマークされ、乗り物の名詞句は与格助詞「に」でマークされるか、もしくは何も格助詞がつかない（例 15–17）[14]。

(15) **之麻加枳乎　己枳爾之　布祢乃　他都枳　之良須母**
　　　simakagi=wo kogi-ni-si　pune=no taduki　sira-su=mo
　　　島陰=ACC　　漕-PFV-SPST　舟=GEN　たづき　知-NEG=FIN
　　　島陰を漕いで行った舟の頼りないことよ。
　　　　　　　　　　　　　　　　　（万葉集 .20.4384、中東国語－下総）

(16) **己許呂乃　緒呂爾　　能里弖　可奈思母**
　　　kokoro=no wo-ro=ni　norite　kanasi=mo
　　　心=GEN　　緒-DIM=DAT　乗って　悲しい=FIN
　　　心にかかっていとしいことだ（lit. 心の緒に乗っていとしいことだ）。
　　　　　　　　　　　　　　　　　（万葉集 .14.3466、未詳東国語）

(17) **布奈能里弖**
　　　puna-norite
　　　舟-乗って
　　　舟に乗って　　　　　　　　（万葉集 .20.4381、北東国語－下野）

表4は移動推進動詞に関するまとめである。

表4　移動推進動詞の付与する意味役割と格助詞

意味役割	格助詞	移動推進動詞
経路	を	kog-（2例）
乗り物（主題）	に	nor-（2例）
	Ø	nor-（1例）

名詞句が2つ以上ある例はない。

---

[13] kog- が「船」（主題の意味役割）を修飾する例が幾つかあるが、修飾した名詞句は別の動詞から格助詞を付与される。

[14] 顕在化した主語はない。潜在的な主語の意味役割は動作主と考えられる。

2.4　使役移動動詞

最後に取り上げるのは使役移動動詞である。この種の動詞としては yar-(遣る、5例)、kwos-(越す、1例)、yose-(寄せる、1例) がある。これらの動詞が項としてとる名詞句が担う意味役割は主題(直接目的語)と目標である。

主題という意味役割によって表わされるのは、動かされる人か物であり、kwos-、yar- と共起する。項名詞句は対格助詞「を」でマークされるか、もしくは何も格助詞がつかない (例 18–19)[15]。

(18)　和我　　世古乎　　夜麻登敞　　夜利弓
　　　wa=ga　*sekwo=wo*　*yamato=pye*　*yarite*
　　　私 =GEN　夫子 =ACC　大和 =ALL　遣って

　　　私の夫を大和へ遣って。　　　(万葉集 .14.3363、中東国語 – 相模)

(19)　志保不尼乃　　弊　　古祖　　志良奈美
　　　sipopune=no　*pye*　*kwoswo*　*siranami*
　　　潮船 =GEN　船首　越す　白波

　　　潮船の船首を越すしらなみ。　　　(万葉集 . 20.4389、中東国語 – 下総)

目標の項名詞句は yar-、yose- と共起する。その項名詞句は与格助詞「に」もしくは向格助詞「は」か向格助詞「へ (pye/pe)」でマークされる (例 20–22)[16]。

(20)　爾布奈未爾　　和我　　世乎　　夜里弓
　　　nipunamwi=ni　*wa=ga*　*se=wo*　*yarite*
　　　新嘗 =DAT　私 =GEN　夫 =ACC　遣って

　　　新嘗の祭りに私の夫を遣って。　　　(万葉集 .14.3460、未詳東国語)

(21)　和我　　世奈乎　　都久志波　　夜利弓
　　　wa=ga　*se-na=wo*　*tukusi=pa*　*yarite*
　　　私 =GEN　夫 -DIM=ACC　筑紫 =ALL　遣って

15　顕在化した主語はない。潜在的な主語の意味役割は動作主と考えられる。

16　向格助詞「は」は東国語固有の形式である。また、pye と pe の混同は中東国語のみに見られるが、中東国語では /ye/ と /e/ の区別をしない。

私の夫を**筑紫**へ遣って。　　　　　（万葉集 .20.4428、未詳東国語）

(22)　和我　　世古乎　　**夜麻登敞**　　夜利弖（＝(18)）
　　　*wa=ga　sekwo=wo　**yamato=pye**　yarite*
　　　私 =GEN　夫子 =ACC　大和 =ALL　遣って

　　　私の夫を**大和**へ遣って。　　　　（万葉集 .14.3363、中東国語 - 相模）

表 5 は使役移動動詞に関してまとめたものである。

表 5　使役移動動詞の付与する意味役割と格助詞

意味役割	格助詞	使役移動動詞
主題	を	yar-（5 例）
	Ø	kwos-（1 例）
目標	に	yar-（1 例）、yose-（1 例）
	は	yar-（1 例）
	へ	yar-（2 例）

名詞句が 2 つ以上ある物は 3 例しかない。「目標―主題―動詞」（例 20）の順番は 1 回で、「主題―目標―動詞」（例 18、21、22）は 3 回現れる。

3. 目的移動構文

目的移動構文は何かをするためにどこかに行くということを表わす。現代語の「買い物に行く」のような文である。東国語では 3 例ある（例 23–25）。

(23)　麻可奈思美　　**佐祢爾**　　和波　由久
　　　*ma-kanasimi　**sa-ne=ni**　wa=pa　yuku*
　　　PFX- 悲しみ　PFX- 寝 =DAT　私 =TOP　行く

　　　いとしいので、一緒に**寝**に私は行く。
　　　　　　　　　　　　　　　　　　　（万葉集 .14.3366、中東国語 - 相模）

(24)　伊母乎許曾　　**安比美爾**　　許思可
　　　*imo=wo=koso　**api-mi=ni**　ko-sika*
　　　妹 =ACC=FOC　会 - 見 =DAT　来 -SPST

　　　妹をこそ**相見**に来たのである。　　（万葉集 .14.3531、未詳東国語）

(25) 美奈刀能　安之我　奈可　那流
   minatwo=no asi=ga naka=n aru
   湊 =GEN　　葦 =GEN　中 =DAT　有る

   多麻古須気　**可利　己**　和我　西古
   *tamakwosuge **kari ko** wa=ga sekwo*
   玉小菅　　　**刈　来い**　私 =GEN　背子

   湊の葦の中にある玉小菅を**刈り**に**来**なさい。私が背子よ。

   （万葉集 .14.3445、未詳東国語）

例 (23) では、項名詞句の「wa=pa」が動詞「sa-ne-ni」と動詞「yuku」の間に現れる。この例における項名詞句は動作主である。例 (24) では、主題の項名詞句が対格助詞「を」でマークされている。例 (25) では、目的移動構文で一般に使われている助詞「に」がない[17]。

4. おわりに

　本論文では OCOJ を用いて、上代東国語における移動動詞に関して記述し、その 4 つの分類における意味役割と格助詞の付き方について説明した。表 6 にここまで述べてきたことをまとめた。

表 6　移動動詞の種類ごとの意味役割

	動作主／主題 （主語）	目標	場所	乗り物 （主題）	経路	起点	主題 （目的語）
方向移動動詞	○	○			○	○	
様態移動動詞	○		○				
移動推進動詞	(○)			○	○		
使役移動動詞	(○)	○					○

　本研究は、OCOJ というコーパスがあることによって可能になったものであり、本論文によって言語研究におけるコーパス構築の重要性が示されたものと考えられる。

17　この構造の例が少なすぎるので、東国語の使い方ははっきり分からない。

略語

ABL	ablative, 奪格助詞
ACC	accusative, 対格助詞
ALL	allative, 向格助詞
COMP	complementizer, 接続助詞
CONJ	conjectural, 推量助動詞
COP	copula, 繋辞
CNJ	conjunctional, 接続助詞
DAT	dative, 与格助詞
DIM	diminutive, 指小辞
FIN	final, 終助詞
FOC	focus, 係助詞
GEN	genitive, 属格助詞
INTJ	interjectional, 間投助詞
NEG	negative, 打消助動詞
PFX	prefix, 接頭詞
PFV	perfective, 完了助動詞
RES	restrictive, 副助詞
RESP	respect, 尊敬語
SPST	simple past, 回想助動詞
TOP	topic, 係助詞

参照文献

Frellesvig, Bjarke, Stephen Wright Horn, Kerri L. Russell, and Peter Sells（n.d.）The Oxford Corpus of Old Japanese. http://vsarpj.orinst.ox.ac.uk/corpus/corpus.html

Frellesvig, Bjarke, Stephen W. Horn, Kerri L. Russell, and Peter Sells（2010）Verb semantics and argument realization in pre-modern Japanese: A preliminary study of compound verbs in Old Japanese. *Gengo Kenkyū* 138: 25–65.

福田良輔（1965）『奈良時代東国方言の研究』東京：風間書房.

北条忠雄（1966）『上代東国方言の研究』東京：日本学術振興会.

北条忠雄（1983）『国語文法論叢』東京：明治書院.

Ikier, Steven D.（2006）On the attributive and final predicate forms in Eastern Old Japanese. MA Thesis, University of Hawai'i at Mānoa.

影山太郎（1993）『文法と語形成』東京：ひつじ書房.

Kupchik, John（2011）A grammar of the Eastern Old Japanese dialects. Ph.D. dissertation, University of Hawai'i at Mānoa.

Levin, Beth（1993）*English verb classes and alternations*. Chicago: The University of Chicago Press.

水島義治（1972）『万葉集：東歌・防人歌』東京：笠間書院.
水島義治（1984a）『万葉集：東歌本文研究並びに総索引』東京：笠間書院.
水島義治（1984b）『万葉集東歌の国語語学的研究』東京：笠間書院.
水島義治（2003）『万葉集防人歌全注釈』東京：笠間書院.
澤瀉久孝（1984a）『万葉集注釈：巻14』東京：中央公論社.
澤瀉久孝（1984b）『万葉集注釈：巻20』東京：中央公論社.
Russell, Kerri L. (2006) A reconstruction and morphophonemic analysis of proto-Japonic verbal morphology. Ph.D. dissertation, University of Hawai'i at Mānoa.
Russell, Kerri L. (2008) The WOJ/EOJ Vowel Correspondences. Linguistics Lecture, University of Arizona, October 24, 2008. (Available as a podcast on iTunes U.)
Russell, Kerri L. (2009) Contraction and Monophthongization in Eastern Old Japanese presentation at Japanese Times Now Past—International Conference on Premodern Japan, Ruhr-Universität Bochum, Germany, 23–25 January 2009. http://vsarpj.orinst.ox.ac.uk/files/russell.bochum.pdf
Russell, Kerri L. (2010) Argument structure in Old Japanese: A corpus based study. presentation at Japanese Times Now Past—International Conference on Premodern Japan, Ruhr-Universität Bochum, Germany, June 11–12, 2010. http://vsarpj.orinst.ox.ac.uk/files/russell.bochum2010.pdf
Vovin, Alexander (2009) *A descriptive and comparative grammar of western Old Japanese, Volume 2: Adjectives and verbs*. Folkestone, UK: Global Oriental Press.

第4章
諺文以呂波雑考

スエン・オースタカンプ

1. はじめに

　本稿でいう「諺文いろは」とは、全体としてハングルで記されたいろは歌、あるいは、平仮名などで書かれたものにハングルで音注を付けたいろは歌のことであるが、本稿ではそのような「諺文いろは」四点を、朝鮮側の資料と日本側の資料とに分けて年代順に取り上げてみたいと思う。

2.「ゑひもせず京上」——1492年の『伊路波』

　いわゆる弘治五年朝鮮板『伊路波』は、様々な意味で貴重な資料になっている。例えば、朝鮮半島における日本語教育史で、現存する最古の教材として意義があるだけでなく、日本語を銅活字で印刷したものとしてもまた最古のものであるし、それと同時に日本語をアルファベット式の文字で記した最古の文献でもある。従って、日本語史の関係で言及されることも決して稀ではなく、むしろ紹介するまでもないほど多いと言えよう。
　さて、ハングルによる音注などを別にすれば、「ゑひもせず京上」というように、いろは歌自体に京上という漢字二字が続くという点がこの資料のもっとも顕著な特徴といってよさそうに思える。京という漢字一字を書き

加えるのは早く鎌倉時代から広く行われており、了尊著『悉曇輪略圖抄』（1287年）が早いとされているが、「京」字に続いて更に「上」を付け加える国内資料は——少なくとも朝鮮板『伊路波』など外国資料の関連では——報告されていないようである。しかし、何故か『伊路波』の資料としての信憑性にもかかわるこの「京上」の存在が積極的に問題として取り上げられることはほとんどなく、例外としては次の言及があるのみのようである。

> 「上」を加えるのは、管見の限り、他に類例を見ない。この点で『伊路波』は異例である。なにゆえに「上」を書き加えたか、今明らかにすることはできない。　　　　　　　　　　　　　　　　　　　　（吉見 1989: 38）

> 「上」の字が付けられていることについては、今のところ未解決の問題としてさておき、今後の日本での新しい資料の発掘を待つことにしたい。　　　　　　　　　　　　　　　　　　　　　　　　　　（鄭 2014: 46）

「京上」の由来に関しては、憶測の域を出ないが、いろは歌を七字ずつの行に分けて読む習慣に基づいた追加ではないかと思われる。つまり、七字ずつに書き記していくと、第七行が「ゑひもせず」と五字で終わってしまい、最後のところが二字分空いてしまう。「京」字を書き加えても依然として一字空いたままだが、その空いているところを埋めるために今一字を書き加えたのではなかろうか。

「京上」の由来はともかく、本稿では、今後『伊路波』の性格を論ずる際少しでも参考になればと思い、それが孤例ではなくヨーロッパ・中国資料所載のいろは歌にも——またやはり国内資料にも——その類例が見出されることを明らかにしたいと思う。

外国資料における確実なものとしては、今まで Francesco Carletti と Engelbert Kaempfer のもの（それぞれ1590年代・1690年代のもの）及び『吾妻鏡補』所載のものの合わせて三点が確認できた。また、これら以外にも、例えば薩摩漂流民ゴンザ・ソウザの発音を反映している Gottlieb Siegfried Bayer のいろは歌（1730年代）などもそうかも知れないが、今のところ未詳とする他はない。

2.1 Carletti

ヨーロッパ側の資料における「京上」の初見はフィレンツェ生まれの商人 Francesco Carletti（1573 ～ 1636 年、日本滞在 1597 ～ 1598 年）が著した世界周遊記の中である。初めて印刷・刊行されるに至ったのはその成立に約百年遅れて 1701 年のことであるが、そこに次のようにいろは歌が出ている（Carletti 1701: 82–83）。些か変わった並べ方にはなっているが、Chio Gio つまり「京上」のイタリア語表記が明らかにここに含まれている。

Chio.	A.	Ia.	Ra.	Io.	Ci.	I.
Gio.	Za.	Ma.	Mu.	Ta.	Ri.	Lo.
chi.	che.	U.	Re.	nu.	fa.	
Iu.	fu.	y.	Zo.	Ru.	Ni.	
Me.	Co.	No.	Zu.	O.	Fo.	
Mi.	E.	Vo.	Ne.	Iea.〔ママ〕	Fe.	
Sec.〔ママ〕	Ze.〔ママ〕	Cu.	Na.	Ca.	Fo.〔ママ〕	

図 1　「Chio Gio 京上」で終わる Carletti のいろは歌
（左：原書の配列、右：右揃えにしたもの）

そして、幸いに、誤植なども少なくない刊本以前の段階を反映している写本もいくつか残っているが、その中で最善とされているアンジェリカ図書館本（Codice 1331, T.3.22, fol. 133）でどうなっているかを見てみると、刊本と同様に七字ずつという配列になっており、しかも第七行「ゑひもせず」が欠けているのだが、ここにもやはり chio gio と書いてある[1]。

かくして、『伊路波』より百年ほど後のことではあるが、その影響を受けたとは到底考えられないヨーロッパ側の資料にも、「ゑひもせず京上」と終わるいろは歌が行われていた時期があったことを示してくれるものがあるのである。

2.2 Kaempfer

続いて、時代が下って 17 世紀末に移るが、今更紹介するまでもない

1　Silvestro(ed.) (1958: 143) を参照。これによって 1701 年版の誤植を Fo. → to、Iea. → Va、Ze. → te、Sec. → Sci と訂正できる。

Engelbert Kaempfer(1651 〜 1716 年、日本滞在 1690 〜 1692 年)が残した手稿の中にも類例が見出される。彼の『日本誌』には部分的にしか出てこないが、18 世紀以降大英図書館で眠っている手稿の中に、Sloane 3060 という、平仮名・変体仮名・片仮名によるいくつかのいろは歌などを含んだものがある。「おくやま」を「おまくや」に誤ったところや仮名の字体から判断すれば『海篇』類字書群所載のそれと密接な関係にあるいろは歌など、調査の余地が残されているものが他にもあるが、ここでは Michel(1993: 215)によって既に紹介されている平仮名によるいろは歌(fol. 529v–530r)に注目したい。そのローマ字転写 qujo žĭo のみならず、「京上」という漢字二字までも書き加えてあるからである。因みに、それに続いて「ん」と十までの数字もある。

2.3　Bayer

　前述のように不明瞭なケースではあるが、可能性としては、薩摩漂流民ゴンザ・ソウザが Andreas Müller 著 *Alphabeta ac notæ*(『文字と記号』、1703 年刊) 所載のいろは歌を読み上げたのを Gottlieb Siegfried Bayer(1694 〜 1738 年)が記したものも挙げられよう[2]。上村(2001a、2001b)によって紹介された原資料「Sermo cum duobus Japanensibus」(二人の日本人との対話、MS Hunter B/E10) は Bayer の他の遺稿とともに現在グラスゴー大学図書館の所蔵となっている。しかし実は、既に *Orientalisch- und Occidentalischer Sprachmeister*(『東西洋諸言語の教師』、1748 年刊)という文字集兼主祷文集に公開されたことがあったのである。よって両方を以下に示すこととする(それぞれ表記が異なる場合には手稿→文字集の形で示す)。

2　Müller とその日本語研究については Osterkamp(2010) を参照されたい。

je	a	ja	ra	yo	tʃy → tʃi	y. ʃ. i³ → yʃivei
fi	za⁴	ma	mu	ta	di	ro
mo	ki	ke	wu	le	nu	fa
ʃches → his⁵	ju	fu	i	t'ʃo	ru	ni
kio	me	co	no	t'ʃu	o	fo
ydʃch	mi	?⁶ → He	o	ne	wa	fe
	ʃchi	te	ku	na	ka	to

図2　Bayerのいろは歌

　さて、上村 (2001a: 93) で既に指摘されているように、ʃches とは「せす」が一緒になってしまったものであるが、それに続いて明白に kio 即ち「京」とある。問題となるのは最後の ydʃch である。上村 (2001a: 93) では「数字の「一」を濁って発音した〔イヂ〕ではないか」という推定がなされているが、子音の有声化というよりも語末の母音の脱落が予想されるので、疑問が残る⁷。また、*Alphabeta ac notæ* には「「夷字音釋」に続けて「数字一覧」も

3　上村 (2001a: 92) では「y・j・i」とされているが、真ん中にあるのは j ではなく ʃ (いわゆる長い s) であり、「または」を意味するラテン語 five の略語である。

4　上村 (2001a: 93) では濁音の [z] と見做されているが、破擦音の [ts] とした方が妥当なように思える。日本語の [ç] を表わすのに ʃch (ドイツ語では [ʃ] と発音する) が用いられているように、これもまたドイツ語表記における音価が背景にあるだろう。
　そうすれば、「そ」(t'ʃo 即ち [tso]) と同様に「さ」も [tsa] になるのだが、Bayer のいろは歌以外にも両音節の頭子音を摩擦音ではなく破擦音と捉えたものが少なくない。Carletti の場合でも Zo・Za (「つ」に対する Zu を参照) であるし、Blaise de Vigenère 著 *Traicté des chiffres* (1586～1587年刊) や Claude Duret 著 *Thresor de l'histoire des langves de cest vnivers* (初版1613年刊、再版1619年刊) でも CV (即ち ÇV) と同じく CA (即ち ÇA)・ÇO とある。Müller (1703) も「そ」を 'tSo としているのである。

5　ここの his が二字下がっているため、はじめの ʃc が脱落したと見られる。

6　上村 (2001a: 93) では dle と解読されているが、明らかではない。*Sprachmeister* のように He とも読めそうに見えるが、どちらにしても通じない。Ye の可能性もあるかも知れないが、原物に当たってみる必要がある。

7　ゴンザの『項目別露日辞典』や『日本語会話入門』(ともに1736年成る) では予想通

書かれていたのではなかろうか」という推定も否定せざるを得ない。「一」でないならば、「以上」との関係も一応考えられなくはないが、「京上」の後半にあたる可能性もある。この件については後考を俟つ。

2.4 『吾妻鏡補』

ここまではヨーロッパ人の記録に出てくる「ゑひもせず京上」であったが、実際には、時代がまた下って、中国資料にもまたその一例が確認できる。具体的に言えば、19世紀の初め頃に成立した翁廣平（1760～1842年）著『吾妻鏡補』（1814年序）の中であるが、その内「國書（本日本夷譯語四十八字）」（静嘉堂文庫本では巻二十六所載）と題して文字について述べられているところに、いろは順に並んでいる平仮名・変体仮名に続いてまた「京上」という二字が現れている[8]。試しに、静嘉堂文庫本とは別系統に属する駒澤大学本やハーバード燕京研究所本で調べてみても、ここでは巻二十五の所載となっておりまた字体の差は確かにあるのだが、同じく「京上」で終わっている。

ここの「國書」のもととなった『日本夷譯語』とは、引用書目によれば居彦求の著作とのことだが、遺憾ながらこれ以上詳らかにできない。

かくて、『伊路波』の「ゑひもせず京上」は決して孤例ではなく、ヨーロッパ資料二点と中国資料一点にもその存在が確認できるが[9]、ともに日本における伝統を汲むものとしなければ理解しがたい。ただし、この「京上」二字については、単なる「京」字と違って『イロハ天理鈔』（1678年、下・三十九ウ～四十二ウ）、『以呂波問辨』（1764年、二十オ）、『國字攷』（1823年、二十二オ～ウ）など数多くのいろは関係の著作にまったく言及が見られないのは説明を要するところである。『吾妻鏡補』の場合をしばらく除外す

りič(')となっている（村山1965: 53, 80, 107などを参照）。

8 京都大學文學部國語學國文學研究室（1968: 71）を参照。

9 これら以外にも、例えば、『日本風土記』（三・三ウ）に見られる、「京」に対する音注「音交朝招喬焦消小肖」なども候補になるかも知れない。これらの音訳字の内「きゃう」の表記として妥当なのは「交喬」のみであろうが、「朝招焦消小肖」の方は「京」ではなく「上」の音注と考えた方がよいかと思われる。

れば[10]、上記の諸資料はいずれも九州地方との繋がりが認められるものであるため、地方的な習慣とすべきものであろうか。

2.5　国内資料

しかし、九州地方に限られたものでもないようである。というのは、九州地方以外の国内資料の中にもやはり「京上」を含むものが存在するからである。その一つは、徳島県立文書館の所蔵となっている遠藤家文書の中にある寺子屋関係史料の一つで、標題は「手本集（仮名以呂波）写」というものである（古文書番号：エント 283）。名倉（2001: 254）によれば、1955 年に遠藤史拝（1896 〜 1970 年）が写したものとのことで、そのもととなった手本集の精確な成立年代・由来は未詳と見られるが、同（2001: 258）の翻字によれば、「京上」で終わるいろは歌に数字などを加えたものである。今一つは、明治三年に書写された上八万町片岡本『神踊り哥』であるが、その表紙の裏面に「京上」で終わるいろは歌が記されているという（竹本 1985: 78–79）。両方とも徳島県の例であることは果たして偶然の結果であろうか。

さて、名倉（2001）にも竹本（1985）にも国内資料や外国資料における類例などへの言及はないのだが、これらもまた孤例ではあるまい。今後これ以外の国内資料にも更なる例が見出されようと期待されるが、朝鮮板『伊路波』など外国資料の価値は、「ゑひもせず京上」のような、比較的珍しい（と一応見られる）ものに気づかせてくれることにもあるかと思われる。

3.　18 世紀末の『伊呂波』

朝鮮資料におけるハングル音注の性格に関しては、時には

> 司訳院の外国語転写におけるハングル音注は今日の発音記号のような存在であったため、自国語の音韻現象がそこに影響を与えうる可能性は低いのである。外国語転写に用いられたハングル音注は朝鮮語の文字表記

10　『吾妻鏡補』所載の日本語彙集、即ち『海外奇談』によったとある「國語解」（巻二十七）では「九州の中でも長崎地方のことばが見出せる」（福島 1968: 238）が、その地方性が『日本夷譯語』にも該当するかどうかは明らかでない。

として用いられたハングルとは区別されるべきである。(李 2004: 267)

といった主張がなされているが、その仮説の裏付けとなりうるものが十分に示されているわけでは必ずしもない。そこで、明白な反例として、2010年に筆者によって新たに発見されたバチカン図書館所蔵本『伊呂波』(仮題、Borg.cin.400)を取り上げる[11]。

この『伊呂波』というのは、『捷解新語』の重刊本(1781年刊、ただし現存本の一部のみ)と文釋本(1796年刊)の附録として夙に知られているものだが、バチカン本の存在によって濱田説の通り「『捷解新語』とは別の独立した書として開板され」たことが判明したのである[12]。また、『伊呂波』は、重刊本と同じく八丁もあり、文釋本のように六丁に限られたものではない。

バチカン本の持つ意義とは、まず、遅くとも1798年までには既にローマに到着していたため、ハングルを用いた朝鮮本でヨーロッパへ伝来したものとしては最古のもののようだということにあるように思われる。また、Lorenzo Hervás(1735〜1809年)の手になる、1800年頃のヨーロッパの学界で知られていた表音文字のすべてを対象とした世界文字研究書 *Paleografia universal*(スペイン国立図書館、Mss. 8496〜8498)に朝鮮・日本文字を論ずる際に利用されたということも同様に挙げられる[13]。しかし、日本語の朝鮮資料という観点から見れば、何よりも、刊本ではありながら、青と赤でほぼ全丁にわたって本文の内容・配列を注釈した加筆がなされていることにあると言えよう。それは、1790年頃、ヨーロッパへ伝来してくる直前のものと思われるが、誰が施したものか不明である。ただし、朝鮮人であったことは確かで、しかも、『伊呂波』の本文にはない言葉なのに仮名を指すのに「倭諺(字)」[14]が使われているとか、以下に述べるようにいわゆる漢学書におけ

---

11 厳密に言えば今に至るまでまったく知られていなかったわけではなく、漢学者 Paul Pelliot のバチカン図書館漢籍目録(1922年成る、Pelliot 1995: 43 を参照)に既に載せてはあるが、簡略な記述にとどまる。また、朝鮮資料に関する先行研究では言及を見ない。

12 引用は濱田(1970: 89)によるが、ほぼ同じ発言が濱田(1965: 45)にも既に見られる。

13 詳しくは Osterkamp(2015)を参照のこと。

14 中国や日本の文献には見られない用語のようであるが、朝鮮側の文献には珍しくなく、18世紀末のものを含む倭学関係の文献に集中している。文釋本『捷解新語』の凡例や重刊本『捷解新語』の序にその例が見出されるのみならず、例えば姜沆著『看羊録』、金世

る中国語音とそのハングル表記が注釈加筆の背景にあるといったところからすると、司訳院関係者であったと考えて妥当であろう。

　本資料における漢字音注をいくつか具体的に見てみる前に、ハングルなどによる音注の解釈で生じがちな問題に触れておく。つまり、対音資料において通時的に見て表記の仕方に差異が生じる場合、その原因をどちらの言語に求めるかということである。例えば、ある言語 A の文字が異なる言語 B の表記に転用され、それが時代によって変化している場合、言語 A における変遷が要因だとも、言語 B における変遷が要因だとも解釈されうるが、その文字を言語 A から離れた単なる発音記号と捉えれば、言語 A 自体の変遷如何は関係なくなるはずである。朝鮮資料の例で言えば、例えば、音節「て」に対する tyəi 뎨 の代わりに təi 데 が用いられ始めると、あるいは「す」に対する su 수 が sɯ 스 に取って代わられると、それは日本語側の変遷の結果か、それとも朝鮮語側の変遷の結果か、速断を許さないところである[15]。

　さて、『伊呂波』で特に注目に値するのは、「い 'i 이」「ろ ro 로」「は hoa 화」などのハングル音注に対して更に「伊、騾、樺」などのように音訳字がほぼ全面的にあてられている事実である。いずれも当時の中国語（正確には司訳院のいわゆる漢学書で記録されている語音）をもとにしたものであるが、日本語におけるもとの発音からかなりはずれてしまった例が少なくない。中でも目に付くものは、朝鮮語における音韻的区別の崩壊を明白に物語る音注である。次のように三つのタイプに分けられる。

　　（A）　/sV/ 対 /syV/ や /cV/ 対 /cyV/ などの対立が失われている
　　（B）　/i/ や /yV/ が後続する語頭の /r/(→ /n/) が脱落したものがある
　　（C）　/i/ や /yV/ が後続する /t/ が破擦音化して /c/ と合流している

　まず（A）は「さ sa 사」対「しゃ sya 샤」のような場合であるが、ハングル音注で正しく区別されているのに対して、バチカン本で新たに加えられた音

濂著『海槎録』、申維翰著『海游録』、曺命采著『奉使日本時聞見録』、鄭希得著『海上録』などの、主として『海行摠載』所載の紀行録にもある。

15　ハングルの転写は河野六郎式（『国語学大辞典』の「ハングル」の項に示されたもの）による。

訳字では両方ともに「撒」（漢学書ではsa 사と表記されているもの[16]）になっている。また、「そ so 소」対「しよ syo 쇼」を両者ともに「所（so 소）」と注するなど、他の場合も同様である。(B)では例えば「りやう ryo'u 료우」に対する「約無（'yo'u 요우）」などのケースが挙げられるが、むしろ /r/ が脱落していないものの方が多い。

　そして、エ段音節の内、直音式音注に用いられうる音訳字がないものについては、反切式音注が採用されているのであるが、これは例えば「て tyəi 데」を「之膎反」で表した類である[17]。ただし、「之膎」とは即ち「c(ɯ) ᄌ + (h)yəi 혜」のことで、結果としては「tyəi 데」ではなく「チェ」にあたる「cyəi 제」となるわけである[18]。すなわち(C)の一例である。

　換言すれば、当時の朝鮮語において起こりつつあった、あるいは、既に完全に起こっていた音韻的変化のいくつかがこれらの音訳字に明白に現れており、従って、朝鮮語による干渉を否定する立場に関しては疑問の余地があるように思える。どちらかと言えば「自国語の音韻現象がそこに影響を与えうる可能性は低いので」はない、という結論に達せざるを得ないであろう。

　いくら単なる発音記号のつもりで用いたものだとて、完全に切り離すことはできず文字の背景にある言語が干渉してくることは、むしろ当然のことと思われる。李圭景（1788～1856年）がその『五洲衍文長箋散稿』の中で「寄象鞮譯辨證説」という項を立てて他の外国語と並んで『海東諸國紀』の「語音飜譯」より琉球語彙を抄出する際、元来のハングル表記を朝鮮漢字音をもとに漢字音訳するのであるが、ここでもまた上記の(A)～(C)を反映しているものが目につく。また、ローマ字の例を取ってみると、João Rodriguez がその『小文典』で従来の qui, que, gui, gue の代わりに ki, ke, ghi, ghe を採用したのも、「異国人は誤りを犯し」前者を /kwi, kwe, gwi, gwe/ に

16　例えば1765年刊の『朴通事新釋諺解』巻一・三十九オの右側音（以下同様）などを参照。また、次の「所」「約」「無」についてはそれぞれ巻一・五十八ウ、巻一・七ウを参照。

17　反切式音注のほとんどすべては「伊膎反 'yəi」「時膎反 syəi」「奴膎反 nyəi」「瑪膎反 myəi」「列膎反 ryəi」のようにエ列音節のハングル音注 Cyəi を漢字音訳したものである。例外となる音節は「け」「へ」に対する「觧（kyəi 계）」「膎（hyəi 혜）」のみである。これは偶然ではなく、yəi 韻の字は極めて少なく、しかも牙喉音の声母に限られているためである。

18　「之」については『朴通事新釋諺解』巻一・七ウなどを参照。「膎」字は見当たらないが、同韻に属する「觧（kyəi 계）」（巻一・一オ）と前注を参照。

あたるものと誤解して「この言語を発音するにおいて悪い癖をつけてしまっている」(Rodriguez 1620: 11r；和訳は日埜 1993: 52 による) ためであった。いずれも文字の背景にある言語による干渉の例に他ならない。

4. 『朝鮮通信考』所載の「朝鮮イロハ」

続いて日本側の資料に伝わっている諺文いろはに移る。難波津歌、君が代などの例もあるが[19]、諺文で表記した和歌としてはやはりいろは歌が主流をなしていると言えよう。今まで指摘されているものは[20]音注の特徴をもとに次の三つの異なる系統に大別できる。

甲類 『廣大節用大全無盡藏』(1709 年刊)
『永代節用大全無盡藏』(1750 年刊など)
『倭漢節用無雙囊』(1752 年刊など) といった近世節用集、
『朝鮮人來聘行列』(1763 年以降刊)
『三國通覽圖説』(1786 年刊)
『長崎朝鮮風土記』(18 世紀末以降、第一種)
『朝鮮人見聞書』(1829 年以降、第一種) など朝鮮関係の著作、
『音訓國字格』(1799 年刊)
『以呂波考』(1821 年)
『千金七ッいろは』(年代未詳) など文字関係の著作、
『百草露』など多数
乙類 『客館璀粲集』(1719 年刊)
『班荊間譚』(1748 年刊)
『神國神字辨論』(1779 年刊)
『長崎朝鮮風土記』(第二種)
丙類 『朝鮮人見聞書』(第二種)

---

19 ハングルによる難波津歌と君が代については、それぞれ安田 (2004)、伴信友著『假字本末』所載の「朝鮮人以諺文草體所書皇國歌詞」(附録、十五オ～ウ) を参照。
20 京都大學文學部國語學國文學研究室 (1965)、李 (1984)、岸田 (1999)、石橋 (2006) などを参照。

そのいずれにしても1700年頃より以前のものはまったくないようである。のみならず、言語史の資料に用いるのにも限界がある。成立過程・年代などの詳細が不明なものが含まれているし、以下に示すように特に甲類・丙類には誤写などで判読不可能となっている部分も少なくないからである[21]。判読上の諸問題について一々触れないこととするが、特に問題あるものには波線を付け、また備考欄で誤写によると思われる字形を訂正する。

表1　日本側の資料における諺文いろは三種

甲類	乙類	丙類	備考
이로회니호혜도	이륵하니허혜도	이로하니호혀도	甲類：회→화
지리누루외와가	지리느르어와가	지리느르오외가	甲類：외→와か 丙類：외→와
요다레노즈녀나	요다레소즈네나	요다려스주녀□	甲類：ㄴ→ㅅ 丙類：ス→소、□は第五行のそれにひかれたものか
라무우아오워구	라므우이노어구	라무우이ㄴ오구	甲類：아→이、오(소)→ㄴ 丙類：러→라
야마계후고예데	야마계후고예데	야마겨후고여□	丙類：□は려(→뎌)か
아자기유메시□	아사기유메미시	아사기유머마시	甲類：「みし」が逆か 마→미
예히모셰수	예히모세츠	여하모져즈	丙類：하→히

さて、本稿で注目したいのは、京都大学附属図書館蔵の『朝鮮通信考』なる写本 (5-13|チ|15) にも「朝鮮イロハ」と題して、管見の限り、今まで紹介されていない諺文いろはが含まれていることである[22]。巻首の蔵書印から

21　『三國通覽圖説』所載の諺文いろはを材料にハングルをヨーロッパの学界に紹介した Hager(1800) が結局成功できなかった所以も、第四行と第五行の音注が甲類で逆になっているという事実とこのような字形上の問題とにあった。

22　ついでに「朝鮮イロハ」に続く反切表の配列についても略述しておく。ハングルの母音字母は ㅏㅑㅓㅕㅗㅛㅜㅠㅡㅣ と尋常の順序に従っており特筆すべきことはないが、子音字母は ㄱㄴㄷㄹㅁㅂㅅㅈㅊㅎㅋㅍㅇ というふうになっており、『學山録』(1750年)、『昆陽漫録』(1763年)、『雞林文譯』(1798年)などと同様に ㅌ 字母が欠けているという点が目立つ。(特に『學山録』での配列は表全体に亘って『朝鮮通信考』に一致しているため、その流れを汲むものとでも見るべきかも知れない。)

第4章　諺文以呂波雑考　｜ 69

わかるように黒川真頼（1829 〜 1906 年）・黒川真道（1866 〜 1925 年）の旧蔵にかかるもので、朝鮮通信使（少なくとも寛永十三年、同二十年、明暦元年の三回）関係資料の集成である。後には林鵞峰（1618 〜 1680 年）のものも多数載せてあるが、巻首の文章は林羅山（1583 〜 1657 年）のもので、その直後の「丙子官使行烈之樂器」「同武器」に続いて次のように諺文いろはが載せてある。

	'a 아	'ya 야	ra 라	'yo 요	ci 지	'i 이
'yəi 예	sa 사	ma 마	mu 무	ta 다	ri 리	ro 로
hi 히	ki 기	kyəi 계	'u 우	nyəi 녜	ru 루	hoa 화
mu 무	'yu 유	hu 후	'i 이	so 소	ro 로	ni 니
syəi 셰	myəi 메	ko 고	no 노	cɯ 즈	'o 오	ho 호
sɯ 스	mi 미	'yəi 예	'o 오	nyəi 녜	'oa 와	hyəi 혜
	si 시	tyəi 뎨	ku 구	na 나	ka 가	to 도

図3　『朝鮮通信考』所載の「朝鮮イロハ」

いろはの下に「丙子　文進士書」とあるように、『吾妻鏡』巻二十六における女真文字などについて林羅山と筆談したことで知られている朝鮮人文弘績が書いたもので、ここでいう「丙子」は第四回朝鮮通信使の時つまり1636

　また、母音・子音の字母をそれぞれ異なる色（ここでは黒・赤）で記してハングルのアルファベットとしての性格を明白ならしめることは、シーボルト旧蔵にかかる『朝鮮辭書』（オーストリア国立図書館、Cim. jap. 51）にも見られる現象である。

年にあたると考えて間違いなかろう[23]。実際にそうだとすれば、この「朝鮮イロハ」こそが日本側の資料に伝わっている諺文いろはの中でもっとも古いもののみならず、誰がいつ書いたものかまでも明らかなものだ、ということになる。

　音注を上記の三種類と比較してみれば、それぞれと別の系統に属する、いわば丁類のものだということがわかる。ただし、この「朝鮮イロハ」の持つ意義は、17世紀に遡ることにとどまらず、狭義の朝鮮資料つまりここでは特に原刊本『捷解新語』（1676年刊）における音注の解釈にある程度貢献できそうだという点にもあるのではないかと考える。なぜならば、とりわけハ行子音の非唇音化（[ɸ]→[h]～[ç]）及び「ス・ズ・ツ・ヅ」における中舌母音化（[u]もしくは[ɯ]→[ü]）という二つの現象について見てみれば、実際には原刊本『捷解新語』とは必ずしも合わず、どちらかと言えばその改修本（1748年刊）に近いからである。

表2　「朝鮮イロハ」と『捷解新語』の原刊本・改修本との比較

	「朝鮮イロハ」 （1636年）	原刊本『捷解新語』 （1676年）	改修本『捷解新語』 （1748年）
は	hoa 화	hoa 화	hoa 화～ha 하
ひ	hi 히	pʻi 피	hi 히
ふ	hu 후	hu 후	hu 후
へ	hyəi 혜	*pʻyəi 폐 （pʻyən 편を参照）	hyəi 혜
ほ	ho 호	ho 호	ho 호
す	sɯ 스	su 수	sɯ 스
つ	cɯ 즈	cu 주	cɯ 즈

原刊本『捷解新語』の草稿がいつできたかについては諸説があるが[24]、全般の成立時期を原著者康遇聖（1581年生）が第四回朝鮮通信使に際して最後に上通事として渡日した1636年と関連付けるのが普通である。ただし、これ

23　その筆談記録は『羅山林先生文集』（巻第六十・十三ウ〜十四オ）にある。また、女真文字に関する部分は『朝鮮通信考』にも反切表に続いて見える。

24　例えば李（1984）とそこに引用されている諸説を参照。

第4章　諺文以呂波雑考 ｜ 71

は主に本文内容をもとにした推定であるため、刊本に見られるハングル音注も 17 世紀前半に遡るか、それとも後になって新たに付け加えられたかは遺憾ながらまったく不明とせざるを得ない。

　非唇音化の年代に関しては、相当の地方・方言差が見られ、後続する母音などによっても事情が異なってくることが知られているので、判断がむずかしい。が、Richard Cocks の日記といったローマ字資料を除外しても、陳 (2003: 92–96) によって指摘されているように『看羊録』（1656 年）における地名表記にも既に「ひ」が hi 히と音注されているものがあるのがここで参考になる [25]。つまり、「朝鮮イロハ」は原刊本『捷解新語』のハ行音注と矛盾するものとして孤立的な存在ではないのである。ただし、hi 히、hyəi 혜とあるからとて、唇音性がまったくなくなっているという確証とはならないであろう。というのは、両唇摩擦音の[ɸ]にしても前舌母音が後続する場合には口蓋摩擦音の[ç]を伴いやすいからである。実際に[çi]であってもそれとも例えば[ɸⁱi]くらいのものであっても、期待できる音注は一様であろう [26]。

　続いて、中舌母音化の問題であるが、これに関しても、改修本『捷解新語』より遙かに先に既に起きていたことを示してくれる資料が他にもある。同じ朝鮮資料なら、例えば、安田 (1960: 18, 55・注 15)、陳 (2003: 48–49) や朴 (2005) によって指摘されている通り、改修本を大きく遡る 17 世紀中葉の紀行録から現れてくるが、南龍翼の『見聞別録』と『扶桑録』（ともに 1655 〜 56 年成る）が早い。こう見てくると、「朝鮮イロハ」の音注が不可思議というよりも、むしろ「初本（原刊本のこと：筆者注）の su・cu の方に問題がありそうである」（安田 1960: 17）[27]。

25　ただし、陳 (2003: 94) では「ひ」に対して huui 희もあるとされているが、飛騨の音注は huuita 희다よりもむしろ hinta 힌다と見られる。また、崔 (1938: 37) の紹介・翻字によれば、『看羊録』の内容を多く踏襲している朝鮮時代の「倭國全圖」にも hinta 힌다とあるということも参考になる。

26　有坂 (1939: 58–62) によって夙に指摘されているところの、宋音の仮名表記や明代の中国資料における音訳字で観察できる中国語の /hy/ と日本語のヒ・ヘとの接近は、結果としてはこれと似ているが、同一の現象ではない。日本語側の事情は同じかも知れないが、中国語側では撮口呼の[y]によって元来の[h]（あるいは[x]）に唇音性も加えられ後続の[y]の影響で[ç]とも[ɸ]ともなりうるという点で異なる。

27　しかし、「これらは、康遇聖によって、他のウ列音節（〜 u）との均衡を重んじて、作

しかし、日本語における中舌母音化が反映されているのは、朝鮮資料のみではない。「他の外国資料にはそのような現象が見られないのは、[u]と[ɨ]が別の表記として存在している朝鮮資料のみの特徴のためであろう」（趙2001: 98）といった主張はあるが、これは妥当とは言えず、中国資料にもこのような区別が歴然と出てくるわけである。次の表から明らかなように、早くも16世紀後半の中国資料における音訳字は、中舌母音化を反映していると思われるものが圧倒的に多い[28]。

表3　中国資料より見た中舌母音化の過程

年代	資料名	/su/ す		/tu/ つ		
		[su]([suɯ])「宿」等	[sü]「司」等	[tu]「都」等	[tsu]([tsɯ])「足」等	[tsü]「子」等
1252	鶴林玉露	1	0	0	0	0
1376	書史會要	1	0	1	0	0
1523	日本國考略	13 (+2)	3	9	4	14
1549	日本館譯語	8	21	17	4	(+1)
1561	日本圖纂	1	5 (+2)	0	1	12
1592	日本風土記	12	35	0	3	59

かくて、「朝鮮イロハ」の音注ではなく原刊本『捷解新語』のそれが問題となり、再論を要するのではないかと考える。上記の諸資料が、そのもととなっている言語変種をそれぞれ異にするという可能性も慎重に検討すべきように思われるが、本稿では新資料の紹介にとどめたい。

られた音注ではないか」（安田 1960: 17–18）という説には従い難いように思われる。/u/の場合に表記の均衡を重んずるとするなら、/e/に対する表記が統一されていない点が説明しにくくなるからである。実際には、統一の傾向が特に著しい重刊本でさえウ列の母音表記が統一されているわけではない。また、ウ列音節全般の均衡を重んずる表記の前提として「朝鮮語で音韻的に区別されている二つの母音に対応しているものなのに、日本語では音声的に異なるとしても同じウ列に属する」という認識がなければならないが、康遇聖はそれを有していたかどうか自明のことではない。

28　表は大友（1963: 226, 314–315, 380–381, 554–555）をもとに作成した。カッコ内の数字は、「司」を「つ」の表記に用いるなどのように、声母が合わないものを表わす。ただし、特に韻尾に関してまったく不規則的な対応を示す孤例は表から除外した。

5. 『諺文音釋』所引の「雛川氏書諺文以呂波」

　最後に今一点の諺文いろはであるが、今度は時が下って幕末の国学者、そしていわば江戸時代最後の諺文学者、石橋真国（1807?～1867年）の著作『諺文音釋』（1864年、京都大学文学部図書館、Philology|2D|26）に引用されているものである。

　石橋が諺文を研究対象としたのは「予ハ。此學ヲ以テ。專業トスルニ非サレトモ。諺文ハ。漢字音韻ノ論に關係スレハ。少シク之ヲ解セサレハ。大ナル惑ノアラム事ヲ恐レテ」（『諺文音釋』三～四）いたためらしいが、写本として伝わっている彼の数多くの著作には他にも、韻鏡にならって朝鮮漢字音を整理した『漢字諺文對照音圖』（1862年）や当時『訓蒙字會』などとともに朝鮮漢字音の資料として利用されていた『千字文』『類合』の漢字索引たる『朝鮮本千字文類合撿字』（1865年）といったものも含まれている。が、諺文いろはという観点から見てもっとも興味を引くのは、『諺文音釋』と題して『訓蒙字會』の凡例の内「諺文字母」のところを注釈したものである。『訓蒙字會』の注釈と言えば、伊藤東涯（1670～1736年）の『朝鮮國諺文字母』などが思い浮かぶかも知れないが、こちらは伊藤東涯、伴信友（1773～1846年）、平田篤胤（1776～1843年）、行智（1778～1841年）などの研究は無論のこと、『海東諸國紀』所載の「語音飜譯」など朝鮮側の文献や『朝鮮館譯語』といった中国資料をも考慮に入れて、広く国内外の諸書を参考にしつつ作り上げた労作である。

　さて、注釈の際ハングル字母の音価同定に貢献できるものの一つとして数回に亘って対馬で朝鮮語通事をつとめた雛川式部なる人物の諺文いろはへの言及が見られる[29]。黒川春村（1799～1867年）の『音韻考證』にも「對州雛川某の諺文伊呂波」として言及されていることは、福島（1965: 55）の指摘以来周知の事実であるが、ここにはただの言及のみならず引用もなされている

29　さまざまな名称で引用されているが、管見に入ったものでは、例えば「雛川氏書諺文以呂波」（六十八、九十）、「對州雛川某（ノ）諺文伊呂波」（七十四、二三四、『音韻考證』よりの引用の中で）、「朝鮮（右傍に對州と訂正）朝鮮前譯語舘（ママ）雛川氏民（右傍に式と訂正）部所書ノ（三字を消してノと訂正）諺文ノ伊呂波歌」（二一八）、「對州朝鮮前譯語舘（ママ）雛川氏式部ト云人ノ諺文ヲ以テいろは哥ヲ書ル中ニ〔後略〕」（二五二）、「對州雛川氏式部ノ書ル諺文いろは哥」（二五四）、「對州雛川氏諺文いろは哥」（二五四）などとある。

ため、ごく断片的にではあるが、「雛川氏書諺文以呂波」の実態が下記のように復元できるわけである。このままでは音韻史の資料となりえないことは論を俟たないが、今まで見てきたもののいずれにも一致しない部分があり、また別系統のものらしい[30]。

図 4 「雛川氏書諺文以呂波」の部分復元

'yəi 예	あ	や	ら	よ	ち	い
ひ	さ	ま	mɯ 므ママ	た	り	ro 로
mo 모	き	け	う	ryə 려	nɯ 느 zɯ 스ママ	ha 하ママ hi 히ママ
syə 셔	ゆ	hɯ 흐ママ	ゐ	sɯ 스ママ	る	に
す	myə 며	ko 고	no 노	つ	を	ho 호
	み	'yəi 예	'o 오	ね	わ	hyəi 혜
	し	て	く	な	か	to 도

ついでにこの諺文いろはの作者に些か触れておこう。『諺文音釋』(七十六)によれば、「雛川氏ハ對馬人ニテ朝鮮譯語ニモ預リシ人ト聞ユレハ」とのことだが、詳しくは不明である。また、諺文いろはの正確な年代も明らかではない。ただ、立原翠軒 (1744 ~ 1823 年) が「新羅王の書と云もの」について相談したとして、その弟子小宮山楓軒 (1764 ~ 1840 年) の随筆『楓軒偶記』に登場している「朝鮮通事雛川式部」が思い浮かぶ。また、菅江真澄 (1754 ~ 1829 年) が 1783 年信濃国で出会った雛川清歳も、「をさなきより朝鮮に渡り、ことさやぐことの葉をまねび、ことかよふをわざと」していたというので、また同一人物であろうか[31]。とすれば、この諺文いろはは 18 世紀後半、あるいは 1800 年頃のものと推定される。

参照文献
有坂秀世 (1939)「諷經の唐音に反映した鎌倉時代の音韻狀態」『言語研究』2: 48–72.

---

30 「は」「ぬ」に対する hi 히・zɯ 스は、それぞれ ha 하・nɯ 느の誤写に違いない。また、「そ」を注した sɯ 스は so 소とあるべきものであろうか。
31 それぞれ國書刊行會 (編) (1917–1918, II: 227)、内田・宮本 (編) (1971: 100) を参照。

Carletti, Francesco (1701) *Ragionamenti di Francesco Carletti Fiorentino sopra le cose da lui vedute ne' suoi viaggi*. Firenze: Giuseppe Manni.
陳南澤 (2003)『朝鮮資料による日本語と韓國語の音韻史研究』博士論文, 東京大学.
趙堈熙 (2001)『朝鮮資料による日本語音声・音韻の研究』서울：J & C.
崔暎海 (1938)「總督府科學舘 所藏 古代日本地圖의 한글 地名」『한글』58: 36–38.
鄭光 (2014)「朝鮮司訳院の倭学における仮名文字教育：バチカン図書館所蔵の「伊呂波」を中心に」『朝鮮学報』231: 35–87.
福島邦道 (1965)「(附録解説：) 国書の諺文いろは」京都大學文學部國語學國文學研究室 (1965), 52–69.
福島邦道 (1968)「纂輯日本訳語解題」京都大學文學部國語學國文學研究室 (1968), 213–258.
Hager, Joseph (1800) Alphabet of Corea: Extracted from a Japanese book and explained by Dr. Hager of Vienna. *The Oriental Collections* 3 (1): 88–93.
濱田敦 (1965)「附録解説」京都大學文學部國語學國文學研究室 (1965), 45–51.
濱田敦 (1970)「弘治五年朝鮮板『伊路波』諺文対音攷」『朝鮮資料による日本語研究』77–91. 東京：岩波書店.
日埜博司 (編訳) (1993)『日本小文典』東京：新人物往来社.
石橋道秀 (2006)「長崎朝鮮風土記全 附り 薩摩聞書：仮名書き朝鮮語」『韓国言語文化研究』12: 65–117.
上村忠昌 (2001a)「バイエルの手稿「二人の日本人との対話」に付されたゴンザの「いろは」の発音」『國語學』52 (2): 87–94.
上村忠昌 (2001b)「バイエルの手稿「二人の日本人との対話」」『窓』116: 22–27.
岸田文隆 (1999)「漂流民の伝えた朝鮮語：島根県高見家文書「朝鮮人見聞書」について」『富山大学人文学部紀要』30: 113–143.
國書刊行會 (編) (1917–1918)『百家隨筆』東京：國書刊行會.
京都大學文學部國語學國文學研究室 (1965)『弘治五年朝鮮板伊路波』京都：京都大學國文學會.
京都大學文學部國語學國文學研究室 (1968)『纂輯日本譯語』京都：京都大學國文學會.
李東郁 (2004)「『捷解新語』のエ段音表記について：原刊本の「-jɔi」・「-ɔi」表記を中心として」『広島大学大学院教育学研究科紀要』52 (2003): 261–270.
李元植 (1984)「朝鮮通信使に随行した倭学訳官について：捷解新語の成立時期に関する確証を中心に」『朝鮮学報』111: 53–117.
Michel, Wolfgang (1993) Engelbert Kaempfers Beschäftigung mit der japanischen Sprache. In: Detlef Haberland (ed.) *Engelbert Kaempfer. Werk und Wirkung. Vorträge der Symposien in Lemgo (19.–22.9.1990) und in Tokyo (15.–18.12.1990)*, 194–221. Stuttgart: Franz Steiner.
Müller, Andreas (1703) *A καὶ Ω. Alphabeta ac Notæ Diversarum Linguarum pene septua-*

ginta tum & Versiones Orationis Dominicæ prope centum. Berlin: Johann Liebermann.
村山七郎（1965）『漂流民の言語：ロシアへの漂流民の方言学的貢献』東京：吉川弘文館.
名倉佳之（2001）「遠藤家文書における寺子屋関係史料」『阿波学会紀要』47: 251–259.
Osterkamp, Sven（2010）The Japanese studies of Andreas Müller（1630–1694）.『京都大学言語学研究』29: 77–151.
Osterkamp, Sven（2015）Lorenzo Hervás（1735–1809）and the account of the Japanese and Korean scripts in his *Paleografía universal*. *Scripta* 7: 1–57.
大友信一（1963）『中国資料による室町時代の国語音声の研究』東京：至文堂.
朴真完（2005）「《海行摠載》から見た中・近世日本語の研究」『國語國文』74（2）: 1–19.
Pelliot, Paul（1995）*Inventaire sommaire des manuscrits et imprimés chinois de la Bibliothèque Vaticane*. Ed. Takata Tokio. Kyoto: Istituto Italiano di Cultura, Scuola di studi sull'Asia orientale.
Rodriguez, João（1620）*Arte breve da lingoa Iapoa*. Amacao: Collegio da Madre de Deos da Companhia de Iesv.
Schultze, Benjamin（1748）*Orientalisch- und Occidentalischer Sprachmeister*. Leipzig: Christian Friedrich Geßner.
Silvestro, Gianfranco（ed.）（1958）*Ragionamenti del mio viaggio intorno al mondo*. Torino: Giulio Einaudi editore.
竹本宏夫（1985）『日本歌謡叢とその小考』東京：桜楓社.
内田武志・宮本常一（編）（1971）『菅江真澄全集』第一巻. 東京：未来社.
安田章（1960）「重刊改修捷解新語解題」京都大學文學部國語學國文學研究室『重刊改修捷解新語』1–62. 京都：京都大學國文學會.
安田章（2004）「ハングルの難波津」『甲子園大学紀要 C 人間文化学部編』8: 153–163.
吉見孝夫（1989）「弘治五年朝鮮板『伊路波』の「ホ」のハングル音注」『語学文学』27: 33–39.

第 5 章

平安時代語アクセント再考[1]
――式（語声調）は幾つあったのか

平子達也

1. 序

1.1 はじめに

　日本語アクセント史研究において平安時代末期京都方言（平安時代語）のアクセントに関する研究は必要不可欠なものである。一般に平安時代語アクセントの資料として用いられるのは、所謂声点資料と呼ばれるものである。本稿では次頁の（1）の諸資料を用いるが、一部後代の資料である和名類聚抄（和名）の諸本を馬淵（2008）の索引・影印を参照して用いたところがある。なお、各資料については公刊されている影印本によった（末尾調査資料欄参照）。

---

[1] 本稿は国立国語研究所言語対照研究系プロジェクト「日本列島と周辺言語の類型論的・比較歴史的研究」音韻再建班 平成25年度第二回研究発表会（2013年12月23日　国立国語研究所）と第257回筑紫日本語研究会（2014年12月27日　九州大学）で発表した内容に大幅な改訂・修正を加えたものである。それぞれの席上で貴重なコメントをくださった皆様に感謝申上げる。また、本稿の草稿の段階で、早田輝洋先生、松森晶子先生、五十嵐陽介先生に貴重な御意見をいただいた。記して感謝申上げる。言うまでもなく、本稿における誤りは筆者自身の責任である。

(1) 本稿で用いる資料
図書寮本類聚名義抄(図類)；観智院本類聚名義抄(観類)；高山寺本類聚名義抄(高類)；鎮国守国神社蔵本類聚名義抄(鎮類)；金光明最勝王経音義(金光)；岩崎本日本書紀(岩紀)；前田家本日本書紀(前紀)；図書寮本日本書紀(図紀)

　これまでにも平安時代語アクセントに関する研究は多くあり、様々な立場から様々な意見が提出されている。最も大きな問題であるのは、平安時代語アクセントの音韻論的解釈についてさえも、未だに研究者間で意見の一致を見ないことにある。本稿は、平安時代語アクセントのより妥当な音韻論的解釈がどのようなものであるかを明らかにするための一つの試論である。

1.2　本稿で用いる表記など

　本稿で考察の対象とする平安時代語の分節音レベルの表記については便宜的にカタカナ表記とする。なお、平安時代語において母音の長短が弁別的であったかなどは不明であり、ここでは仮名一字が対応するものを「音節」として扱うこととする。また、一般に形態素境界はハイフン(−)で示す。

　平安時代語の韻律体系はピッチアクセント体系(Kubozono 2012 など)であったと考えられる。本稿では、ピッチの高低昇降を表記するにあたって、高いピッチで実現していたと考えられる部分には上線を、低いピッチで実現していたと考えられる部分には下線を施す。また、音節内でのピッチの上昇は右上がりの線で、音節内でのピッチの下降は右下がりの線で表すことにする。なお、便宜的に H(高平調)、L(低平調)、R(音節内上昇)、F(音節内下降)といった表記を用いることもある。

　平安時代の声点資料に用いられる声点が示したピッチについては、文字の左下に差される平声点{平}が[L]、左上に差される上声点{上}が[H]、右上の去声点{去}が[R]、平声点と上声点の間(やや平声点より)に差される平声軽点(東声点){東}が[F]を示していたと推定されている(金田一 1951 など。ただしラムゼイ 1980、de Boer 2010 も参照)。本稿でもこの推定調値を用いる。なお、濁音を示すと考えられる双声点は{平濁}などとする。また、声点が付されていない部分もしくは虫食いなどによって判別ができない部分につ

いては{×}を付す。

1.3 平安時代語アクセントに関する種々の立場

　平安時代語アクセントの音韻論的解釈に関する種々の立場については、中井 (2003: 87-92) によるまとめが参考になる。ここで注意したいのは、金田一 (1983) に代表されるような調素論的解釈はともかくとして、どの説をとるにしても、平安時代語アクセント資料に実証される音調型の一部が体系上に組み入れられないなど、何らかの問題が残ることである。

　音韻論的解釈が異なる要因の一つは音韻論的な立場の違いにある。音韻論的立場が異なる故に平安時代語アクセントの音韻論的解釈が大きく異なっているものの例は、上野 (1977) と早田 (1977, 1997, 1998) の間に見られる相違であろう。

　このうち上野の解釈は、細かい点でそれに修正を施すものはあるものの、基本的なところでは平安時代語アクセントの音韻論的解釈として現在までに最も広く受け入れられているものと言ってよい (中井 2003、木部 2008 など)。上野の解釈は、平安時代語アクセントの体系を「高起式 (" ¯ ")」「低起式 (" _ ")」の二つの式と「下げ核 ("] ")」「昇り核 (" [")」の二つの核によって解釈するものである。表1 (次頁) は、上野 (1977) で示された平安時代語アクセントの音韻論的解釈を、中井 (2003) や日本語本土諸方言アクセントの祖体系案を示した上野 (2006) をも参考にして、主に表記などの面で私に修訂を加えた上で示したものである。

　ポイントとなるのは、上野 (1977; 2006) が平安時代語アクセントにおけるピッチの上昇を「昇り核」(表中 " [") によるものとしていることである。つまり、平安時代語アクセントにおけるピッチの上がり目は「核」で解釈すべき位置について弁別的なものであるとするのである。なお、「ピッチの上がり目を位置について弁別的なもの」だとする点は、例えば上野が「昇り核」とするものを「上げ核」と改めるべきだとする木部 (2008) の解釈でも同じである。また、上野は拍間もしくは音節間のピッチ変動を拍や音節に付与される「核」がもたらすものとして解釈する一方、川上 (1997) や中井 (2003) はそれを拍境界もしくは音節境界に付与される「契機」によるものとして解釈する。この川上や中井の解釈でも「ピッチの上がり目を位置につ

いて弁別的なもの」だとする点は上野の解釈とやはり違わない。

表1　上野(1977)による平安時代語アクセントの音韻論的解釈

一音節語			二音節語			三音節語		
子	￣コ	￣コ	鳥	￣トリ	￣トリ	形	￣カタチ	￣カタチ
名	╱ナ	￣ナ]	石	￣イシ	￣イ]シ	力	￣チカラ	￣チ]カラ
			溝	￣ミゾ	￣ミ]ゾ]	小豆	￣アヅキ	￣アヅ]キ
							￣○○○	￣○○○]
木	キ	_キ	山	ヤマ	_ヤマ	頭	アタマ	_アタマ
巣	╱ス	_[ス	百合	ユリ	_[ユリ	紫苑	シヲニ	_[シヲニ
歯	╱ハ	_[ハ]	脛	ハギ	_[ハ]ギ	疫病	エヤミ	_[エ]ヤミ
				○○	_[○○]		○○○	_[○○]○
							○○○	_[○○○]
			松	マツ	_マ[ツ	烏	カラス	_カ[ラス
			雨	アメ	_ア[メ	椿	ツバキ	_ツ[バ]キ
							○○○	_○[○○]
						命	イノチ	_イノ[チ
						蜻蛉	アキヅ	_アキ[ヅ]

　一方で、早田(1977; 1997; 1998)は、上野が「式」とするものを「語声調」として捉えた上で、「高起式語声調("￣")」と「低起式語声調("_")」に加え、第三の語声調として「低起上昇式語声調("ˇ")」を認める。早田は、これら三つの「語声調」と「アクセント("*")」(大まかには上野の「核」、川上の「契機」に対応する)によって平安時代語アクセントの体系を解釈する。

　早田の解釈が、先に紹介した上野らの解釈と最も大きく異なるのは、平安時代語アクセントにおけるピッチの上がり目を「核(もしくは契機、アクセント)」で解釈すべき「位置」について弁別的なものとしない点にある。早田は、平安時代語アクセントにおいて「ピッチがどこで上昇するか」は、

「語声調」の違いによって説明されるべきであると主張し、「ピッチの上り目が弁別的だとは思っていない」(早田 1977: 349) と述べる。

表 2-1　早田 (1977) による平安時代語アクセントの音韻論的解釈 (1)

一音節語			二音節語			三音節語		
子	コ	⌒コ	鳥	⌒トリ	¯トリ	形	カタチ	¯カタチ
名	ナ	¯ナ*	石	イシ	¯イ*シ	力	チカラ	¯チ*カラ
						小豆	アヅキ	¯アヅ*キ
木	キ	_キ	山	ヤマ	_ヤマ	頭	アタマ	_アタマ
歯	ハ	_ハ*	脛	ハギ	_ハ*ギ	疫病	エヤミ	_エ*ヤミ
			松	マツ	_マツ*	椿	ツバキ	_ツバ*キ
			雨	アメ	_アメ*	命	イノチ	_イノチ*
						蜻蛉	アキヅ	_アキヅ*
巣	ス	⌵ス	百合	ユリ	⌵ユリ	烏	カラス	⌵カラス

表 2-2　早田 (1977) による平安時代語アクセントの音韻論的解釈 (2)

			四音節語の一部		
漁	スナトリ	_スナトリ	手巾	タノゴヒ	_タノゴ*ヒ
襦袢	ウチカケ	⌵ウチカケ	酸漿	ホホヅキ	⌵ホホヅ*キ

以下、上野説・早田説の両説でその捉え方が大きく異なる「ピッチの上がり目」の位置づけについて、表記のあり方と(形態)音韻規則の2点から再考する。

2. 資料を全て信頼すべきか：鈴木 (1999) の早田説への反論について

　平安時代語アクセントがどのようなアクセント体系であったのかという問題は、後代の資料に反映される中央方言のアクセントや現代諸方言アクセント(特に京都方言アクセント)との歴史的な整合性、平安時代語アクセント自体の体系性・規則性はもちろんのこと、表記の揺れ・誤写・資料間の差異等の資料に関わる事柄も併せて総合的に考えるべきことである。

資料に関わる問題を取り扱ったものとしては、早田の解釈案に対する反論を中心に議論を展開した鈴木 (1999) がある。

鈴木は、早田の想定する体系内に、四音節以上の語で最初二音節 (以上) が低く、それ以後に二音節以上が高く続く型 (LLHH、LLHHH、LLHHL など。以下 LLHH 型と呼ぶ) が組み込まれないことを問題視する。鈴木は、文献資料上に LLHH 型で現れる語が数多く実証されることを指摘し、LLHH 型を体系中に組み込み得ない早田の解釈は認められないとする。鈴木の主張は、文献資料上に見られる LLHH 型の語数を示した上でのものであり、一定の説得力がある。

ただ、鈴木自身が資料として用いている秋永他編 (1997) をもとに調査した結果、鈴木があげた四音節語で LLHH 型の語 123 語のうち、78 語までが平安時代あるいは鎌倉時代の資料において表記上の揺れを持っていることが分かる (さらに後代の資料における表記も含めれば 84 語が揺れを持つ)。即ち、資料上の表記をそのまま信頼するのであれば、LLHH 型で現れるものの多くが、LLHH 型ではなく他のアクセント型で現れることもあったと考えられる。しかも、その LLHH 型ではない他のアクセント型は早田の解釈案で問題なく解釈できるものばかりである (表 3)。

表記上の揺れがない、つまり、資料を見る限りは LLHH 型で安定しているように見えるものであっても、そこには例えば「イタマク (悼)」「マウサク (申)」など動詞ク語法や「オホキサ (大)」などの単純に一語として扱うことができないように思われるものも含まれている。また、LLHH 型以外の音調型でも現れることがあるものも含めて LLHH 型で現れるものの多くは、二音節語＋二音節語の複合語である。早田 (1977: 349) の言うように「低い始まりで徐々に上昇していくピッチは複合の境界で急に上昇してしまうことがあ」った可能性もある。しかも、LLHH 型で現れる複合語の後部要素は単独で HH 型で現れる二音節名詞 1 類に所属するものが多い。

第 5 章　平安時代語アクセント再考 | 83

表3　LLHH 型で現れるものの表記上の揺れ [2]

	語数	例
LLHL 型との揺れ	28	ヨロヅヨ（万代）、アキラカ（明）、イツハリ（偽）、コメザキ（米裂き）…
LLLH 型との揺れ	30	ヨロヅヨ（万代）、タクブラ（手腓）、カムザシ（簪）、オホマヘ（大前）…
LHHH 型との揺れ	8	ハセヲバ（芭蕉葉）、クロコマ（黒駒）、オホマヘ（大前）、タクブラ（手腓）…
LLLL 型との揺れ	21	クロコマ（黒駒）、イツハリ（偽）、オホマヘ（大前）、カムザシ（簪）…
他の型との揺れ	29	オホマヘ（大前）[LHHL]、タナソコ（掌）[LHHL]、アヂマメ（味豆）[LLH×]…
揺れなし	45	イタマク（悼）、マウサク（申）、シロカネ（白銀）、ノラマメ（野良豆）…

　いずれにしても、資料上に多く LLHH 型が実証されることを根拠とする鈴木の主張は傾聴すべきものであるが、一方で、上記で述べたように LLHH 型の語に表記上の「揺れ」が多く見られることを考慮すれば、鈴木の早田説への批判をそのまま認めることはできない。資料上に実証されるものの数だけが解釈の妥当性を保証するものではないのである [3]。
　早田（1977: 349 の (17)）があげるように、例えば「イナオホセトリ（稲負鳥）」には [LLLLLHL]、[LLLHHHL]、[LLHHHHL] と解釈できる声点が差されている。語構成の問題も関係はするかもしれないが、一方でピッチの上がり目位置が弁別的なのであれば、これほどまでにピッチの上がり目位置に

---

[2] 語数の合計が 123 とならないのは、一つの単語が LLHH 型を含めて 3 つ以上の型で現れることがあるためである。

[3] 金田一（1964[2005: 297, 433–434]）では、鎌倉時代語アクセント資料とされる『四座講式』中には LLHH 型の「名詞」として「ヲホキサ（大きさ）」という例しかないことから、鎌倉時代語では LLHH 型に所属する語彙は少なかっただろうと推測をしている。金田一自身（1964[2005: 434]）は「オホキという部分とサという部分との間に、かなりはっきりした切れ目が感じられたのではないかと思われる」と述べているが、仮に「ヲホキサ（大きさ）」という語を音韻的に一語のものとして認めなければ、『四座講式』中には LLHH 型で現れる「名詞」はないということになる。この事実もまた、平安時代語アクセントにおける LLHH 型の存在を疑わせる。

ついて表記の揺れがあることは考えられない。

　平安時代語アクセントについて考える場合には、「声点」という音節ごとのピッチの高低昇降しか表すことができない手段によって、どこまで往時の音声的実現を正確に表記し得たのかということも考えなければならない。仮に低起式語声調が、アクセント（核）のある位置まで緩やかにピッチを上昇させるようなものであったとすれば、LLHHH… ~ LLLHH… ~ LLLLH…という表記上の揺れもあってよいように思われる。

　資料に見られる表記のどれを「正しい」とするのかという「資料の解釈」の問題は、どのようなアクセント体系であるのかという「音韻論的解釈」と相互に照らし合わせながら考えるべきであって、「～という表記（型）で現れるものが（多く）あるから」と言うだけで、その表記（型）を「正しい」ものとし、その表記が表す型を共時的なアクセント体系の中に含めるのには慎重であるべきである。

3. ピッチの上がり目に関する音韻論的考察

　実際に話されている言語のアクセントを調査する場合にも、音調型や体系を捉える際に（聞こえたままを記述するだけでなく）形態音韻論的な規則も含めた「規則性」「体系性」の観点からアクセントを解釈し、記述していくことが重要であるということは、上野 (1997: 31-32) も述べることである。以下では平安時代語アクセントにおける「ピッチの上がり目」の位置づけについて「アクセントの規則性」に着目しながら考察をする。

　取り上げる現象（規則）は、複合名詞アクセントと動詞活用形におけるアクセント交替の二つである。以下の議論で焦点となるのは、平安時代語アクセントに「式（語声調）が幾つあったのか」ということである。より具体的には、早田の言う「低起上昇式語声調」が認められるか否かということが問題となる。

3.1　複合名詞アクセント

　平安時代語における複合名詞アクセント規則については、例えば早田 (1977: 350 (19)) に以下のような一般化が提示されている。

(2) 複合名詞 X + Y において、
  A X の語声調が全体の語声調になる (Y の語声調が消える)
  B Y のアクセントが全体のアクセントになる (X のアクセントが消える)
  C Y にアクセントがない時は、Y の第 2 音節末にアクセントが挿入される
  D 低起式でない多音節語の語末アクセントを 1 音節前にずらす

　金田一 (1937) の発見による「式保存の法則」は上記の (2-A) とほぼ同趣旨のものであるが、早田の一般化があくまで語全体のピッチパターンに関わる語声調についてのものである一方、金田一の「式保存の法則」が語の始まりの高さ (上野善道の言う「始起特徴」) についてのみ述べたものであるという違いがある。

　以下、実際の例を見てみる。まず、前部要素 X が早田の言う高起式語声調もしくは低起式語声調の語である場合、前部要素 X の語声調 (式) と複合語全体の語声調 (式) との関係は、早田の一般化 (2-A) にあうものがほとんどである (表 4)。もちろん、誤写等に起因すると考えられる例外はある (「青蛙」など)[4]。なお、例は前部要素が高起式のものと低起式のものとに分け、それぞれ五十音順に並べた。

表 4　前部要素 X が高起式もしくは低起式の語声調である複合名詞

前部要素	後部要素	複合語	資料
アカ (赤) +	アツキ (小豆) →	アカアツキ (赤小豆)	図類
{上上}	{上上濁平}	{上上上上濁平}	
アカ (赤) +	カネ (金) →	アカカネ (銅)	観類

---

[4] また、(2-B, C, D) に関わるアクセント (核) の位置についても早田の一般化に合わない例が見られる。そのうち、「クロカネ (黒鉄)」{平平平濁平} のように (2-B, C, D) の規則で語末にアクセントが挿入されると予測されるもので、語末音節に平声点が差されているものについては注意が必要である。つまり、「クロカネ (黒鉄)」{平平平濁平} のような例は、『観智院本類聚名義抄』などの平声軽点を用いないとされる資料に見られるものであることから、その語末の平声点は「平声軽点の写し間違い」と解釈されうる。やや恣意的ではあるが、「クロカネ (黒鉄)」であれば、実際には [LLLF] と語末アクセントの音声的反映として下降調が現れていたものと考えることもできる (望月 1992: 575–634 なども参照)。

{上上} イハ(岩) {上平}	+	{上上} シミツ(清水) {平上上}	→	{上上上上} イハシミツ(岩清水) {上上上平平濁}	図類・観類
イヲ(魚) {上上}	+	*トリ(取)⁵ {―}	→	イヲトリ(魚取) {上上上平}	図類
ミツ(水) {上上濁}	+	カネ(金) {上上}	→	ミツカネ(水銀) {上上濁平平}	図類
アフラ(油) {平平濁上}	+	ワタ(綿) {平平}	→	アフラワタ(油綿) {平平濁平上平}	図類
アヲ(青) {平上}	+	ウリ(瓜) {平上}	→	アヲウリ(青瓜) {平平平上}	観類
アヲ(青) {平上}	+	カヘル(蛙) {平上上}	→	アヲカヘル(青蛙) {上上上濁上平}	観類
				アヲカヘル(青蛙) {上上平濁上平}	和名
クロ(黒) {平上}	+	カネ(金) {上上}	→	クロカネ(黒鉄) {平平濁平}	観類
コムラ(腓) {平平上}	+	*カヘリ {―}	→	コムラカヘリ(腓返) {平平平平濁上平}	観類・鎮類
スミ(墨) {平平}	+	ナハ(縄) {平平}	→	スミナハ(墨縄) {平平上平}	図類
				スミナハ(墨縄) {平上上平}	前紀・図類
ムキ(麦) {平上濁}	+	ナハ(縄) {平平}	→	ムキナハ(麦縄) {平平濁平平}	観類
ムマ(馬) {平平}	+	イクサ(戦) {平平平}	→	ムマイクサ(馬軍) {平平平上平}	前紀傍訓
モノ(物) {平平}	+	*カタリ(語) {―}	→	モノカタリ(物語) {平平平上平}	図類

---

5 資料中に往時のアクセントを実証する例は見当たらないが理論的に推定されるものについては、左肩にアスタリスク("*")を付して音調型を示した。なお、声点表記の欄は{―}としている。

ヤマ(山)	+	ハト(鳩)	→	ヤマハト(山鳩)	観類
{平平}		{平平}		{平平平濁平}	
ヤマ(山)	+	トリ(鳥)	→	ヤマトリ(山鶏)	観類
{平平}		{上上}		{平平上平}	
ヤマ(山)	+	モモ(桃)	→	ヤマモモ(山桃)	観類
{平平}		{上上}		{平平上平}	
ヤマト(倭)	+	ウタ(歌)	→	ヤマトウタ(倭歌)	鎮類
{平平上}		{上平}		{平平平上平}	
				ヤマトウタ(倭歌)	観類
				{上上上上平}	
ユミ(弓)	+	フクロ(袋)	→	ユミフクロ(弓袋)	観類
{平平}		{平平平}		{平平平濁平平}	

次に、早田の言う低起上昇式の語が前部要素である場合を見てみる(表5)。表5にあげたのは、単独形で低起上昇式と思われる名詞が前部要素となっている複合名詞の例である。表5を見る限り、前部要素が低起上昇式であれば、複合語全体も低起上昇式であることが相対的には多い。ただし、早田の一般化に対する例外もある(「翁人」「翁草」「烏蛇」「狐草」「尻手」)。

表5　前部要素Xが低起上昇式の語声調である複合名詞

前部要素		後部要素		複合語	資料
アヤメ(菖蒲)	+	クサ(草)	→	アヤメクサ(菖蒲草)	観類
{平上上}		{平平}		{平上上上濁平}	
アコメ(袙)	+	キヌ(衣)	→	アコメキヌ(袙衣)	観類
{平上上}		{平上}		{平上上上濁平}	
イララ(棘)	+	クサ(草)	→	イララクサ(棘草)	観類
{平上上}		{平平}		{平上平××}	
				イララクサ(棘草)	和名
				{平上上上平}	
ウサキ(兎)	+	ウマ(馬)	→	ウサキウマ(兎馬)	観類
{平上上濁}		{平平}		{平上上濁上上}	
オキナ(翁)	+	ヒト(人)	→	オキナヒト(翁人)	観類
{平上上}		{上平}		{平平平上濁平}	

オキナ(翁) {平上上}	+	クサ(草) {平平}	→	ヲキナクサ(翁草) {平平平上濁×}	観類
				オキナクサ(翁草) {平平平上平}	和名
カラス(烏) {平上上}	+	ムキ(麦) {平上濁}	→	カラスムキ(烏麦) {平上上上平濁}	観類
カラス(烏) {平上上}	+	ウリ(瓜) {平上}	→	カラスウリ(烏瓜) {平上上上平}	観類・鎮類
カラス(烏) {平上上}	+	ヘミ(蛇) {去上}	→	カラスヘミ(烏蛇) {平平平上平}	観類
				カラスヘミ(烏蛇) {平上平上平}	和名
キツネ(狐) {平上上}	+	クサ(草) {平平}	→	キツネクサ(狐草) {平平平平濁×}	観類
ココノツ(九) {平上上×}	+	トコロ(所) {上上上}	→	ココノトコロ(九) {平上上×××}	観類
シリヘ(後) {平上上}	+	テ(手) {平}	→	シリヘテ(後手) {平平平平濁}	図類
ススミ(雀) {平上濁上}	+	タカ(鷹) {上上}	→	ススミタカ(雀鷹) {平上濁上平濁平}	観類・鎮類
ユハリ(尿) {平上濁上}	+	フクロ(袋) {平平平}	→	ユハリフクロ(尿袋) {平上濁×上濁平上}	観類
				ユハリフクロ(尿袋) {平上上上上平}	和名
タチマチ(忽) {平上上平}	+	クサ(草) {平平}	→	タチマチクサ(忽草) {平上上上上平}	和名
ウチカケ(打掛) {平上上上}	+	キヌ(衣) {平上}	→	ウチカケキヌ(内掛衣) {平上上上上平}	図類・観類

　また、表 6 にあげたのは前部要素が LLH 型である複合名詞の例である。

表6　前部要素 X が LLH 型の語声調である複合名詞（既出例略）

前部要素	後部要素	複合語	資料
アフラ(油){平平濁上}	＊ヒキ(引){—}	→ アフラヒキ(油引){平平濁平平濁平}	観類
アフラ(油){平平濁上}	ツノ(角){平平}	→ アフラツノ(油角){平平濁平平濁平}	観類
オホチ(従){平平上濁}	オチ(伯父){上上}	→ オホチオチ(従伯父){平平平上平濁}	鎮類
ククツ(傀儡){平平濁上}	＊マワシ{—}	→ ククツマワシ(傀儡廻){平平平平上平}	観類
ココロ(心){平平上}	ハセ(馳){平平}	→ ココロハセ(心馳){平平平上平}	観類
		ココロハセ(心馳){平平平平上}	観類
ナミタ(涙){平平上}	タリ(垂){平平}	→ ナミタタリ(涙たり){平平平平平}	図類
ニシキ(錦){平平上}	ヘミ(蛇){去上}	→ ニシキヘミ(錦蛇){平平平上平}	観類・鎮類
ノムト(喉){平平上濁}	フエ(笛){上上}	→ ノムトフエ(喉笛){××平平上}	観類
ハハキ(箒){平平上}	ホシ(星){上上}	→ ハハキホシ(箒星){平平平上平}	観類
ヒトヘ(一重){平平上}	キヌ(衣){平上}	→ ヒトヘキヌ(単衣){平平平平上}	図類
ヤマト(倭){平平上}	コト(琴){平上}	→ ヤマトコト(和琴){平平上平上}	図類

　さて、早田の解釈では、三音節 LLH{平平上}型の語は<u>低起式語末核型</u>である。つまり、第二音節から第三音節にかけてのピッチの上昇は、式（語声調）によるものではなく、核（アクセント）によるものであると解釈される。一方で、上野らの二式二核の解釈においては、LLH 型における上がり目も LHH 型における上がり目もどちらも昇り核（もしくは上げ核、昇り契機）に

よるものとされる。

　表5と表6を比べると、表5で示した前部要素がLHH型である複合名詞の場合と異なり、表6の全ての例において前部要素における<u>ピッチの上がり目の位置は保たれていない</u>。これは音声（表記）上同じピッチの上がり目でありながらも、LHH型におけるピッチの上がり目とLLH型におけるピッチの上がり目とは、複合名詞アクセントという（形態）音韻論上の振る舞いに関して異なる性質を持つものであることを意味する。そしてこのことは、早田がLHH型におけるピッチの上がり目を「式（語声調）」によるものとし、LLH型におけるピッチの上がり目と区別していることと符合する。

　一方で、上野らの二式二核の解釈では、LLH型における上がり目もLHH型における上がり目もどちらも同じ昇り核（もしくは上げ核、昇り契機）によるものとするが、何故LHH型におけるピッチの上がり目<u>だけ</u>が、複合名詞の前部要素となった場合にも保たれるのかということは説明できない。

　また、上野らの解釈に従った上で、「（三音節以上の語において）語頭音節から第二音節にかけてのピッチの上昇位置は、その語が複合名詞の前部要素となった場合にはそのまま保たれる」というような例外的な規則を設けたとしても、問題が残る。即ち、同じ「（三音節以上の語で）語頭音節から第二音節にかけてのピッチの上昇」のある語でも、早田が低起式で第二音節にアクセント（核）がある型とするLHL型の語を前部要素とする複合名詞は、次頁の表7に示すように管見に入った限り全て（早田の言う低起上昇式ではなく）<u>低起式</u>となっていて、<u>語頭から二音節以上が低いのである</u>。同じ「（三音節以上の語における）語頭音節から第二音節にかけてのピッチの上昇」であっても、やはり早田の言う低起式の語と低起上昇式の語とでは、（形態）音韻論上の振る舞いが異なるのであり、同じ「上げ核によるもの」とはしがたいように思われる。

　結局、複合名詞アクセントにおけるピッチの上がり目位置を予測するためには早田の言う第三の式（語声調）を認めるべきだと考えるしかないだろう。少なくとも平安時代語の名詞アクセント体系においては、ピッチの上がり目を（位置に関して）「弁別的である」とする根拠は（LLHH型が多く現れるということ以外には）ない。

表7　前部要素 X が LHL 型の語声調である複合名詞（既出例略）

前部要素	後部要素	複合語	資料
ツハキ(椿) {平上平}	+ モモ(桃) {上上}	→ ツハキモモ(李) {平平濁平上×}	観類
		ツハキモモ(李) {平平平上平}	和名
ヒトツ(一) {平上平}	+ ハシ(橋) {上平}	→ ヒトツハシ(獨梁) {平平×××}	観類
		ヒトツハシ(獨梁) {平平平平上}	和名
ヒトツ(一) {平上平}	+ ヒル(蒜) {上上}	→ ヒトツヒル(獨子蒜) {平平平平濁平}	観類
		ヒトツヒル(獨子蒜) {平平平平濁平}	和名
ヒトリ(一人) {平上平}	+ *ヰ(居) {一}	→ ヒトリヰ(端坐) {平平平平}	図類・観類

3.2　動詞活用形のアクセント

　名詞アクセント体系においては三つ目の式（語声調）を認めるべきであるとの結論が得られたが、動詞の場合ではどうであろうか。平安時代語の動詞アクセントについては、活用形ごとに表8のような交替を示すことが知られている。

表8　動詞活用形のアクセント交替

	終止形	連用形	連体形	名詞形
行	ユク	ユキ	ミチユクモノ	—
思	オモフ	オモヒ(テ)	オモフ	オモヒ
遊	アソフ	アソヒ	—	アソヒ
戒	イマシム	—	—	イマシメ

　一般に平安時代語の動詞は、そのアクセント上の振る舞いから H 始まりの高起式動詞と L 始まりの低起式動詞とに分けられる。各活用形のアクセントに関する詳述は略すが、注意すべきは低起式動詞の終止形と連用形の

アクセントである。それぞれの活用形において全体で二・三音節であれば、LLH あるいは LLF となるが、全体として四音節以上になると LLHL となる。つまり、ピッチの下降位置が一つ前にずれるのである。

しかしながら、以下の (3) にあげる動詞は終止形・連用形において全体が三音節となるにも拘らず、四音節以上の動詞と同じような振る舞いを示す。つまり、(3) にあげた動詞は終止形・連用形で LHL 型となる(もしくは、LHL 型と LLH 型との間で揺れる)。

(3)　終止形・連用形が LHL 型で現れることがある動詞
　　　アブル(炙)・アリク(歩)・エラブ(選)・オビク(誘)・カカグ(掲)・カクス(隠)・カクル(隠)・カブル(被)・キツク(築)・ケガス(穢)・ケガル(穢)・コガス(焦)・ササグ(捧)・ササフ(支)・ソムク(背)・タフル(倒)・ツカル(疲)・テラフ(術)・トラフ(捕)・ナヘグ(塞)・ネガフ(願)・ネヤス(練)・ノガル(逃)・ハラフ(払)・マキル(参)・メグム(恵)

しかも、このうちの多くの動詞は現代諸方言において第二類動詞(平安時代語の低起式(L 始まりの)動詞に対応するもの)とアクセントを同じくしているが、一部については現代諸方言の一部(京都方言など)において、第二類動詞に合流せず、異なるアクセントとなっている。ここではこれらの動詞を第三類動詞と呼ぶことにする。

例えば早田 (1977; 1997; 1998) は平安時代語における動詞語幹を、高起式語声調を持つもの(高起式動詞)・低起式語声調を持つもの(低起式動詞)・低起上昇式語声調を持つもの(低起上昇式動詞)に分類する。それぞれ、第一類動詞・第二類動詞・第三類動詞に対応するのだが、終止形・連用形が三音節となるもので言えば、高起式動詞(第一類)は終止形・連用形で HHL、低起式動詞(第二類)は終止形・連用形で LLH(〜LLF)、低起上昇式動詞(第三類)は終止形・連用形で LHL となる。

一方で屋名池 (2004) は、平安時代語アクセントの体系の中に第三類動詞を独立したものとして認めない立場をとる。屋名池は、第三類動詞の第二類動詞(低起式動詞)に対する特異性は、連用形・終止形・命令形・已然形など一般の低起式動詞でも長さによってアクセントがかわることがある活用形

において「3拍でありながら、4拍以上と同じ型を取ること」、つまりLHL型となることにあると述べ、また、そのほとんどが低起式動詞としては「規則的なかたちである」LLH型との間で揺れており、「長さによってアクセントがかわることのない活用形では、一般の動詞と異なるところはない」（屋名池 2004: 50）としている。屋名池は、終止形・連用形においてLHL型で現れることがある動詞を低起式動詞の「やや例外的なふるまいをするもの」としている。

　実際、実例は少ないながらも（3）にあげた動詞は、連用形・終止形・命令形・已然形以外においてはアクセント上の振る舞いとして低起式動詞と異なるところがないように思われる。例えば、（3）にあげた動詞からの派生名詞形（分節音は連用形と同形だがアクセントは異なる）としては、「カクレ（隠）」（鎮類）・「カフリ（被）」（観類）に {平平平} という声点表記が見られ、「前紀」傍訓にも「メクミ（恵）」「ネカイ（願）」に {平平平} の声点が差されているのが見える。早田が低起式語声調とする動詞も、派生名詞形は {平平平} という声点が差される。この点では早田の言う低起上昇式動詞と低起式動詞とで相違がない。

　前部要素が第三類動詞の動詞派生名詞である複合名詞としては、表9（次頁）にあげた三つの例が管見に入った。先に述べた複合名詞アクセント規則と関連づけて考えれば、「トラフ（捕）」は、その派生名詞形を前部要素とする複合語のピッチパターンからして、低起上昇式の語声調を持っていると考えることができるかもしれない。しかし、「アフル（炙）」「カクレ（隠）」については低起上昇式の語声調を持っていたとは言いがたい。

　なお、（3）にあげた動詞の連体形のアクセントを示す例については、「前紀」傍訓に「シメヤカニ アリクハ」{平上上平上 平上上上} という表記がある。終止形と連体形の合流以後にあたる室町後期あるいは江戸初期の上方方言アクセントを反映するとされる『補忘記』で第三類動詞「カクス（隠）」がLHH型で現れていることからしても、この「アリク」に差された声点表記に反映されるLHH型という形は低起上昇式語声調の動詞連体形のアクセントとして規則的な形だと解釈できる。しかし一方で、連体形と同じアクセントで現れるとされる所謂ク語法（の「ク」の前まで）のアクセントを示す例として「観類」に「子カハクハ（願）」{平平濁上上×} という例があり、

これは一般の低起式動詞におけるク語法（あるいは連体形）のアクセントと変わらない (cf.「イタマクハ（悼）」{平平上上上} 図類)。

表 9　前部要素が低起上昇式動詞の派生名詞である複合名詞のアクセント

動詞	複合名詞	資料
アフル（炙）	アフリモノ {平平濁平××}	観類
	アフリモノ {平平平平平}	和名
カクル（隠）	カク̄レミチ {平平平上平}	観類
	カクレミチ {平平平平平}	和名
トラフ（捕）	ト̄ラヘヒト {平上上××}	観類・鎮類
	ト̄ラヘヒト {平上上上上}	和名

　何故（3）にあげた動詞が例外的な振る舞いをするのかについては、なお検討を要するものの[6]、平安時代語において LHL {平上平} 型で現れる動詞は、低起式語声調の語幹として振る舞うことが一般的でありながら、低起上昇式語声調の語幹として振る舞うこともあり得たというのが資料を見る限りの結論である。このような音韻論的な振る舞いに揺れが見られることから考えられるのは、この時代に低起上昇式の語声調が消えつつあったか、あるい

---

[6]（3）にあげた動詞が一般の低起式動詞に比して「例外的なふるまい」をする一つの可能性として、（3）にあげた LHL 型で現れることのある動詞の一部が複合動詞由来と考えられることは考慮すべきであろう。例えば（3）に含まれる動詞ではないが「イロトル（彩）」という動詞は、「観類」の中で「イロ̄トル」{平平上濁平}（仏中）と「イロト̄ル」{平平平上}（仏下本）という表記がある。注目したいのは、一方が連濁形であり、もう一方は非連濁形であることである。しかも、連濁形か非連濁形かによって、アクセントが交替している。連濁形の「イロ̄トル」{平平上濁平} は、L 始まりの動詞（第二類動詞）で終止形が四音節のものの音調型としては規則的な音調型である一方、非連濁形「イロト̄ル」{平平平上} はそうではなく、むしろ「イロ（色）」{平平}（図類）と「ト̄ル（取）」{平上}（仏中など）の二語が単に並置されただけの音調型のようにも見える。連濁形「イロ̄トル」{平平上濁平} が示す音調型は一語化したものであり、非連濁形「イロト̄ル」{平平平上} の音調型はもとの語構成を反映したアクセントと言えるのである。この時代に「イロトル」は少なくともアクセントとしては一語化していく中間段階にあったのだろう。この「イロトル」の場合と同じことが（3）の一部の動詞についても言うことができるかもしれないと考える。早田（1977: 338–339）でも、低起上昇式の動詞としてあげられている終止形で四音節となる例「サシオク」「モチヰル」について「一語になっていなかったかもしれない」としている。ただ、（3）の動詞が全て複合語由来とは考えられない。

は新たに生じつつあったか、という二つの可能性であるが、現時点では考察も不十分である故、その可能性を指摘するにとどめておく。

4. おわりに

　以上、甚だ不十分ながら平安時代語アクセントにおけるピッチの上がり目の位置づけについて、式（語声調）が幾つあったのか、という観点から考察をし、私論を述べた。複合名詞アクセント規則からは、少なくとも名詞アクセント体系において三つの式（語声調）を認めるべきであるという結論に至った。一方で動詞活用形アクセントからは、平安時代語の動詞アクセントにおいて、第三の語声調を認めるべきかどうかを結論づけることはできなかった。

　最も大きな問題は、3.1 節で述べた複合名詞アクセント規則の観点から早田の言う低起式の語と低起上昇式の語との間でその振る舞いに違いがあるという事実をどう解釈するかだろう。現状、筆者は 2 節で述べた各資料における声点表記の揺れなどからしても、平安時代語アクセントにおけるピッチの上がり目を位置について弁別的なものと解釈しない立場をとる。ただ、なお見逃している資料があるかも知れず、さらなる考察は必要である。本稿における議論をさらに発展させ、平安時代語アクセントの妥当な音韻論的解釈が如何なるものであるのか考察を深めていきたい。

参照文献

秋永一枝・上野和昭・坂本清恵・佐藤栄作・鈴木豊（編）(1997)『日本語アクセント史総合資料　研究篇』　東京：東京堂出版.

de Boer, Elisabeth M. (2010) *The historical development of Japanese tone.* Wiesbaden: Otto Harrassowitz.

早田輝洋 (1977)「生成アクセント論」『岩波講座日本語 5　音韻』323–360. 東京：岩波書店.

早田輝洋 (1997)「平安時代京畿方言アクセントに関する幾つかの問題」『音声研究』1 (2): 37–44.

早田輝洋 (1998)「平安時代京畿方言の音調」『大東文化大学紀要』36: 351–361.

川上蓁 (1997)「高さアクセントの記述：段、向き、契機、核など」『音声研究』1 (2): 20–27.

木部暢子 (2008)「内的変化による方言の誕生」『シリーズ方言学 1　方言の形成』43–81. 東京：岩波書店.
金田一春彦 (1937)「現代諸方言の比較から観た平安朝アクセント：特に二音節名詞に就て」『方言』7 (6): 1–43.
金田一春彦 (1951)「日本四声古義」寺川嘉四男・金田一春彦・稲垣正幸 (編)『国語アクセント論叢』629–703. 東京：法政大学出版局.
Kubozono, Haruo (2012) Varieties of pitch accent systems in Japanese. Lingua 122 (13): 1395–1414.
望月郁子 (1992)『類聚名義抄の文献学的研究』東京：笠間書院.
中井幸比古 (2003)「アクセントの変遷」上野善道 (編)『朝倉日本語講座 3　音声・音韻』85–108. 東京：朝倉書店.
ラムゼイ, S. R. (1980)「日本語アクセントの歴史的変化」『言語』9 (2): 64–76. 東京：大修館書店.
鈴木豊 (1999)「アクセント史研究における下降」『国文学研究』128: 125–136. 東京：早稲田大学国文学会.
上野善道 (1977)「日本語のアクセント」『岩波講座日本語 5　音韻』281–321. 東京：岩波書店.
上野善道 (1997)「私のアクセント理論：フィールドワーカーの視点」『音声研究』1 (2): 28–36.
上野善道 (2006)「日本語アクセントの再建」『言語研究』130: 1–42.
屋名池誠 (2004)「平安時代京都方言のアクセント活用」『音声研究』8 (2): 46–57.

調査資料
金光明最勝王経音義：古辞書音義集成 (第十二巻)『金光明最勝王経音義』汲古書院. 1981 年.
図書寮本類聚名義抄：『図書寮本類聚名義抄』勉誠出版. 2005 年【同 1976 年の再版】.
観智院本類聚名義抄：天理図書館善本叢書 (第三十二・三十三・三十四巻)『類聚名義抄観智院本仏・法・僧』八木書店. 1976 年.
鎮国守国神社蔵本類聚名義抄：『鎮国守国神社蔵本三宝類聚名義抄』勉誠出版. 1986 年.
高山寺本類聚名義抄：天理図書館善本叢書 (第二巻)『和名類聚抄・三宝類字集』八木書店. 1971 年.
古写本日本書紀 (岩崎本・前田本・図書寮本)：大阪毎日新聞社『秘籍大観日本書紀』1927 年.
岩崎本日本書紀：京都国立博物館編『京都国立博物館所蔵国宝岩崎本日本書紀』勉誠出版. 2014 年.
和名類聚抄諸本：馬淵和夫『古写本和名類聚抄集成』勉誠出版. 2008 年.

第 2 部

琉球諸語の歴史的研究

第6章
日琉祖語の分岐年代

トマ・ペラール

1. はじめに

本土日本語と琉球列島の言語が系統関係にあることは疑いの余地もないが、その関係の詳細に関しては多くの問題が残されている。本稿では日本列島の言語史への一貢献として、日琉語族の歴史的な発展を考察し、考古学・人類学の見解を参照しながら日琉祖語の分岐年代と琉球列島への伝播年代の推定を行う。

1.1 日琉語族について

日本語の方言と見做されてきた琉球列島や八丈島のことばが消滅の危機に瀕していることが近年認識されはじめたと同時に、それらが日本語の単なる方言ではなく個別の言語と見做した方が妥当であると考えられはじめた。このような流れに伴い、本土日本語の他に琉球諸語や八丈語をも含む多様な「日琉語族」[1]が想定されるようになってきた（図1）。

---

1 従って厳密に日本語が系統的に孤立した言語であるとは言えない。

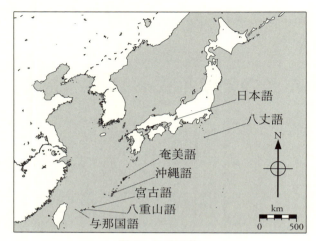

図1　日琉語族

　日琉語族は(本土)日本語と琉球諸語という2つの語派からなることが明らかにされてきたが(Pellard 2009, 2015)、八丈島の言語の系統的位置は未だに不明で、本稿では扱わないことにする[2]。琉球諸語はさらに北琉球語派(奄美・沖縄)と南琉球語派(宮古・八重山・与那国)に下位分類できる(図2)[3]。

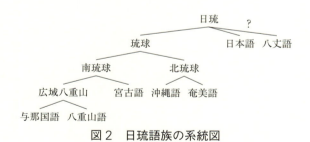

図2　日琉語族の系統図

2　平子・ペラール(2013)を参照。
3　この分類は共通の改新のみによる系統的な分類で、表面的な類似に基づく上村(1997)やかりまた(1999)の分類とは性質が異なる。多くの方言区画論でも同じ分類がなされてきたが、その根拠は不明で詳しく論じられたことは今まであまりなかった。詳細については Pellard(2009, 2015)を参照。

1.2　日琉祖語の分岐年代の問題

　日本語と琉球諸語の分岐年代に関しては大きく分けて「奈良時代以前」（服部 1959, 大城 1972, Thorpe1983, 中本 1990, 上村 1997, Serafim 2003, Lee and Hasegawa 2011 等）と「奈良時代以降」（柳田 1993, Unger 2009, 高梨他（編）2009 等）という 2 つの仮説が存在する。本土日本語の歴史は文献資料によって 7・8 世紀まで遡ることが可能であるが、琉球諸語の最古の資料は 15 世紀になってから初めて出現する。一方、奈良時代には日琉語族がすでに少なくとも東北地方から九州地方まで広く分布していたことが『万葉集』の東歌や防人歌などによって明らかとなっている[4]。しかし、現在の日琉諸語の分布がその時代乃至それ以前の伝播によるものなのか、それとも後代の二次的な伝播と言語（方言）置換によるものなのかは問題である。

　琉球諸語の資料を日本語の文献史と照らし合わせると、琉球諸語のなかに中古・中世日本語に近似している特徴と上代日本語乃至それ以前の状態を反映する特徴が混在していることが分かる。一見矛盾しているように見えるこの状態こそ琉球諸語の先史を明らかにする鍵となる。

1.3　言語の年代推定法

　言語の分岐年代を推定するにあたって「言語年代学」（glottochronology）という方法がよく使用されてきた。言語年代学とは 2 つの姉妹語の間に見られる基礎語彙の共有率からその分岐年代を推定する方法である。言語の変化の速度が一定で普遍的であるという仮説が言語年代学の根本にあるが、それに対する批判が多く出されてきた（Bergsland and Vogt 1962, Nettle 1999, Blust 2000 等）。さらに変化速度と年代の逆算数式がいくつも提案されており、研究者によって年代の推定が大きく異なる場合もある。例えば日琉語族に関しては服部（1959: 80–83）では紀元後 500 年ごろ、Unger（2009: 100）では 996 年というように大きく異なる分岐年代が提唱されてきた。

　また、言語年代学とは異なる、変化の速度を一定としない、より強固な統計方法による試みが最近見られるようになった。印欧祖語の年代推定を試み

---

[4] 奈良時代の九州の言語状況は明らかではないが、少なくとも九州在住の防人が日本語を話していたことが分かっている。

た Gray and Atkinson (2003) の方法にならって、日琉諸語の分岐年代を紀元前3世紀と推定した Lee and Hasegawa (2011) が最近注目を浴びた。しかしデータと方法に問題があり[5]、有望な方法かつ有意な試みだと認めることはできても、まだ実験の段階にあると見たほうがよい。

　本稿では日本語の文献資料と現代琉球諸語の比較という、より単純で信頼性の高い方法を使用することにする。ある時代の日本語に起こった音韻統合のような変化が琉球諸語に起こっていない場合、分岐がそれ以前に起こったことを意味する。しかし逆に日本語と琉球諸語に同じ変化が見られる場合、分岐がそれ以降に起こったとは限らない。つまり、分岐後、琉球諸語と日本語に並行的に同じ変化が起こった可能性もある。特に音韻統合や単純な音価の変化は並行的に生じる可能性が高い。

　以下で明らかになるように、言語分岐の時代と現在の分布地域への伝播時代が必ずしも一致するとは限らず、両問題は別々に考える必要がある。特に後者に関しては考古学や人類学のような関連学問の研究成果も考慮に入れて考察を進めることが重要である。

2. 琉球諸語の新しい側面

　上代日本語と共通する琉球諸語の古い特徴が従来よく指摘されてきたが、中古・中世日本語との共通点も少なくなく、そういう新しい側面の史的な位置づけが不可欠である。鳥越 (1968: 1–2) や阿部 (2009) のように16世紀の『おもろさうし』における語彙や文法事象の検討から日琉祖語の分岐が中古・中世あたりとする考え方もあるが、『おもろさうし』が日本語の影響を強くうけていることを忘れてはならない。特に文法に関してはむしろ現代琉球諸語との比較が必要であるが、現代琉球諸語の文法がまだ充分に研究されておらず、今後の研究成果を待たざるを得ない。確かに古代日本語特有の文法形式の多くは琉球諸語でそれに対応するものが見出されていないが、証拠の不在は不在の証拠ではない。日本語の文法が数世紀の間に大きく変化して

5　特に「島」という環境にともなう進化速度の変動を考慮に入れていないのが問題と思われる。ペラール (2013b) を参照。

きたのと同様に琉球諸語もその文法体系を大きく改新したと思われる。

2.1 音韻変化

中古期以降の日本語に起こった音韻変化が琉球諸語にも見られることは興味深い。例えば、いわゆる語中のハ行転呼（*-p- > -w-）と同じ変化が琉球諸語全体で起こっており（表 1）、琉球祖語の段階ですでに完了していたと考えられる。ハ行転呼は 10 世紀ごろに日本語に生じた変化なのでその後に琉球祖語が分岐したとも考えられそうだが、この変化は比較的自然な弱化現象で、琉球祖語に並行的に起こった可能性が充分ある。また、日本語との接触によって生じた可能性も考えられる[6]。

表 1　語中の*p[7]

	前	上	皮
上代語	マヘ₂	ウヘ₂	カハ
中世語	マエ	ウエ	カワ
岡前	mɔ:	ʔwɨ:	ko:
首里	me:	ʔwi:	ka:
大神	mai	ui	ka:
石垣	mai	ui	ka:
与那国	mai	ui	kʰa:

2.2 文法

本土日本語では成立が遅いとされている文法形式が琉球諸語に見られ、例えば「痛し」の文法化に由来する願望の「〜タシ」（ローレンス 2011）、与え手上位者主語の「タマハル（給わる）」（荻野 2011）、推論の「ハズ」、様態の「サウナ」[8] 等は中古期末乃至中世に成立したと思われる。これらに規則的

6　さらに語中の w が特殊な環境以外消える傾向が琉球諸語と本土日本語両方に見られる。

7　表中に出てくる「岡前」「首里」「大神」「石垣」「与那国」は琉球の地名であり、ここではその土地で話されている方言を指す。以下の表も同様。それぞれの位置関係については稿末の附録を参照のこと。

8　漢語の「相」に由来する。

に対応する形式が琉球諸語全体に見られることから（表2）、比較的遅い時期に借用されたとは考えにくく、琉球祖語乃至それ以前の段階に遡ると考えた方が妥当である。ただし、その一部が通言語的な文法化経路を経た並行的な変化の結果である可能性もある。さらに、文献における初出例の時期が必ずしもその形式の成立時期と同じではなく、使用が広まったしばらく後に文学作品に取り入れられるようになった可能性も考えなければならない。

表2　琉球諸語の新しい形式

	願望	下さる	推量	様態
中世語	〜タシ	タマハル	ハズ	サウナ
岡前			hadzɪ	
首里		taboːjuŋ	hadzi	
大神	-ta-kam		pakɯ	sauna
石垣	-ta-saːŋ	taboːruŋ	hadzï	soːnu
与那国	-ta-	tʰabaruŋ	hadi	

2.3　漢語

　琉球諸語には現代における共通日本語の普及によって新しく入ってきた漢語とは別に、その音形からみて古い時代に借用されたであろうと思われる漢語も見られる。これは琉球諸語の歴史を再建するにあたって重要であるが、この問題は今まであまり取り上げられてこなかった。

　漢語は沖縄語の首里方言等に特に多いが、琉球王国時代（15〜19世紀）に借用されたと推定できる（服部 1978–1979）。一方、南琉球には琉球祖語に遡ると思われる漢語も存在するが、その音形は中世日本語以前の姿をとどめている。例えば中国語中古音[9]の江韻(-aɨwŋ)・清韻(-iajŋ)・陽韻(-iaŋ)の漢語は古代日本語では -(j)au という形で取り入れられ、中世になると開音の (j)ɔː に変化するが、琉球諸語のなかに (j)au が対応する方言もある（表3）。つまり、漢語は日本語に数多く借用され始めた8・9世紀と au が ɔː に変化する13〜15世紀の間に琉球祖語に入ったことになる。

9　中古音の再建形は Pulleyblank (1991) による。

表3　琉球漢語

	棒	正月	上手
中古音	baɨwŋʰ	tɕiajŋ ŋuat	dʑiaŋ ɕuw'
中古語	バウ	シャウグヮツ	ジャウズ
中世語	bɔː	ɕɔːgwat	zɔːzu
諸鈍	boː	ɕoːgwad-dɨk	dʐot
首里	boː	ɕoːgwatsi	dʑoːdʑi
大神	pau	saukaks	taukɯ
石垣	boː	ɕoŋgwadzɨ	dʑoːdʑi
与那国	buː	suŋati	dudi
琉祖	*bau	*sjaugwatu	*zjauzu

3. 琉球諸語に残存する古代日本語の特徴

　中古・中世日本語と共通している新しい側面がある一方、中古期前半乃至上代日本語との共通点も多い。特に琉球諸語には中古・中世日本語に起こった音韻統合の多くが起こっておらず、上代日本語特有の語形や代名詞が見られる。

3.1　語頭のワ行音

　日本語においてはア行のイ・エ・オとワ行のヰ・エ・ヲの対立が11～12世紀に消滅してしまったが、表4・5・6（次ページ）が示すように、現代琉球諸語では、音価が変化したものの、いまだに区別されている。

3.2　ア行の「エ」とヤ行の「エ」

　古代日本語ではア行の「エ」とヤ行の「エ」（イェ）が10世紀の半ばごろまで区別されていた。その区別は現代の本土のどの方言にも残存していないようだが、琉球諸語の北琉球派では日本語のエに (ʔ)i が対応するのに対し、イェには ji・wi が対応する（表7）。

表4　ア行のイとワ行のヰ

	入れる	居る
上代	イル	ヰル
中古	イル	イル
岡前	ʔiːjui	ji(ː)jui
首里	ʔirijuŋ	jijuŋ
大神	uri	puː
石垣	iriruŋ	bᵢruŋ
与那国	iriruŋ	bi-

表5　ア行のエとワ行のヱ

	選ぶ	酔う
上代	エラブ	ヱフ
中古	エラブ	エフ＞ヨウ
諸鈍	ʔirabjum	jiː-
首里	ʔirabuŋ	wiːjuŋ
大神	irapu	piː
石垣	irabuŋ	biːŋ
与那国	irabuŋ	biruŋ

表6　ア行のオとワ行のヲ

	降りる	折る
上代	オル	ヲル
中古	オル	オル
岡前	ʔurijui	wujui
首里	ʔurijuŋ	wuːjuŋ
大神	uri	puu
石垣	uriruŋ	buruŋ
与那国	uriruŋ	buruŋ

表7　ア行のエとヤ行のエ（イェ）

	海老	柄
古代	エビ	イェ
中世	エビ	エ
諸鈍	ʔip	jiː
岡前	ʔibiː	jiː
首里	ʔibi	wiː

3.3　再び p 音について

　日本語のハ行子音が元来 *p であり琉球諸語の多くでは p が対応していることから、琉球諸語の p 音が祖語の *p をそのまま反映しており、一部の方言に見られる ɸ・f・h は二次的な派生であると従来考えられてきた。日本語において *p がいつごろ摩擦音 ɸ に変化したかははっきりしておらず、平安時代や鎌倉・室町時代という諸説がある。

　しかし、それに対して「p 音新形説」が柳田（1993）や中本（2009, 2011）によって提唱された。この説によると、いったん *p が ɸ に弱化した後に一部の琉球諸語において p に逆戻りしたという。しかしこの説は積極的な証拠も

示されておらず、説得力を欠いている[10]。

表8 語頭の*p

	歯	日	屁	踊り
日本語	ハ	ヒ	ヘ	ヲドリ
岡前	ha:	çi:	ɸɨ:	wudui
今帰仁	pʰa:	pʔi:	pʰi:	wu:dui
大神	pa:	ps:	pi:	putuɯ
石垣	pa:	psɨ:	pi:	budurɨ
与那国	ha:	tçʔi:	çi:	budi

まず（語頭の）ɸ | f > p[11]という変化が管見の及ぶ限りでは世界に類例がほとんどないようである（Kümmel 2007 等）。ɸ | f > p の例は常に摩擦音が既存の破裂音と合流するような例であり、琉球諸語の場合とは性質が異なる。したがって ɸ | f > p は起こる可能性の低い変化と言える。南琉球に起こったとされる有声音の *w > b の変化と類似しているとされているが、有声性の点で異なっており、それに伴う空気力学的な特徴も生じうる音声変化も大きく異なる。ɸ > p が不自然な変化であるのに対し、w > b という変化はヒンディ語（Masica 1991: 202）やオーストロネシア諸語（Blust 1990: 252）に見られる。

さらに、喜界島、奄美大島北部、沖縄北部の諸方言のように p を持っている方言の多くでは *w が破裂音の b に変化しておらず、一方、与那国語では *w が b に変化していながらも、破裂音の p ではなく摩擦音の h が現れていることから p の存在と w の破裂音化は関係のない現象であり、両者を同様の「強化」現象とみなすことはできないことが分かる。北琉球諸語において強い呼気流が喉頭の緊張によって制御された結果 *ɸ が p に強音化したとい

---

10 中本（2009）の p 音新形説に矛盾と問題点が多いことを批判するかりまた（2009）も参照。

11 複数の形が可能な場合は、それらを「|」という選択演算子の記号で区切って表す。つまり、「x | y」は「x または y」という意味を表す。また、角括弧（[...]）は必要に応じてグループ分けを表し、演算子の適用範囲を制限する。つまり「wx | yz」は「wx または yz」という意味を表すのに対し、「w[x | y]z」は「w, そして x または y, そして z」、つまり「wxz または wyz」という意味を表す。

う中本の仮説では上のことが説明できない。その仮説では、*e と *o の前では喉頭化子音が生じないのでそこに p は現れないはずであるが、実は p をもっている方言では p が母音と関係なく現れる（表 8 の今帰仁方言の例）ので、喉頭化説は反証される。

また、φ > p という極めて不自然な変化が多くの方言において独立的に起こったと想定しなければならないが、その確率は皆無に近い。一方、p > φ | f は自然な変化で、何回も並行的に生じることは十分可能である。

中本（2009, 2011）が北琉球や南琉球の一部の方言で起こったと推定する *k[u | o][r | w] > *kw > *φ > p | φ | f の変化はむしろ *k[u | o][r | w] > *kw > *p > p | φ | f という過程をたどったと考えられる。印欧祖語またはラテン語の *kʷ がギリシャ語、ウェールズ語、サベリア語、ルーマニア語等では p に変化しているという類例もあるが（Fortson 2009）、どれも摩擦音の状態を経ていない。中本（2011: 9）も指摘するように、鹿児島県の枕崎方言等に同じ変化が起こっているが、*φ という中間段階を経た形跡はない。

3.4　語彙

イメ_乙 > ユメ（夢）[12] やウモ > イモ（芋）[13] のように、上代から中古期にかけて日本語で不規則的な音韻変化が生じた語彙が存在するが、琉球諸語ではその音韻変化以前の形が残存している（表 9）。これは琉球諸語と本土日本語の分岐年代の古さを示唆するものである。

上代日本語の 1 人称代名詞「ア（レ）」は平安時代になると姿を消し、現代の本土方言にも残存していないようである。一方、南琉球諸語にはそれに対応する代名詞が存在する。また、『万葉集』の東歌と防人歌に見られる上代東国方言特有の 1 人称代名詞「和奴・和努」[14] に対応する代名詞が琉球諸語に見出される（表 10）。

12　「妹之　伊目乙之所見」（妹が夢にし見ゆる、万四・490）。

13　「意吉麿之　家在物者　宇毛乃葉尓有之」（意吉麿が家なるものは芋の葉にあらし、万十六・3826）。

14　「宇倍兒奈波　和奴尓故布奈毛」（諾兒なは吾に恋ふなも、万十四・3476）、「於保伎美乃　美許等加志古美　伊弖久礼婆　和努等里都伎弖　伊比之古奈波毛」（大君の命かしこみ出で来れば吾の取り著きて言ひし子なはも、万二十・4358）。

表9　不規則的な音韻変化

	夢	芋
上代	イメ乙	ウモ
中古	ユメ	イモ
諸鈍	ʔimi	ʔumu
今帰仁	ʔimi:	ʔumu:
大神	imi	m:
石垣	imi	uŋ
与那国	imi	unti

表10　1人称代名詞

	ア系	ワ系
上代	ア	ワ
中古		ワ(レ)
岡前		waŋ
首里		waŋ
大神	anu	
与那国	anu	banu

　上代日本語の2人称代名詞「ナ(レ)」も後の時代に姿を消してしまうが[15]、北琉球では対応する尊敬の代名詞が広く分布している。一方、南琉球では対応する形式が再帰代名詞・話者指示的代名詞として使われている(表11)。上代日本語の「ナ」も1人称と2人称両方の用例があり、再帰代名詞に由来するという説が興味深い[16]。

表11　*na の反映形

	2人称	再帰
上代	ナ(レ)	
中古	―	
諸鈍	nam	
今帰仁	na:	
大神		naɾa
石垣		naɾa

15　「ナムチ・ナンヂ」という同源の代名詞は遅くまで残存する。
16　「奈何名能良佐祢」(汝が名告らさね、万五・800)、「名兄乃君」(汝背の君、万十六・3885)。Whitman(1999)も参照。

4. 上代日本語にも残存しない日琉祖語の特徴

このように日琉祖語の分岐が遅くても上代に起こったことが明らかになってきたが、上代以前に起こった可能性も検討する必要がある。詳細に調べると、日琉祖語にあったが上代には形跡しかない、またはまったく見られない古い言語特徴が琉球諸語に存在することが分かる。

4.1 乙類イの2つの由来

日本語史でもっとも注目されてきた問題の一つである上代特殊仮名遣いでは2種類（甲類・乙類）のイ・エ・オ段音節が書き分けられ、音韻対立を表していたと考えられる。古い特徴を多く残している琉球諸語にその区別を見つけ出そうとする研究は多く見られたが、はっきりした対応は見出されないという見解が一般的のようである（奥村1990等）。しかし音韻変化とは規則的に起こるもので、対応が複雑であることには理由があるはずであるが、上代語を日琉祖語と同一視するかぎりこの問題は解決できない。

実はこの問題はすでに有坂（1934b）や服部（1932）の研究によって概ね解明されているが、意外とあまり注目されなかった。上代日本語の同じ乙類のイ列音でもさらにツキ$_乙$（月）〜ツクヨ$_甲$（月夜）のようにウ列音と交替するものとキ$_乙$（木）〜コ$_乙$ノ$_乙$ハ（木葉）のように（乙類の）オ列音と交替するものの2種類に分けられる。この2通りの交替はより古い状態の名残りであり、元は $^*ui$ 対 $^*əi$ のような2つの異なる音であったと考えられる（松本1975, 大野1977, 服部1978–1979, Martin 1987）。この点について、琉球諸語では両者が区別されており（表12）、上代特殊仮名遣いと一対一の単純な対応関係はないものの、奈良時代以前の区別が現代の琉球諸語に残存していると言える。

第 6 章　日琉祖語の分岐年代　111

表 12　乙類イの 2 つの由来

	月	木
日琉	*tukui	*kəi
上代	ツキ乙～ツク	キ乙～コ乙
諸鈍	tikˀi	kʰi:
今帰仁	çitçi:	kʰi:
大神	ksks	ki:
石垣	tsɨksɨ	ki:
与那国	tˀi:	kʰi:
琉祖	*tuki	*ke

4.2　オの甲乙

　琉球諸語にオ列音の甲乙に対応する区別はないようであるが、上記の「木」の例で見たように乙類のオ列音（< *ə）と交替する乙類のイ列音が琉球祖語の *e に対応しているのに対し、甲乙の別が分からないオ列音と交替する乙類のイ列音の一部が琉球祖語の *e ではなく *i に対応している。そのオ列音は乙類ではなく甲類相当（< *o）であったと考える（Pellard 2013a）。

　例えば「火」はヒ乙～ホノ乙ホ（炎）のような交替を示しているが、ホには甲乙の書き分けがない。仮にこのホが乙類相当のものであったとすれば、琉球祖語では *pe が期待される（「木」*ke と比較）。しかし、実際は琉球祖語では *pi という語形が再建される（表 13、次ページ）。このことから、日琉祖語では *pəi ではなく *poi だったと考えられる。

　同じように「青～藍」の交替対にも甲乙の書き分けがないが、もし日琉祖語形が *awəi なら、琉球祖語形は *awe であるはずである。しかし琉球諸語の対応から *awe ではなく *awi が琉球祖語形として再建されるので（表 14、次ページ）、日琉祖語形は *awoi と再建されることになる。「ア列と乙類のオとは、同一結合単位内に共存することが少ない」という有坂（1934a）の第 3 の法則から見ても「青」のヲを甲類相当（*awo）と考えた方が妥当である。

表 13　オの甲乙：「火」

	火	篦
上代	ヒ_乙~ホ	ヘ_甲ラ
岡前	çi-	ɸiːra
今帰仁	pʼiː	pʰiraː
石垣	psɨ	pira
与那国	tɕʼiː	çira
琉祖	*pi	*pera

表 14　オの甲乙：「青・藍」

	藍	前
上代	アヲ~アキ	マヘ_甲
諸鈍	ʔje	mɘː
岡前	ʔai	mɘ
平良	aᶻi	mai
琉祖	*ai	*mae

4.3　*e と *o の再建

　日琉祖語の母音体系は従来 *a・*i・*u・*ə (> オ_乙) からなる 4 母音体系と考えられてきた（松本 1975, 大野 1977, Martin 1987）。通説では、上代語に現れるそれ以外の母音のすべてがイ_乙 < *ui・*əi、エ_甲 < *ia、*iə・エ_乙 < *ai・*əi、オ_甲 < *ua・*au・*uə のように二重母音に由来すると考えられてきた。しかし、この説は比較方法による日琉祖語の再建ではなく、上代日本語に見られる母音の交替と融合のパタンのみに基づいている内的再建である。

　その後は、琉球諸語[17] の資料を考慮に入れた 6 母音説（*a・*i・*u・*ə・*e・*o）が提唱された（服部 1978–1979, Thorpe 1983, Miyake 2003, Serafim 2008, Pellard 2008, 2009, 2013a）。6 母音説の特徴は 4 母音説にはなかった *e と *o の再建である。その根拠は琉球諸語にあり、上代語のイ_甲とウが琉球諸語では 2 通りの対応を示している（表 15・16）。

表 15　日琉祖語の *i 対 *e と *u 対 *o の対応

上代	日琉	北琉球	南琉球
イ_甲	*i	(ʔj)i, ∅	(ˢʑ)ɨ, ɯ, s, i, ∅
イ_甲（エ_甲）	*e	(ʰ)ɨ, ɪ, i	i
ウ	*u	(ʔ)u, ɨ, ɪ, i, ∅	u, ɨ, ɯ, i, ∅
ウ（オ_甲）	*o	(ʰ)u, o	u

17　上代東国方言や八丈語の資料も *e と *o の再建を裏付けている（Pellard 2008）。

表 16　日琉祖語の *i 対 *e と *u 対 *o

	昼（間）	蒜	馬・午	海
日琉	*piru	*peru	*uma	*omi
上代	ヒ甲ル	ヒ甲ル	ウマ	ウミ甲
岡前	çiru:	ɸi:ru	ʔma:	ʔuŋ
今帰仁	pʼiru:	pʰiru:	ʔma:	ʔumi
大神	ps:-ma	piɯ	mma	im
石垣	psɿːɾɿ	piŋ	mma	iŋ
与那国	tsʼu:	çiru	mma	unnaga

4.4　アクセント

　日本語のアクセント史は古文献におけるアクセント表記（声点）と現代本土諸方言の比較によって行なわれてきた。その結果、例えば日本祖語の2拍名詞に5つの「アクセント類」が存在したと考えられている。

　一方、琉球諸語では現代諸方言の比較によって2拍名詞に3つの類（A・B・C）が再建される（服部 1958, 1978–1979, 松森 1998）。大分方言等の外輪式アクセントと同じく琉球諸語では類別語彙の2拍名詞が{1,2}（A），{3}（B），{4,5}（C）のように合流しているという記述が最近でも見られる（金田一 1960, 平山他 1966, 1967, 上村 1997, 崎村 2006）。しかし、服部（1958）がいち早く指摘し、その後繰り返して述べてきたように（服部 1978–1979）、{1,2}，{3}，{4,5}の外輪式アクセントを示す方言は琉球列島に1つもない。服部がすでに述べており、最近の研究（松森 1998, 2008, 2010, Matsumori 2001, 小川 2012, 五十嵐他 2012）がさらに明らかにしたように、琉球諸語において観察されるのは{1,2}（A），{3,4,5}（B），{(3,) 4,5}（C）のような対応である。つまり、日本語の3・4・5類にBとCの両方が対応している（図3・表17）[18]。

18　実際、Cに対応する3類名詞が少数である。

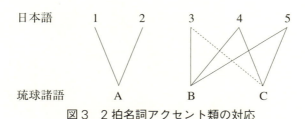

図3 2拍名詞アクセント類の対応

表17 2拍名詞アクセント類の対応例

	影		雨	
中古	カゲ	平東	＝アメ	平東
東京	káŋè	HL	＝ámè	HL
京都	kàgê	LF	＝àmê	LF
鹿児島	kàgé	LH	＝àmé	LH
岡前	kà:gí	L:H	≠ ʔàmi:	LR:
今帰仁	hágì	HL	≠ ʔàmǐ:	LR
首里	ká:gí	H:H	≠ ʔámí	HH
西原	kágí-màì	HH-LL	≠ ámí-máí	HH-HH
与那国	kʰàŋî	LF	≠ àmì	LL

　上の3・4・5類の分裂条件が見つかっていない以上、日琉祖語により多くのアクセント類をたてるしかなく、琉球諸語が日本語において消滅してしまったアクセントの区別を保持していると考えざるをえない。服部 (1978–1979) の長母音説のように、琉球諸語における B と C の区別はアクセント以外の特徴の名残りである可能性もあるが、それが日琉祖語にあって本土日本語では完全に消滅した特徴であることは変わらない。ちなみに、3拍名詞にも同様の対応パタンが見られ (松森 2000)、2拍名詞の対応も偶然によるものではないということを裏付ける。

5. 関連学問との比較

5.1 言語学の観点：まとめ

　以上のような考察から現代の琉球諸語が古い特徴を数多く保持してい

とが分かった。琉球諸語の最古の文献が現れる15世紀より前に琉球諸語が本土日本語と分かれたのは自明であるが、1.2節で見た古形や音韻対立の保持からその分岐が中古期初めの9世紀を下らないことが分かる。さらに、上代語の内的再建からしかその存在をうかがい知ることができない、あるいは上代語に残影さえない音韻対立を考慮にいれると、日琉祖語の分岐時代が8世紀以前、つまり日本の有史以前であるという結論に至る。

　一方、琉球諸語と中古及び中世日本語との共通点も少なくない。その一部は偶然の並行的な変化の結果であると説明できても、琉球諸語における漢語の存在などは別の説明が必要である。日本語との接触（借用）の結果と見做せば、この矛盾を解決できると思われる。ただし、漢語や新しい文法形式が南琉球まで広まっており、規則的に対応していることが重要である。南琉球と本土の交流が少なく直接借用の機会がほとんどなかったとして、本土との交流が多かった首里方言を通した間接借用と考えると、南琉球諸語との音韻対応は多少乱れるはずである。

　結論としては、これらの琉球祖語の形は再建可能なので琉球列島に伝播する以前の段階に本土日本語から琉球祖語によって借用されたと考えられる。つまり、琉球祖語と日本祖語が分岐した後にかなり遅い時代まで隣り合って接触してきたと考えれば、上の矛盾も問題なく解決される。その借用語は9～13・15世紀の間に取り入れられ、接触は少なくともその時代まで続いたと思われる。

5.2　考古学と人類学の観点

　日本列島最古（約3万2000年前）の人骨が沖縄島の山下町第1洞穴遺跡で発見されており、後期更新世後半（約4万～1万年前）の琉球列島には人類がすでに住みついていたことが知られているが、その時代の住民は旧石器時代までは生き延びず、現代琉球列島の住民とは直接つながりはないと思われている（安里・土肥1999、高宮2005: 95–100）。

　南琉球は本土縄文文化も後の弥生文化も伝わっておらず、11・12世紀まで本土とも北琉球とも交流がなく、狩猟採集を中心としたまったく異なる文

化圏をなしていた[19]。したがって日琉系の言語が南琉球に入ったのはそれ以降であろうということは直ちに推測できる。北琉球においても、日琉祖語を日本列島にもたらした弥生文化[20]も後の古墳文化も見られないが、本土の縄文時代と平行した貝塚時代（前 6400 年〜紀元後 11 世紀）には縄文文化に似た狩猟採集文化が存在していた（安里・土肥 1999）。

　北琉球の貝塚文化は九州とネットワークを結んでおり、貝を陶器と交易していた（安里・土肥 1999, 安里他 2004）。しかし本土の弥生・古墳文化と接触していたにも関わらず、貝塚人が農耕を取り入れることはなかった。琉球列島で農耕が行なわれはじめたのは 10・11 世紀ごろで（高宮 2005）、稲を中心としながら麦と粟をも含めるという、当時の本土と似た農耕が始まった（木下 2003）。

　琉球列島における狩猟採集社会から農耕社会への移行が急速に起こり、人口も急激に増加した。狩猟採集の先住民が農耕を取り入れたと考えるだけではその急な変動を説明できないため、移民が行なわれたと考えざるを得ない（安里他 2004, 高宮 2005）。10 〜 12 世紀のこの「原グスク時代」という短い期間において農業・冶金術・陶器・交易に基づいた階級社会が築かれ、後に琉球王国へ発達していった。その時期に本土との交易が拡大した他に、初めて南琉球が同じ文化圏に取り入れられるようになった。

　一般的に、本土（九州）からの移民がグスク文化成立の引き金となったと考えられている（安里・土肥 1999, 木下 2003, 安里他 2004, 高宮 2005）。琉球祖語の語彙の中に耕作（稲・籾・麦・粟・黍・芋・畑・田）や家畜（牛・馬）関連の語彙が再建され（Pellard 2015）、日本語とも規則的に対応することからグスク時代以降の借用ではないといえる。つまり琉球祖語の話し手が、貝

---

[19] 4500 〜 3900 年前、台湾から来たオーストロネシア系の人々が南琉球に住んでいたことが最近の研究で明らかになっているが、それは一時的で永く続くことはなかった（Summerhayes and Anderson 2009, Hudson 2012）。オーストロネシア人が南琉球から姿を消し、数世紀の空白の後に無土器・無農耕の文化が現れた（安里・土肥 1999, 安里他 2004, Hudson 2012）。

[20] 縄文時代に日琉祖語がすでに日本に渡っていたとする説もある（小泉 1998, 松本 2007）。筆者はその可能性がほとんどないと考えているが、詳細な論証は別稿に譲る。琉球列島から日琉祖語と稲作文化が北上して本土に渡ったとする「海上の道」説の問題点については Pellard (2015) 等を参照。

塚人とは異なり、元から農業の技術を持っており、グスク文化を琉球列島にもたらしてきた人々だったと見ることができる。

　人骨やDNAの研究成果によって現代琉球の住民が系統的にオーストロネシア人とは直接つながっておらず、本土日本人に系統的にもっとも近く、縄文人とはより離れていることが分かっている（安里・土肥 1999, Tajima et al. 2004, Li et al. 2006, Shinoda and Doi 2008, Matsukusa et al. 2010）。また、現代琉球列島の住民の直接の祖先は貝塚人ではなくグスク時代人であると考えられている。先史時代において交流のない独自の文化圏をなし、異なる民族が住んでいた南琉球と北琉球の現代住民が同じ系統グループに属していることは移民によって先住民が置き換えられたことを示唆する。この移民によって琉球祖語も伝播したのであろう。

　高宮（2005）が指摘するように、面積の狭い島では食料が少なく狩猟採集社会を営むのが困難であるため、農耕の始まる以前には琉球列島の住民は少なく、無人島も多かったと思われる。実際沖縄の貝塚人が食料危機に瀕したこともあったが、それでも農耕に移行したことがなかったのは農耕の技術をもっていなかったためだと思われる。人口も技術も貝塚人のそれを遥かに上回っていたグスク文化の担い手が簡単に先住民を置き換えたことが想像できる。

6. まとめ：総合的なシナリオへ

　以上で見たように日琉祖語の分岐年代の問題は琉球列島への移民の問題と密接に関係しているが、両者は分けて考えなければならない。

　本稿で示したとおり、日琉祖語の分岐を奈良時代以降と想定すると説明できない特徴を琉球諸語が数多く保持しており、中古・中世分岐説は成り立たない。しかしそれと同時に、琉球祖語が中古・中世日本語と接触していた証拠もある。これは移民の時期の問題と関係しており、上代において大和朝廷に反抗していた隼人の一部が圧力や征伐を逃れるために琉球へ逃亡したという説（上村 1977, 1997, Serafim 1994）も西暦紀元前後に琉球祖語が琉球列島に入ったという説（上村 2010）も成り立たない。

　琉球祖語がいつ琉球列島に入ってきたかという問題に関しては考古学や人

類学の側から参考になる研究成果があり、数千年前から琉球列島に住み着いていた先住民が琉球祖語を取り入れたという説も、古い時代に本土からの移民によって琉球祖語が伝播した説も完全に否定される。

　まず、南琉球はグスク時代まで孤立した文化圏をなしており、それまで琉球祖語が伝播する機会がなかった。その後、文化と住民の転換があったということから、琉球祖語が先島地方に初めて入ってきたのが 11 世紀あたりで、それは農耕と同時にグスク文化の担い手によってもたらされたとしか説明できない。北琉球では、弥生・古墳時代に行なわれていた交流によって琉球祖語が入ってくる機会があったものの、それを示す資料がなく、文化や人口の大きな変動もなかった。北琉球の貝塚人が持っていなかった農耕文化は琉球祖語の話し手が持っていたと思われるので、琉球祖語の伝播は貝塚時代には行なわれなかったと思われる。逆に、(原) グスク時代は九州からの移民によって狩猟採集社会から農耕社会への急な転向と人口の急激な増加がもたらされた時代で、この時代を琉球祖語の伝播時期と見做したほうが妥当である[21]。Bellwood and Renfrew (2002) 等の提唱する「農耕言語同時伝播」モデルともよく合致する。

　日琉祖語の分岐が弥生時代に生じたとする言語年代学研究と考古学の成果との矛盾が取り上げられることがしばしばあり (高宮 2005 等)、それを基に言語年代学を批判し分岐年代をグスク時代まで下げるべきだとする考えもある (高梨他 (編) 2009)。しかし、これは分岐の年代と伝播の年代を混同していると思われる。言語年代学には問題が多いためその結果を無視できても、分岐年代を奈良時代以前に設定しない限り説明できない言語事実がたくさん存在する。本稿で提案したように、日琉祖語が分岐したあとに、(先) 琉球祖語が琉球列島へすぐには伝播せず、本土にとどまり数世紀にわたって日本語と接触したと考えれば上の矛盾が問題なく解決される。

　(先) 琉球祖語が日本語と 7・8 世紀以前に分かれた後、9〜11 世紀まで恐らく九州に在地し、日本語と接触し強い影響を受け、その後琉球列島へグスク文化の一要素として移民によって伝播していったという総合的なシナリオを描いてきた。しかし、今後の課題となるべき問題はいくつか残されてい

21　Serafim (2003) も同じような仮説を発表している。

る。まず、琉球祖語・グスク文化の伝播に関してまだ不明な点が多く存在し、移民の詳細なタイミングやルート及び動機が未だに明らかになっていない。また、肝心の日琉祖語の分岐年代は下限の時期は特定できたが、具体的な年代も上限も分からないままである。絶対年代のわかる文献資料が発見されない限りこの問題は言語学だけでは解決できないかもしれない。

最近の Lee and Hasegawa(2011) では紀元前3世紀という分岐年代が推定されているが、これは新年代の弥生時代中期に相当しており、この時期に2つの語派への分岐を起こしえた社会・文化的な変動は思いつかない。琉球諸語と日本語との言語学的な距離がさほど遠くなく、その系統関係は専門家でなくても分かるほどはっきりしており、両語派の間では共通の基礎語彙が非常に多く見られる[22]。そう考えると、日琉祖語が紀元後3世紀の弥生時代末期または4～7世紀の古墳時代に分岐したと考えた方が妥当であろう。弥生時代末期・古墳時代は日本各地に政治体が成立し、後にヤマト政権が現れる時期であり(Barnes 2007)、日琉祖語分岐の時代として一番相応しいと思われる[23]。

調査資料
奄美語の加計呂麻島諸鈍方言は筆者の調査ノート及び Martin(1970)、徳之島岡前方言は筆者の調査ノート、沖縄語の今帰仁方言は仲宗根(1983)、首里方言は国立国語研究所(編)(1963)、宮古語の大神方言及び西原方言は筆者の調査ノート、平良方言は Nevskij(1922–1928 (2005))、八重山語石垣方言は宮城(2003)、与那国語は筆者の調査ノート及び法政大学沖縄文化研究所(編)(1987)を参照した。表記は簡略音声表記に統一した。

『万葉集』の例は中西(1978–1985)による。その他に中村他(編)(1999)、金田・宮腰(1988)、馬淵(1994)、Frellesvig(2010)のような概説書や辞書も参照した。

---

22 大城(1972)によると、日本語(東京方言)と琉球諸語の間では基礎語彙の約69～76%が共有されている。

23 服部(1959)も同じく日琉祖語の分岐年代を古墳時代とみているが、言語年代学が主な根拠となっており、本稿ではより確実な根拠と精密な考察によってその説を裏付けようとした。

参照文献

阿部美菜子 (2009) 「『おもろさうし』の言語年代：オモロ語はどこまで遡れるか」高梨修・阿部美菜子・中本謙・吉成直樹 (2009), 133-190.

有坂秀世 (1934a) 「古代日本語における音節結合の法則」『国語と国文学』11 (1): 80-92.

有坂秀世 (1934b) 「母音交替の法則について」『音声学協会会報』34: 2.

安里進・土肥直美 (1999)『沖縄人はどこから来たか：琉球＝沖縄人の期限と成立』那覇：ボーダーインク.

安里進・高良倉吉・田名真之・豊見山和行・西里喜行・真栄平房昭 (2004)『沖縄県の歴史』東京：山川出版.

Barnes, Gina L. (2007) *State formation in Japan: Emergence of a 4th-century elite*. New York: Routledge.

Bellwood, Peter and Colin Renfrew (2002) Farmers, foragers, languages, genes: The genesis of agricultural societies. In: Peter Bellwood and Colin Renfrew (eds.) *Examining the farming/language dispersal hypothesis*, 17–31. Cambridge: McDonald Institute for Archaeological Research.

Bergsland, Knut and Hans Vogt (1962) On the validity of glottochronology. *Current Anthropology* 3 (2): 115–153.

Blust, Robert (1990) Patterns of change in the Austronesian languages. In: Philip Baldi (ed.) *Linguistic change and reconstruction methodology*, 231–267. Berlin: Mouton de Gruyter.

Blust, Robert (2000) Why lexicostatistics doesn't work: The 'universal constant' hypothesis and the Austronesian languages. In: Colin Renfrew, April McMahon and Larry Trask (eds.) *Time depth in historical linguistics*, vol.2, 311–332. Cambridge: McDonald Institute for Archaeo- logical Research.

Fortson, Benjamin W. IV (2009) *Indo-European language and culture: An introduction*. Chichester: Wiley-Blackwell.

Frellesvig, Bjarke (2010) *A history of the Japanese language*. Cambridge: Cambridge University Press.

Gray, Russell D. and Quentin D. Atkinson (2003) Language-tree divergence times support the Anatolian theory of Indo-European origin. *Nature* 426: 435–439.

服部四郎 (1932) 「「琉球語」と「国語」との音韻法則」『方言』2 (7-10, 12).

服部四郎 (1958) 「奄美群島の諸方言について：沖縄・先島諸方言との比較」『人類科学』XI: 79-99.

服部四郎 (1959)『日本語の系統』東京：岩波書店.

服部四郎 (1978–1979) 「日本祖語について (1–22)」『月刊言語』7 (1)-7 (3), 7 (6)-8 (12).

平子達也・ペラール トマ (2013) 「八丈語の古さと新しさ」『消滅危機方言の調査・保

存のための総合的研究：八丈方言調査報告書』47–67.
平山輝男・大島一郎・中本正智 (1966)『琉球方言の総合的研究』東京：明治書院.
平山輝男・大島一郎・中本正智 (1967)『琉球先島方言の総合的研究』東京：明治書院.
法政大学沖縄文化研究所 (編) (1987)『琉球の方言 11：八重山・与那国島』東京：法政大学出版局.
Hudson, Mark J. (2012) 'Austronesian' and 'Jōmon' identities in the Neolithic of the Ryukyu Islands. *Documenta Praehistorica* XXXIX: 257–262.
五十嵐陽介・田窪行則・林由華・ペラール トマ・久保智之 (2012)「琉球宮古語池間方言のアクセント体系は三型であって二型ではない」『音声研究』16 (1): 1–15.
金田弘・宮腰賢 (1988)『新訂国語史要説』東京：大日本書房.
かりまたしげひさ (1999)「音声の面からみた琉球諸方言」『ことばの科学』9: 13–85.
かりまたしげひさ (2009)「琉球語のɸ＞pの可能性をかんがえる：中本謙「琉球方言のハ行子音 p 音」への問い」『沖縄文化』43 (1/105): 1 (78)–19 (60).
金田一春彦 (1960)「アクセントから見た琉球語諸方言の系統」『東京外国語大学論集』7: 59–80.
木下尚子 (2003)「貝交易と国家形成：9 世紀から 13 世紀を対象に」木下尚子 (編)『先史琉球の生業と交易：奄美・沖縄の発掘調査から』研究報告書 11410107. 117–144. 熊本：熊本大学.
小泉保 (1998)『縄文語の発見』東京：青土社.
国立国語研究所 (編) (1963)『沖縄語辞典』東京：大蔵省印刷局.
Kümmel, Martin Joachim (2007) *Konsonantenwandel: Bausteine zu einer Typologie des Lautwandels und ihre Konsequenzen für die vergleichende Rekonstruktion*. Wiesbaden: Reichert Verlag.
ローレンス ウエイン (2011)「琉球語から見た日本語希求形式＝イタ＝の文法化経路」『日本語の研究』7 (4): 30–37.
Lee, Sean and Toshikazu Hasegawa (2011) Bayesian phylogenetic analysis supports an agricultural origin of Japonic languages. *Proceedings of the Royal Society B: Biological Sciences* 278 (1725): 3662–3669.
Li, Shi-Lin, Toshimichi Yamamoto, Takashi Yoshimoto Rieko Uchihi, Masaki Mizutani, Yukihide Kurimoto, Katsushi Tokunaga, Feng Jin, Yoshinao Katsumata, and Naruya Saitou (2006) Phylogenetic relationship of the populations within and around Japan using 105 short tandem repeat polymorphic loci. *Human Genetics* 118 (6): 695–707.
馬淵和夫 (1994)『国語音韻論』東京：笠間書院.
Martin, Samuel E. (1970) Shodon: A dialect of the Northern Ryukyus. *Journal of the American Oriental Society* 90 (1): 97–139.
Martin, Samuel E. (1987) *The Japanese language through time*. New Haven/London: Yale University Press.

Masica, Colin P. (1991) *The Indo-Aryan languages*. Cambridge: Cambridge University Press.
Matsukusa, Hirotaka, Hiroki Oota, Kuniaki Haneji, Takashi Toma, Shoji Kawamura and Hajime Ishida (2010) A genetic analysis of the Sakishima islanders reveals no relationship with Taiwan aborigines but shared ancestry with Ainu and main-island Japanese. *American Journal of Physical Anthropology* 142 (2): 211–223.
松森晶子 (1998)「琉球アクセントの歴史的形成過程：類別語彙2拍語の特異な合流の仕方を手がかりに」『言語研究』114: 85–114.
松森晶子 (2000)「琉球の多型アクセント体系についての一考察：琉球祖語における3拍語の合流の仕方」『国語学』51 (1): 93–108.
Matsumori, Akiko (2001) Historical tonology of Japanese dialects. In: Shigeki Kaji (ed.) *Cross-linguistic studies of tonal phenomena*, 93–122. Tokyo: ILCAA.
松森晶子 (2008)「沖縄本島金武方言の体言のアクセント型とその系列：「琉球調査用系列別語彙」の開発に向け」『日本女子大学紀要・文学部』58: 97–122.
松森晶子 (2010)「多良間島の3型アクセントと「系列類別語彙」」上野善道教授退職記念論集編集委員会 (編)『日本語研究の12章』490–503. 東京：明治書院.
松本克己 (1975)「古代日本語母音組織考：内的再建の試み」『金沢大学法文学部論集』22: 83–152.
松本克己 (2007)『世界言語のなかの日本語：日本語系統論の新たな地平』東京：三省堂.
宮城信勇 (2003)『石垣方言辞典』那覇：沖縄タイムス社.
Miyake, Marc Hideo (2003) Philological evidence for *e and *o in Pre-Old Japanese. *Diachronica* 20 (1): 83–137.
中本謙 (2009)「琉球方言 p 音は文献以前の姿か」高梨修・阿部美菜子・中本謙・吉成直樹 (2009), 191–225.
中本謙 (2011)「p 音再考：琉球方言ハ行子音 p 音の素性(そじょう)」『日本語の研究』7 (4): 1–14.
中本正智 (1990)『日本列島の言語史の研究』東京：大修館書店.
中村幸彦・岡見正雄・阪倉篤義 (編) (1999)『角川古語大辞典』5巻. 東京：角川書店.
中西進 (編) (1978–1985)『万葉集全訳注原文付』東京：講談社.
仲宗根政善 (1983)『沖縄今帰仁方言辞典』東京：角川書店.
Nettle, David (1999) Is the rate of linguistic change constant? *Lingua* 108 (2–3): 119–136.
Nevskij, Nikolai A. (1922–1928 (2005))『宮古方言ノート複写本』2巻. 平良：沖縄県平良市教育委員会.
小川晋史 (2012)『今帰仁方言アクセントの諸相』東京：ココ出版.
荻野千砂子 (2011)「八重山地方の授受動詞タボールンと中世語「給はる」：敬意優先の授受動詞体系」『日本語の研究』7 (4): 39–54.
奥村三雄 (1990)『方言国語史研究』東京：東京堂出版.
大野晋 (1977)「音韻の変遷」柴田武・大野晋 (編)『岩波講座日本語5：音韻』147–220.

東京：岩波書店.
大城健（1972）「語彙統計学（言語年代学）的方法による琉球方言の研究」服部四郎先生定年退官記念論文集編集委員会（編）『現代言語学』533–558. 東京：三省堂.
Pellard, Thomas（2008）Proto-Japonic *e and *o in Eastern Old Japanese. *Cahiers de linguistique Asie orientale* 37（2）: 133–158.
Pellard, Thomas（2009）*Ōgami: Éléments de description d'un parler du Sud des Ryūkyū*. Doctoral dissertation, École des hautes études en sciences sociales.
Pellard, Thomas（2013a）Ryukyuan perspectives on the Proto-Japonic vowel system. In: Bjarke Frellesvig and Peter Sells（eds.）*Japanese/Korean Linguistics 20*, 81–96. Stanford: CSLI Publications.
ペラール トマ（2013b）「日本列島の言語の多様性：琉球諸語を中心に」田窪行則（編）『琉球列島の言語と文化：その記録と継承』81–92. 東京：くろしお出版.
Pellard, Thomas（2015）The linguistic archaeology of the Ryukyu islands. In: Patrick Heinrich, Shinsho Miyara and Michinori Shimoji（eds.）*Handbook of the Ryukyuan languages: History, structure, and use*, 13–37. Berlin/New York: De Gruyter Mouton.
Pulleyblank, Edwin G.（1991）*Lexicon of reconstructed pronunciation in Early Middle Chinese, Late Middle Chinese, and Early Mandarin*. Vancouver: UBC Press.
崎村弘文（2006）『琉球方言と九州方言の韻律的研究』東京：明治書院.
Serafim, Leon（1994）Linguistically, what is Ryukyuan? Synchronic and diachronic perspectives. Paper presented at the *Second international symposium of the International Society for Ryukyuan Studies*. Harvard University. 1994, 24 March.
Serafim, Leon A.（2003）When and from where did the Japonic language enter the Ryukyus? アレキサンダー ボビン・長田俊樹（編）『日本語系統論の現在』463–476. 京都：国際日本文化 研究センター.
Serafim, Leon A.（2008）The uses of Ryukyuan in understanding Japanese language history. In: Bjarke Frellesvig and John Whitman（eds.）*Proto-Japanese: Issues and prospects*, 79–99. Amsterdam/Philadelphia: John Benjamins.
Shinoda, Ken-ichi and Naomi Doi（2008）Mitochondrial DNA analysis of human skeletal remains obtained from the old tomb of Suubaru: Genetic characteristics of the westernmost island Japan. *Bulletin of the National Museum of Nature and Science. Series D, Anthropology* 34: 11–18.
Summerhayes, Glenn R. and Atholl Anderson（2009）An Austronesian presence in southern Japan: Early occupation in the Yaeyama Islands. *Bulletin of the Indo-Pacific Prehistory Association* 29: 76–91.
Tajima, Atsushi, Masanori Hayami, Katsushi Tokunaga, Takeo Juji, Masafumi Matsuo, Sangkot Marzuki, Keiichi Omoto, and Satoshi Horai（2004）Genetic origins of the Ainu inferred from combined DNA analyses of maternal and paternal lineages. *Journal of Human Genetics* 49: 187–193.

高宮広土(2005)『島の先史学:パラダイスではなかった沖縄諸島の先史時代』那覇:ボーダーインク.

高梨修・阿部美菜子・中本謙・吉成直樹(編)(2009)『沖縄文化はどこから来たか:グスク時代という画期』東京:森話社.

Thorpe, Maner L. (1983) *Ryūkyūan language history*. Doctoral dissertation, University of Southern California.

鳥越憲三郎(1968)『おもろさうし全釈』大阪:清文堂出版.

上村幸雄(1977)「琉球方言研究の現代の課題:とくにその比較歴史方言学的研究について」『新沖縄文学』35: 226–237.

上村幸雄(1997)「琉球列島の言語:総説」亀井孝・河野六郎・千野栄一(編)『日本列島の言語』311–354. 東京:三省堂.

上村幸雄(2010)「危機言語としてのアイヌ語と琉球語〈前編〉:その日本語の形成・発展へのかかわり」『国文学解釈と鑑賞』75(1): 6–26.

Unger, J. Marshall (2009) *The role of contact in the origins of the Japanese and Korean languages*. Honolulu: University of Hawai'i press.

Whitman, John (1999) Personal pronoun shift in Japanese: A case study in lexical change and point of view. In: Akio Kamio and Ken-ichi Takami (eds.) *Function and structure*, 357–386. Amsterdam/Philadelphia: John Benjamins.

柳田征司(1993)『室町時代語を通して見た日本語音韻史』東京:武蔵野書院.

附録

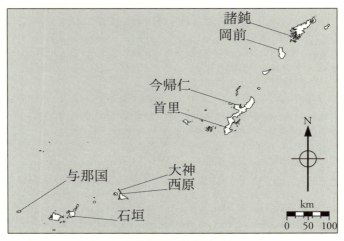

諸方言の所在地

第7章
琉球諸語のアスペクト・テンス体系を構成する形式

かりまたしげひさ

1. はじめに

　本章では、16世紀に琉球王府の編纂した『おもろさうし』[1]の言語（以下、オモロ語）、北琉球諸語に属する那覇市首里方言、南琉球諸語に属する宮古島市上野字野原方言と石垣市四箇方言のアスペクト・テンス（AT）体系を構

---

[1] 第一巻1531年、第二巻1613年、第三巻～第二十二巻1623年。叙事をすすめる対句部と毎節繰り返される反復部からなる。オモロの音韻的状態は仲宗根（1976）、柳田（1989）、高橋（1991a）の研究によって明らかになっている。エ段の仮名とイ段の仮名の表記には使い分けがあり、現代琉球諸語にみられる母音eのiへの統合がまだみられない。オ段とウ段の仮名で表記されるべきところはそれぞれオ段とウ段で表記され、オ段が期待されるところにウ段の仮名で表記されることがあるが、数は少ない。現代琉球諸語にみられる母音eのiへの統合も、母音oとuの統合もなく、高橋（1991a）は、「『おもろさうし』時代はまだ五母音である」としている。
　オモロ語には王城で歌われた儀礼歌謡を収録した歴史的な資料という制約があって、活用タイプごとに動詞とその活用形が揃わない。儀礼歌謡であることから定型化した表現が多く、動詞の異なり語数に偏りがある。オモロが対句部（以下、一と又で対句部であることを示す）と反復部（以下Rと略）によって構成される歌謡で、対句部と反復部が意味的に繋がらないという構造上の特徴を有する。対句部の記載の省略されたものが多く、文末の特定が難しい。玉城（1991）のオモロの歌形論の研究成果に基づいて対句部と反復部の境界を定めたうえで、文末を特定できる反復部を中心に検討した。用例には巻数と通し番号を2-11のように略して記す。

成する語形を検討して、その由来を考える。

　古代日本語において、子音語幹を基本とする強変化動詞と母音語幹を基本とする弱変化動詞の完成相叙述法非過去形、いわゆる「終止形」(以下、非過去形) と連体形非過去形 (以下、連体形) は、いずれも「読む」、「見る」で同音だが、シ中止形、いわゆる「連用形」の「読み」、「見」は形が異なる。子音語幹型の活用形と母音語幹型の活用形が並存する混合変化動詞の非過去形「起く」、「投ぐ」、「死ぬ」と不規則変化動詞の非過去形「来」、「す」は、連体形「起くる」、「投ぐる」、「死ぬる」、「来る」、「する」とも、シ中止形「起き」、「投げ」、「死に」、「来」、「し」とも形が異なる。琉球諸語の活用形の由来する形を検討するとき、古代日本語の非過去形に対応する形をス対応形、連体形に対応する形をスル対応形、シ中止形に対応する形をシ対応形とよぶ。シ対応形は、単語作り、形作りの要素としても現れるし、野原方言や四箇方言では非過去形や連体形としても現れる。

2. オモロ語の AT 体系

　オモロ語の AT 体系は完成相と継続相の二項対立である。完成相はスル対応形で、継続相はシ対応形に「おり (居り)」を結合させたショリ形である[2]。

表1　オモロ語の AT 体系

	非過去	過去
完成相	あよむ／あよも／あよみ (歩む)	あよだる／あよで
継続相	あよみより／あよみよる	あよみよたる

2.1　オモロ語の非過去形

　表2にまとめたように、非過去形と連体形は、同じ形が現れる。

---

[2] オモロ語の動詞の終止形・叙述法についての活用形についてはかりまた (2015) で詳述した。

表2 オモロ語の非過去と連体形

		非過去	連体形
強変化	k動詞	つく(突く)	きく／きこ(聞く)
	g動詞	はぐ(接ぐ)	―
	m動詞	あよむ(歩む)	あよむ／あよお(歩む)
	b動詞	ゑらぶ(選ぶ)	ゑらぶ(選ぶ)
	r動詞	ほこる(誇る)	ほこる／ほころ(誇る)
	t動詞	たつ(発つ)	たつ(発つ)
	s動詞	しらす(知らす)	ならす(鳴らす)
	w動詞	おそう(添う)	しなお／そろお(撓う)
混合変化		よせる(寄せる)	よせる(寄せる)
		たとゑる(譬える)	たとゑる(譬える)
		きこへる(聞こえる)	きこゑる(聞こえる)
		すでる(孵でる)	すでる(孵でる)
		みちゑる(満ちる)	みちゑる(満ちる)
弱変化		―	みる(見る)
不規則		あり(有り)／ある	ある(有る)
		(より／よる)	おる(居る)
		する	する
		―	くる(来る)

　強変化は、ス対応形とスル対応形がオモロ語においても同音になるため、いずれか特定できない。混合変化と不規則「する」の非過去形にス対応形はみられず、スル対応形が現れる。なお、「降る」「満つ」などの上二段型の混合変化は、琉球諸語全体で「降れる」「満てる」のような下二段型で現れる。弱変化は用例が少なく、スル対応形の連体形しか確認できない。不規則「あり(有り)」、「おり(居り)」の非過去形は、シ対応形も現れるが、スル対応形も現れる。不規則「来る」には非過去形がみられないが、連体形にスル対応形が現れる。焦点化助辞「ど」と呼応して現れる強調形は連体形と同音である[3]。

3　オモロ語の焦点化助辞「ど」、現代琉球諸語の焦点化助辞 du を有する文の述語に現れる形式を強調形とよぶ。強調形は焦点化助辞を含まない文にも現れるし、焦点化助辞があっても強調形にならない場合も多い。那覇方言、沖縄今帰仁方言、宮古島平良下里方言、

(1) 又とぎゃわ いよ つく。いぎょも たこ つく。(銛は魚を突く（ものだ）銛も蛸を突く（ものだ）。) 15-1100

(2) 又ゑそこ かよわぎゃめ せぢ やりやり おそう。(御船が通うまで霊力を遣って添う（支配する）。) 1-17

(3) R かつれんわ なおにぎゃ たとゑる。やまとの かまくらに たとゑる。(勝連は何に譬える。大和の鎌倉に譬える。) 16-1144

(4) R だうのし なむじゃ こがね もちみちゑる。(堂の子が銀、黄金を持ち満ちる。) 15-1099

(5) 又おりよいは するする。(おり結いは、する、する。)
又ちごよいは するする。(稚児結いは、する、する。) 10-535

(6) 又ほこるてゝ げに あり。そこるてゝ だに あり。(誇ると言って実に有り。そこると言って実に有り。) 1-40

(7) R かぐらの けおのうちに ある。(神座の京の内（聖地）に有る。) 4-158

(8) R いみゃからど おれなおちへ あすぶ。(今から降り直して遊ぶ。) 3-90

オモロ語では不規則「あり」、「おり」以外の動詞のシ対応形も文末に現れる。文末を確定できる反復部に限っても非過去を表すシ対応形の用例は、スル対応形の10倍の数がある。後述する野原方言の強変化、混合変化、弱変化の非過去形にもシ対応形が現れるし、四箇方言の混合変化、弱変化、「する」、「来る」の非過去形にもシ対応形が現れる。

(9) R けよも あちゃも おみきゃうよ おがむすが まさり。(今日も明日もお顔を拝むのが勝る。) 7-389

(10) R わかきみ げらへて つかい。(若君船を造って使う（派遣する）。) 11-594

(11) R もゝまがり つみあげて かはらよせ御ぐすく げらへ。(百曲りを積み上げて珈琲羅寄せ城を造る。) 13-870

(12) R なみかぜ なごやけて さやはたけ きみきみしょ むかい。(波

石垣島四箇方言の焦点化助辞と強調形についてはかりまた（2011）で詳述した。

風を穏やかにして斎場嶽の神女を迎える。）　　　　　　13-852

　連体形（強調形を含む）には「みあぐも」、「とよも（鳴響む）」のように語尾にoが現れる。語尾にoをもつ連体形は24例あるが、連体形以外に語尾oは現れない。高橋（1991b: 118）は「オ段の仮名が動詞連体形に多い」ことを指摘している。かりまた（2014）も語尾にoが現れるのは連体形だけであることを論じた。語尾にoが現れるのはスル対応形である。なお、高橋（1991b）は、オモロ語のo＞uとe＞iの変化を比較して「eからiへの変化の例に比べ、やはり数が多い。oからuへの変化の過渡期とみなし」ている。

(13)　一大ぐすく　おやいくさ。ぢやくに　とよみいくさ　みちへど　みあ
　　　ぐも。（大城の親軍　大国の鳴り響く軍を見て、見倦むのだ。）
　　　　　　　　　　　　　　　　　　　　　　　　　　　18-1254
　　　Rだしま　とよも　おもかは　あがて　おわちへ　わかいきょ　いき
　　　やて　みちゃる。（大島に鳴り響く太陽が上がり給いて、若い人が
　　　行き会って（それを）見た。）　　　　　　　　　　　10-517

2.2　オモロ語の過去形

　オモロ語の完成相過去形（以下、過去形）は、古代語のシタリに対応する形（以下シタリ対応形）が現れる。例18の「おとちゃむ」の語末の「む」は、現代首里方言のʔutucjaN（落とした）の語末のNの祖形であろう[4]。

(14)　R玉　つむ　きゃの　内　みちゃる。（玉を積む京の内を見た。）
　　　　　　　　　　　　　　　　　　　　　　　　　　　12-666
(15)　Rこかへ　とよみよわる　てだよ　みちゃる。（こんなにも鳴り響く
　　　太陽（国王）を見た。）　　　　　　　　　　　　　　8-419
(16)　Rまわちへ　もちちゃる。（回して持ってきた。）　　　2-55
(17)　又こうては　ゑらだな、（乞うては得ないで、）

4　首里方言の肯否質問形ʔutusumi（落とすか）、ʔutucjami（落としたか）は「おとちゃむ」に質問の意を付加する助辞iを後接させたものである。奄美大島南部の加計呂麻島諸鈍方言には、numjum（飲む）のように、非過去形の語末の「む（mu）」のuを音消失させただけの形がみられる。助辞iについては国立国語研究所編（1963: 264）を参照。

又こうては　はかだな、（乞うては佩かないで、）
又かくちへ　ゑたる。（隠して得た。）
又のすで　ゑたる。（盗んで得た。）
又さけかめに　入たる。（酒甕に入れた。）
又みきかめに　入たる。（神酒甕に入れた。）　　　　　10-546
(18)　又あかかがい　たまかがい　おとちゃむ。（赤かがいを、玉かがいを落とした。）
　　　　　　　　　　　　　　　　　　　　　　　　　20-1366

　オモロ語ではシテ中止形が文末に現れて過去を表す[5]。例20の3例目と4例目の「のほてが」は首里方言の過去の疑問詞質問形 nubutaga（上ったか）に相当する。例20の1例目と2例目と5例目に現れる「のほて」も過去を表す形である。文末を確定できる反復部に限ってもシタリ対応形より用例は多い。

(19)　Ｒうら　とよむ　はねうちとみ　すだちへ。（浦々に鳴り響く羽撃ち富（船）を造船した。）　　　　　　　　　　　　　　　　　13-908
(20)　又しのくりやが　やまとたび　のぼて。（しのくりやが大和旅に上った。）
　　　又かみにしやが　やしろたび　のぼて。（神にしやが山城旅に上った。）
　　　又やまとたび　なお　かいぎゃ　のぼてが。（大和旅、何を買いに上ったか。）
　　　又やしろたび　なお　かいが　のぼてが。（山城旅、何を買いに上ったか。）
　　　又あおしやてうだま　かいが　のぼて。（青しやてう玉を買いに上った。）
　　　　　　　　　　　　　　　　　　　　　　　　　21-1497

2.3　オモロ語の継続相

　主体動作動詞、主体動作客体変化動詞（以下、客体変化動詞）は、主体の

5　首里方言ではシテ中止形に質問の意を表す助辞 i の後接した過去の肯否質問形が現れる：huzisanuNkai nubuti:（富士山に登ったか。）／ saki nudi:（酒を飲んだか。）

動作継続を表し、主体変化動詞は主体の変化結果の継続を表す[6]。シヨリ形は、形のうえでは西日本型だが、意味的には東日本型である。存在動詞「あり」のシヨリ形の「ありよる」がみられる。首里方言にはこの形はない。

(21) Ｒあんじおそいてだの　おうねど　まちよる。（国王の御船を待っている。）
9-510

(22) 又けお　ふきよる　かぜや　とくかぜど　ふきよる。（今日吹いている風は、疾風が吹いている。）
8-421

(23) Ｒあまへて　しけちぢよ　もりよる。（喜んで神酒を盛っている。）
15-1092

(24) Ｒあかぎ　ゆすぎの　はなの　ましろ　まから　さきよれば　おれよとて　おりさちへ。（アカギ、ユスキの花が真っ白に、真っ赤に咲いているのでそれを取って折り差した。）
13-822

(25) Ｒいみゃど　世わ　まさる。てがねまる　しま　かねて　きより。（今こそ世は勝る。治金丸（宝剣）が島を纏めて来ている。）
8-420

(26) 又あはれ　かなし　きみはゑ　しまうち　してす　もどりよれ[7]。（立派な愛すべき君南風（神女）が島を討って戻っている。）
1-35

(27) Ｒなさいきよもい　あぢおそい　あまこ　よりかわちゑ　まなしゃどたちよる。（父なる国王が目を見合わせて愛おしく立っている。）
3-92

(28) Ｒもゝと　つも　こがね　うらおそいど　ありよる。（百度積む黄金が浦添にある。）
15-1079

3. 首里方言の AT 体系

　首里方言の AT 体系は、完成相と継続相の対立する二項対立型である。完成相は、シ対応形に存在動詞 uN（居る）を結合させたもので、西日本方言の

6　動詞の語彙＝文法的な分類は、工藤（2014）にしたがう。
7　下線を付した「す」は焦点化助辞で、文末の述語の語尾が e で現れる。「す」がどのようなモーダルなタイプの文に現れるか、語尾に e をもつ活用形がどんな文法的な意味を有するか不明である。過去形の語尾にも e が現れることから、叙述法の形であろう。

シヨルに相当（以下シヨル対応形）する。完成相過去形は、シタリ対応形と、進行相過去を表す西日本方言のシヨッタに相当するシヨッタ対応形の二つの過去形がある。継続相は、シテ中止形に uN を結合させたもので、西日本方言のシトルに相当（以下シトル対応形）する。

表3　首里方言の AT 体系

	非過去	過去
完成相	numuN（飲む）	nudaN（飲んだ） numutaN（飲んだ）
継続相	nudo:N（飲んでいる）	nudo:taN（飲んでいた）

3.1　首里方言の非過去形

　運動動詞の非過去形にはス対応形あるいはスル対応形はみられず[8]、シヨル対応形が未来のひとまとまりの動作や変化を表す。

(29)　ʔunu hono: ʔacja:madine: jumuN.　（その本は明日までには読む。）
(30)　jagati saburo:ga cju:N.　（もうすぐ三郎が来る。）
(31)　ʔacja:ja nu:ja ʔucikitiN ʔicjuN.　（明日は何をおいても行く。）

主体変化動詞のシヨル対応形は、進行相も表す[9]。鈴木（1960）によれば、かつては主体動作動詞、客体変化動詞の場合でも進行を表したが、今では主体変化動詞に限られる。ス対応形あるいはスル対応形が失われ、シヨル対応形の完成相化が進行している。

(32)　jamanohasano: gaQko: ʔicjumi.　（山入端さんは学校に行っているの。）
　　　ʔi: ʔicjuNdo:.　（うん、行っているよ。）
(33)　nu: sjuga.　（何をしているのか。）[10]
　　　siNbuN junuN.　（新聞を読んでいる。）

8　スル系の形は、命令法や勧誘法にはみられる。
9　首里方言の AT 体系については鈴木（1960）、工藤他（2007）を参照。
10　鈴木（1960）の用例を引用。なお、表記は本稿の表記に統一した。

3.2 首里方言の過去形

シタリ対応形は、過去のひとまとまりの動作や変化を表す。主語の人称制限がなく、現代日本語のシタに対応する。

(34)　ʔunu hono: muru judaN.（その本は全部<u>読んだ</u>。）
(35)　cjuNkai ziN karacjaN.（人に金を<u>貸した</u>。）
(36)　ju:zjunu ʔaja:ni sigutu jukutaN.（用があって仕事を<u>休んだ</u>。）

ショッタ対応形は、意味的には進行の意味を表さず、直接確認した過去のひとまとまりの動作や変化を表す。人称に制限があり、一人称を主語にすることができない。

(37)　ʔakaNgwaga hazimiti ʔaQcjutaN.（赤ちゃんが初めて<u>歩いた</u>。）
(38)　tara:ga hasiru aki:taN.（太郎が戸を<u>開けた</u>。）
(39)　ʔiNnu kurumani cicikwa:saQti sinutaN.（犬が車に轢かれて<u>死んだ</u>。）

3.3 首里方言の継続相

主体動作動詞と客体変化動詞は、主体の動作継続を表し、主体変化動詞は、主体の変化結果の継続を表す。継続相を表すシトル対応形は、形のうえでは西日本型だが、意味的には東日本型である。

(40)　warabinu micikara ʔaQcjo:N.（子どもが道を<u>歩いている</u>。）
(41)　tara:ga hasiru akito:N.（太郎が戸を<u>開けている</u>。）
(42)　ʔamaNkai Qcjunu taQcjo:N.（向こうに人が<u>立っている</u>。）

完成相過去形にシタリ対応形、ショッタ対応形が現れ、継続相過去形にシトッタ対応形が現れる。完成相非過去形にス対応形やスル対応形はみられず、完成相非過去形は形式的にはショル対応形で、継続相がシトル対応形で、西日本型である。一方、ショッタ対応形に直接証拠性の意味があることを除けば、意味的には東日本型である。工藤（2014）は首里方言のAT体系を西日本方言と東日本方言の複合型とした。

4. オモロ語と首里方言の音便

　オモロ語と首里方言のシタリ対応形、シテ中止形には音便がみられる。オモロ語で用例の多いシテ中止形を検討して、オモロ語と首里方言の音便について考える。t 動詞と「入りちゑ」などの *-iri の音環境の r 動詞を除く強変化には音便語幹の末尾子音の脱落した脱落音便がみられる。m 動詞、b 動詞、n 動詞、g 動詞は、語尾に含まれる *t(以下 *t)が有声音化している。k 動詞、s 動詞、g 動詞、n 動詞は、*t が破擦音化[11]している。

表4　オモロ語と首里方言の音便

			西日本方言	オモロ語	首里方言	
m 動詞		積んで	撥音便	つで	cidi	脱落音便
b 動詞		遊んで		あすで	ʔasidi	
n 動詞		死んで			sizi	
k 動詞		抱いて	イ音便	だちへ	daci	
s 動詞		出いて		いぢゃちへ	ʔNzjaci	
g 動詞		漕いで		こぢへ	kudʒi	
w 動詞		願うて	ウ音便	ねがて	nigati	
r 動詞		乗って	促音便	のて	nuti	
不規則		有って		あて	ʔati	
		居って		おて	uti	
t 動詞		打って	促音便	うちちへ	ʔuQci	促音便
iri 動詞		入って		いりちへ	ʔiQci	
混合		立てて	音便無	たてぃ	tatiti	音便無
		降りて		おれて	ʔuriti	
弱変化		見て		みちへ	N:ci	
不規則		来て		きちゑ	Qci	
		して		しちへ	Qsi	

オモロ語にはシテ中止形の欠けている動詞があるが、オモロ語と首里方言を

11　オモロ語では、いみゃ imja < ima(今)、みきゃ mikja < mika(三日)、いぢぇて izjete < idete(出て)のように、前舌狭母音 i に後続する子音が規則的に口蓋音化し、さらに破裂音 t は破擦音化する。

並べると、首里方言の音便の状況がオモロ語を継承していることがわかる。

(A) m動詞、b動詞は、破擦音化する前に*iが音消失して撥音便になり、のちに撥音が音消失して脱落音便になった。

(B) r動詞は、*tが破擦音化する前に*iが音消失して促音便になり、のちに促音が音消失して脱落音便になった。

(C) 強変化化したn動詞(死ぬ)はオモロ語には見つからないが、首里方言には*tの有声音化して破擦音化[12]したsizi(死んで)がある。撥音便と脱落音便ののち、語頭のsiの影響で*tが破擦音化した語形である。

(D) w動詞は、*tが破擦音化する前に*iが音消失してウ音便になり、のちにuが音消失して脱落音便になった。

(E) k動詞、s動詞は、イ音便になって*tを破擦音化させたのちに、*iが音消失して脱落音便になった。

(F) g動詞は、イ音便化し、*tを有声音化、破擦音化させたのちに、*iが音消失して脱落音便になった。

(G) t動詞は、*tの破擦音化はあるが、まだ脱落音便はない。t動詞は、オモロの時代以降に促音便になっている。

(H) 「入りちぇ」など-iri動詞の*tは破擦音化しているが、脱落音便はない。-iri動詞は、首里方言では促音便化している。

(I) 脱落音便はオモロ以前にあり、それ以降の音便は脱落しない。

(J) 弱変化、混合変化には、音便がみられない。

(K) 不規則「あて(有って)」「おて(居って)」はr動詞と同じ促音便と脱落音便がおきている。

(L) オモロ語の不規則「しちぇ」「きちぇ」は音便はみられないが、首里方言では語頭に促音が現れる。語頭の促音は音便ではなく、hito > Qcju(人)にみるような狭母音の音消失に伴う音韻変化である。

---

12 この破擦音化は、前舌狭母音iによる後続子音の規則的な音韻変化である。k動詞、s動詞、g動詞、t動詞、*iri動詞、不規則「きちゑ」、「しちぇ」の*tの破擦音化も同じ規則的な音韻変化であり、*tの有声音化、脱落音便(撥音、促音、*iなどの音消失)の形態音韻変化とは異なる。

5. 野原方言の AT 体系

野原方言の AT 体系は、完成相と継続相の二項対立の東日本型である[13]。アリ中止形に u: を結合させた継続相は、動作継続と変化結果継続を表す。継続相を形つくるアリ中止形は、琉球諸語固有の形である。

表5　野原方言の AT 体系

	非過去	過去
完成相	num(飲む)	numta:(飲んだ)
継続相	numi: u:(飲んでいる)	numi: u:ta:(飲んでいた)

5.1　野原方言の非過去形

不規則「有る」、「居る」以外は、非過去形と強調形とシ中止形が同音である。シ中止形は、numbuska:(飲みたい)、numta:(飲んだ) などのように単語作り、形作りの要素となるもので、野原方言では単独で文の部分になりにくい。表6には過去形の語尾の ta: を除いた部分をシ中止形としてあげる。

(43)　unu jado: sgu aks.　（その戸はすぐに開く。）
(44)　kamanu maccja: zju:zindu aks.　（向こうの店は十時に開く。）
(45)　psto: sn.　asga na:ju nukus.　（人は死ぬ。しかし、名を残す。）
(46)　jukja: atsan naztska: kja:ri.　（雪は明日になったら消える。）
(47)　ujagana:du mainits gumju: sti.　（父親が毎日ゴミを捨てる。）
(48)　anna: zjo:dzn ke:kju: kss.　（母は上手にケーキを切る。）

13　野原方言の AT 体系の詳細については、かりまた (2012) を参照。

表6 野原方言の非過去形

		非過去形	強調形	シ中止形
強変化	開く	aks	aks	aks
	漕ぐ	kugz	kugz	kugz
	飛ぶ	tubz	tubz	tubz
	買う	ko:	ko:	ko:
	飲む	num	num	num
	取る	tuz	tuz	tuz
	勝つ	kats	kats	kats
	落とす	utus	utus	utus
	死ぬ	sn	sn	sn
混合変化	起きる	uki	uki	uki
	分ける	baki	baki	baki
	捨てる	sti	sti	sti
	考える	kangai	kangai	kangai
	覚える	ubui	ubui	ubui
弱変化	見る	mi:	mi:	mi:
	煮る	ni:	ni:	ni:
不規則	有る	u:	a:	az
	居る	u:	u:	uz
	する	ss	ss	ss
	来る	kss	kss	kss

表6から次のことがわかる。

(M) 混合変化は、非過去形と強調形が同音で、シ対応形である。すなわち、いわゆる連用形の「起け」、「分け」、「捨て」、「考え」、「覚え」に対応する。

(N) k動詞、g動詞、b動詞、弱変化の非過去形と強調形とシ中止形は、シ対応形である。すなわち「開き」、「漕ぎ」、「飛び」、「見」、「煮」に対応する。

(O) w動詞は、ス対応形あるいはスル対応形である。「買う」に対応する。

(P) mi＞m、tsi＞ts、si＞s、ri＞z、ni＞nの変化、および、mu＞m、tsu＞ts、su＞s、ru＞zの変化があるので、m動詞、s動詞、t動詞、r動詞と強変化化したsn(死ぬ)、不規則のss(する)、aː(有る)、uː(居る)は、シ対応形、ス対応形、スル対応形のいずれに由来するか判別できない。

mi＞m	num(蚤)	mu＞m	mni(胸)
tsi＞ts	muts(餅)	tsu＞ts	mats(松)
si＞s	us(牛)	su＞s	us(臼)
ri＞z	juz(百合)	ru＞z	juz(夜)
ni＞n	kan(蟹)	nu＞n	in(犬)

野原方言の非過去形は、(1)シ対応形と認定できる動詞、(2)ス対応形あるいはスル対応形のいずれか判別できない動詞、(3)シ対応形、ス対応形、スル対応形のいずれか判別できない動詞、の三つのタイプがある。

5.2 野原方言の過去形

動詞の活用のタイプを問わず、過去形の語尾にはtaːが現れる。なお、語幹部分はシ中止形と同音である。オモロ語、首里方言にみられるイ音便も撥音便も促音便も脱落音便もみられない[14]。宮古諸語では過去形の語末にtaz、tai、taː、taが現れる。宮古諸語にはri＞z、ru＞zの音韻変化があるので、tazはtariあるいはtaruに由来する。tai、taː、taは、末尾のzの弱化、音消失したものである。

(49) ksnoː itsftu asbztaː.（昨日はいとこと遊んだ。）
(50) ksnu jarabinudu fnizzu utustaː.（昨日子どもがミカンを落とした。）
(51) sengets kumatanu jukjaː tukitaː.（先月この辺の雪は解けた。）
(52) ksnudu jaːnu denkinu kjaːritaː.（昨日家の電気が消えた。）

---

14 ＊m動詞のばあい、語尾頭母音iの音消失はみられるが、これは宮古語一般にみられる音韻変化であり、撥音便ではない。

5.3 野原方言の継続相

アリ中止形に u:(居る) を組み合わせた継続相[15]は、主体変化動詞が変化結果の継続を表し、意味的には東日本型である。u: は、ori あるいは oru に由来する。一方、アリ中止形を中核にする継続相は、シテ中止形を中核にする日本語諸方言とも北琉球諸語とも異なる。

(53)　jarabinudu parinu nako: azki: u:.（子どもが畑の中を歩いている。）
(54)　ku:mujanudu sni: u:.（ゴキブリが死んでいる。）
(55)　saksgamja: denkja: tski u:ta:sugadu、nnama: kja:ri: u:.（さっきまでは電気は点いていたけど、今は消えている。）

6. 四箇方言の AT 体系

四箇方言の AT 体系も完成相と継続相の二項対立の東日本方言型である[16]。野原方言と同じく継続相の形が本土方言とも北琉球諸語とも異なる。

表7　四箇方言の AT 体系

	非過去	過去
完成相	numuN(飲む)	numudarï ～ numuda(飲んだ)
継続相	numiN(飲んでいる)	numidarï(飲んでいた)

6.1 四箇方言の非過去形

強変化の非過去形は、強調形に N が後接している。混合変化と弱変化には強調形に N の後接した語形のほかに、連体形に N の後接した形がある。

(56)　unu macïjaja aQca:ja zju:ziNga akuN.（その店は明日十時に開く。）
(57)　tara:ja aQca isjanagimadi araguN.（太郎は明日石垣まで歩く。）
(58)　tara:ja aQca rokuziNga madu akiN ／ akiruN.（太郎は明日六時に窓を開ける。）
(59)　naNkara bideo mi:N ／ mi:ruN.（今からビデオを見る。）

15　snju:、azkju:、kja:rju: のような融合した形も現れる。
16　四箇方言の AT 体系については鈴木編 (2001) を参照。

非過去形がどの形に由来するかをみるために、強調形とシ中止形と対比させたものを表8に掲げる。

表8 四箇方言の非過去形

		非過去形	強調形	シ中止形
強変化	開く	akuN	aku	akï
	漕ぐ	kuguN	kugu	kugï
	飲む	numuN	numu	numi
	飛ぶ	tubuN	tubu	tubi
	取る	turuN	turu	turï
	勝つ	kacuN	kacu	kacï
	落とす	utasïN	utasï	utasï
	買う	kauN	kau	kai
	死ぬ	sïnuN	sïnu	sïnu
混合変化	起きる	ukiN 〜 ukiruN	uki	uki
	開ける	akiN 〜 akiruN	aki	aki
	落ちる	utiN 〜 utiruN	uti	uti
	考える	kaNgaiN 〜 kaNgairuN	kaNgai	kaNgai
	覚える	ubuiN 〜 ubuiruN	ubui	ubui
弱変	見る	mi:N 〜 mi:ruN	mi:	mi:
	似る	ni:N 〜 ni:ruN	ni:	ni:
不規則	有る	aN	arï	arï
	居る	uN	urï	urï
	する	sïN	sï:	sï:
	来る	kïN	kï:	kï:

非過去形からNを除いた形は、次のようになる。

(Q) 混合変化と弱変化にある二つの形式のうち、一つはシ対応形で、もう一つはスル対応形である。

(R) 不規則 sï:、kï: はシ対応形である。

(S) 不規則 arï、urï、強変化 s 動詞はシ対応形あるいはスル対応形である。

(T)　*ku ＞ hu、*ru ＞ rï、*cu ＞ cï および *ko ＞ ku、*ro ＞ ru の変化があるので、k 動詞、r 動詞、t 動詞の語尾の u は *o に由来する。この語尾に現れる *o がオモロ語における語尾 *o と同じ由来であるとすれば、k 動詞、r 動詞、t 動詞はスル対応形である。

　　ku ＞ hu　　husa(草)、jahu(厄)　　ko ＞ ku　　kui(声)、taku(蛸)
　　ru ＞ rï　　sarï(申)、sïrï(汁)　　ro ＞ ru　　duru(泥)、iru(色)
　　cu ＞ cï　　macï(松)、cïnu(角)

(U)　強変化の m 動詞、b 動詞、w 動詞の語尾もスル対応形の可能性がある。

6.2　四箇方言の過去形

　四箇方言の過去形の語尾は、動詞の活用のタイプをとわず、darï あるいは da であり、音便はみられない。darï は tari あるいは taru に由来する。da は末尾の rï の消失したもので、こちらの形がよく現れる。

(60)　aQcja:ja kïnu gusi numuda.（父は昨日酒を飲んだ。）
(61)　kunu macïjaja kïnu kuziNdu akuda.（この店は昨日九時に開いた。）
(62)　baNcjaNga cïkanairu kiNgjonu sïnuda.（うちで飼っていた金魚が死んだ。）

表9 野原方言と四箇方言の過去形

		野原	四箇
音便無し	開いた	aksta:	akudarï
	出した	idasta:	idasïdarï
	漕いだ	kugzta:	kugudarï
	買った	ko:ta:	kaudarï
	飲んだ	numta:	numudarï 〜 nuNdarï
	飛んだ	tubzta:	tubudarï
	死んだ	snta:	sïnudarï 〜 sïNdarï
	取った	tuzta:	turïdarï
	有った	a:ta:	adarï
	居った	u:ta:	udarï
	打って	utsta:	ucudarï
	切った	kssta:	kïsïdarï
	開けた	akita:	akidarï
	降りた	urita:	uridarï
	見た	mi:ta:	mi:darï
	来た	ksta:	kï:darï 〜 kïtarï
	した	sta:	sï:darï 〜 sïtarï

6.3 四箇方言の継続相

主体動作動詞と客体変化動詞は、主体の動作継続を表し、主体変化動詞は主体の変化結果の継続を表す。意味的には東日本型である。

(63) aQcja:ja gusi numiN.（父は酒を飲んでいる。）
(64) jarabinu hataginu naka aragiN.（子どもが畑の中を歩いている。）
(65) madunu akiN.（窓が開いている。）
(66) tara:nu madu ake:N.（太郎が窓を開けている。）
(67) deNto:nu kija:N.（電灯が消えている。）

継続相には、numi、aragi、ake:、kija: などのアリ中止形に焦点化助辞 du が

後接し、uN(居る)の強調形 uru をくみあわせた分析的な形[17]がある。このことから、numiN、aragiN、ake:N、kija:N などの継続相もアリ中止形に uN のくみあわさったもので、のちに uN の u が音消失したと考える。

(68) aQcja:ja gusi numidu uru. （父は酒を飲んでいる。）
(69) jarabinu jamanu naka aragidu uru. （子どもが山の中を歩いている。）
(70) iNjanu maduja akidu uru. （西隣の家の窓は開いている。）
(71) tara:nu madu ake:du uru. （太郎が窓を開けている。）
(72) icizikara deNkinu kija:du uru. （一時から電気が消えている。）

7. アリ中止形

　オモロ語の継続相をつくるシ中止形、首里方言の継続相をつくるシテ中止形に対して、野原方言と四箇方言の継続相をつくるのはアリ中止形である。野原方言のアリ中止形は、一見するとシ中止形にみえる。しかし、表6の野原方言のシ中止形と表10の野原方言のアリ中止形は異なる。

　野原方言と四箇方言には e ＞ i の変化があり、強変化の uki: や sni:、numi や aragi などのアリ中止形の語尾の i は e に遡る。これと関連するのが、語尾に e: をもつ沖縄北部の伊平屋島方言、伊是名島方言のアリ中止形である。

　オモロ語と首里方言[18]のアリ中止形は、中止的な述語として複文で使用され、先行後続の関係を表す。表10のオモロ語と首里方言のアリ中止形は、シ中止形(numi 飲み)に ʔai(有り)が組み合わさったものであることを示唆し、四箇方言の弱変化のアリ中止形もそれを支持する。

(73) 　Ｒとよむ　大きみや　もゝしま　そろへやり　みおやせ。（名高い大
　　　君は百島を揃えて差し上げよ。）　　　　　　　　　　　　　　　4-176
(74) 　一きこゑ大きみぎや　ゑか　ゑらびやり　おれわちへ。（聞得大君
　　　（神女）が吉日を選んで降り給いた。）　　　　　　　　　　　　3-110

17　du のとりたて形も uru の u が音消失して融合した numiduru(飲んでいる)、akiduru (開いている)のような言い方もする。

18　首里方言のアリ中止形は、numa:i と numa:ni が現れるが、国立国語研究所編(1963)によると、numa:i の方がより古い形式である。

伊平屋島方言、伊是名島方言のアリ中止形は複文の述語になるだけでなく、継続相などの形つくりの要素になることができ、生産性がある。伊平屋島方言、伊是名島方言のアリ中止形は、オモロ語のアリ中止形が複文の述語から形つくりの要素へと発展することを示すと同時に、野原方言や四箇方言のアリ中止形がオモロ語から引き継がれたものであることをも支持する。

(75)　ʔamaNzi ʔasine: hwa.　（向こうで遊んで来い。）伊平屋島我喜屋方言
(76)　bo:si hauje: ʔaQcjuN.　（帽子をかぶって歩く。）伊平屋島我喜屋方言
(77)　hunu ʔisi kije: Nri.　（この石を蹴ってみろ。）伊平屋島我喜屋方言
(78)　ʔnama ʔami hujo:N.　（今雨が降っている。）伊平屋島島尻方言
(79)　ʔnaNma ʔaminu hujo:N.　（今雨が降っている。）伊是名島諸見方言

表10　アリ中止形

		オモロ	首里	伊是名	野原	四箇
強変化	引いて	ひきやり	hica:i	hice:	pski:	hiki
	選んで	ゑらびやり	iraba:i	irane:	irabi:	irabi
	取って	とりやり	tuja:i	tuje:	turi:	turi
	持って	もちやり	mucja:i	mucje:	muci:	muci
	差して	さしやり	sasa:i	sasje:	sasi:	sasi
	乞うて	こやり	ku:ja:i	ku:je:	kui:	kui
	降りて	おりやり	urija:i	urije:	uri:	ure:
	出て	いぢゑやり	ʔNzija:i	Nzije:	idi:	ide:
	揃えて	そろへやり	suruija:i	suruje:	surui:	suruja:
弱変化	見て	みやり	N:zja:i	ne:	mi:	mija:
	煮て	—	ni:ja:i	ni:je:	ni:	nija:
	着て	きやり	cija:i	cije:	kssi:	kija:
不規則	有って	あやり	aja:i	aje:	ari:	ari
	居て	おやり	uja:i	uje:	uri:	uri
	して	しやり	sa:i	se:	si:	si:
	来て	きやり	cja:i	cje:	ki:	ki:

8. 非過去形

　古代日本語のス終止形、スル連体形、シ中止形との対応が判別できるオモロ語の混合変化と不規則「する」の非過去形にス対応形はなく、混合変化にスル対応形とシ対応形が現れ、不規則「する」にスル対応形が現れる。同じく古代日本語との対応が判別できる野原方言の強変化のk動詞、g動詞、b動詞、弱変化、混合変化の非過去形にはシ対応形が現れる。四箇方言の非過去形は、シ対応形とスル対応形にNが後接している。ス対応形かスル対応形か判別できないオモロ語の強変化の非過去形は、弱変化や混合変化と同じくスル対応形である可能性がある。同じく、四箇方言の強変化もスル対応形の可能性がある。

　オモロ語にも野原方言にも四箇方言にもス対応形だと確定できるものはない。一方、オモロ語の非過去を表したスル対応形とシ中止形は、野原方言と四箇方言に引き継がれている。

　オモロ語と四箇方言の強変化のスル対応形の語尾に*oが現れる。オモロ語のスル対応形の語尾に*oが現れることを高橋（1991b）は、「オ段の仮名が動詞連体形に多いのは、上代東国方言と類似する」と述べる。スル対応形（連体形）に*oが現れるのが上代東国方言および現在の八丈島方言に通ずるのか興味深いが、四箇方言のいろいろな動詞やほかの活用形にまで分析を加えてさらなる検討が必要である。

9. 過去形の音便

　オモロ語と首里方言の過去形には音便がみられるが、野原方言と四箇方言の過去形には音便がみられない。このことから、首里方言を含む北琉球諸語と野原方言、四箇方言を含む南琉球諸語が分岐したときには音便はなかったと考えることができる。しかも、『おもろさうし』が編纂される16世紀には撥音便、イ音便、ウ音便が進行しており、脱落音便という北琉球諸語に固有の現象も既に発生していた。

　首里方言のr動詞のうちシテ中止形にiriの音環境をもつ動詞はオモロ語では口蓋音化しているが、音便はみられない。首里方言では促音便化してい

るが、脱落音便はみられない。iri 動詞以外の r 動詞は促音便化し、かつ脱落音便化している。iri を除外した r 動詞の促音便化は、オモロ語以前の北琉球諸語で発生したと考える。

　オモロ語の t 動詞の「うちちへ」等の表記だけから促音便化しているかを確定することは難しい。もし、オモロ語以前に促音便化していれば、r 動詞と同じく脱落音便化していたはずであり、口蓋音化もなかったはずである。しかし、脱落音便がみられないこと、iri の音環境をもつ首里方言の r 動詞と同じく*t が口蓋音化し、促音便になっていることから、t 動詞の促音便もオモロ語以降に発生したと考えることができる。したがって、t 動詞の促音便も北琉球諸語でオモロ語以降におきたと考えられる。

10. 継続相の形

　継続相を表すオモロ語のショリ形は、形のうえでは進行相を表す西日本型で、首里方言のシトル対応形は、形のうえでは結果相を表す西日本型である。野原方言と四箇方言は、アリ中止形に「居る」を融合させた固有の形が継続相を表す。いずれも西日本型の「居る」を文法化させているにも関わらず、東日本型の継続相を表している。

　琉球諸語の AT 体系の根っこに東日本的な要素があるのだろうか。継続相を表すオモロ語のショリ形と進行相を表していた首里方言のショル対応形との間にある齟齬が何故生じたのか。首里方言にみられるシトル対応形がオモロ語には確認できないのだが、それが何故なのか、オモロ語以降にもたらされたのか、検討が必要だろう。

　琉球諸語の文法に関する比較研究は必ずしも十分に成熟していない。歴史言語学的な研究も数が少ない。しかし、多様な下位方言からなる琉球諸語には興味深い現象が隠されており、魅力的な領域であることは疑いない。

参照文献
かりまたしげひさ (2011)「琉球方言の焦点化助辞と文の通達的なタイプ」『日本語の研究』7 (4): 69–81.
かりまたしげひさ (2012)「琉球宮古島野原方言の動詞のアスペクト・テンス・ムード

体系の概要」『琉球アジア社会文化研究』15: 3–37.
Karimata, Shigehisa (2013) The representative, negative, past, continuative forms of Miyako verbs. 『国際沖縄研究』7: 81–106.
かりまたしげひさ (2014)「連体形語尾からみたおもろさうしのオ段とウ段の仮名の使い分け」『沖縄文化』116: 187–198.
かりまたしげひさ (2015)「オモロ語の動詞終止形：精密なよみをめざして」『琉球アジア文化論集』創刊号: 33–104.
国立国語研究所 (編) (1963)『沖縄語辞典』東京：大蔵省印刷局.
工藤真由美 (2014)『現代日本語ムード・テンス・アスペクト論』東京：ひつじ書房.
工藤真由美・高江洲頼子・八亀裕美 (2007)「首里方言のアスペクト・テンス・エヴィデンシャリティー」『大阪大学文学研究科紀要』47: 151–183.
仲宗根政善 (1976)「おもろ語の尊敬動詞「おわる」について」伊波普猷生誕百年記念会 (編)『沖縄学の黎明』東京：沖縄文化協会.
鈴木重幸 (1960)「首里方言の動詞のいいきりの形」『国語学』41: 74–85.
鈴木重幸編 (2001)『琉球八重山方言の動詞の研究：石垣方言の動詞のアスペクトとテンス (中間報告)』科学研究費基盤研究 (C) 研究成果報告書.
高橋俊三 (1991a)『おもろさうしの動詞の研究』東京：武蔵野書院.
高橋俊三 (1991b)『おもろさうしの国語学的研究』東京：武蔵野書院.
玉城政美 (1991)『南島歌謡論』東京：砂子屋書房.
柳田征司 (1989)「日本語音韻史から見た沖縄方言の三母音化傾向と p 音」『愛媛大学教育学部紀要第 II 部』21: 41–98.

第 8 章

声調言語としての宮古祖語[1]
—— 特にその TBU として機能する韻律上の単位について

松森晶子

1. はじめに

　松森 (2013a) は、宮古島の与那覇方言には「3 モーラをひとつの単位として H 音調が実現する」という興味深い特徴があることを指摘した。さらに松森 (2013b) では、特にその複合語アクセントに焦点を当てて考察し、この与那覇方言が、3 種類の音調型 (LLH 型、LHL 型、HLL 型) から成る一種の「声調言語」であることを論じた。

　その際、音調を担う単位、すなわち tone bearing unit (以下、本稿では TBU と略す) として機能しているのは、(他の声調言語によく見られるような) モーラや音節なのではなく、それより大きい韻律上の単位である。

　松森 (2010) 以降、同じ宮古諸島の多良間島方言にも明瞭な三型体系が観察されることが知られている。松森 (2014) では、この多良間島方言のアクセントの位置を正しく予測するためにも、上述の与那覇方言と同じような韻律上の単位を想定しなければならないことを論じた。

　本稿では、宮古島与那覇方言と多良間島方言という、宮古諸島の 2 つの

---

[1] 本研究は、科研費補助金基盤研究 (A)（課題番号 22242011）「日本語のアクセントとアクセント類型論」（研究代表者 窪薗晴夫）の助成を受けている。

言語体系の記述・分析の結果に基づき、「宮古祖語は3種の音調メロディー（たとえば LLH、LHL、HLL）から成る声調体系であった」という仮説を提示する。あわせて、その音調メロディー内の各音調（H 音調、L 音調）を担う単位（TBU）は、すでに宮古祖語の段階でモーラや音節より大きい音韻的な単位—「音韻語」—であったという仮説も提示したい。

2. 与那覇方言の TBU について

　松森（2013b）では、現代の与那覇方言において、その3つの音調メロディー（LLH、LHL、HLL）の各音調（H 音調、L 音調）が結びついて実現する単位（TBU）は、モーラや音節ではなく、原則的にそれより大きな単位であることを論じ、その単位のことを、「音調領域（tonal domain）」と呼んでいる。さらに松森（2014）では、この松森（2013b）で「音調領域」と呼んだものと同様の韻律上の単位が、多良間島方言にも存在すると考えなければ、そのアクセントの出現位置を正しく予測できないことも論じた[2]。

　その単位の形成は、原則的に「形態素の境界がどこか」という情報を出発点にして成されるのだが、その最終的な構造は、形態的な構造とはかならずしも対応しない。本稿では、このようなまとまり方を示す韻律上の単位のことを、「音韻語（Phonological Word, PhW）」と呼んで議論を行う。

　まず、与那覇方言において、その3種類の型が出現する典型的な環境のひとつ —複合語から始まり、その複合語に「向格助詞の nkee と焦点の du」を後続させた場合の文節— について検討してみよう。以下は、与那覇方言において「〜畑 naka」で終わる複合語の前部要素を、「砂糖黍畑 buugI+naka」「麦畑 mugI+naka」「苦瓜畑 goora+naka」[3] のように入れ替え、その複合語に

---

[2] 松森（2014）は、多良間島方言にも想定されるこの韻律上の単位のことを、「韻律領域（prosodic domain）」と呼んで議論している。

[3] 以下本稿では、五十嵐ほか（2012）にしたがい、必要に応じて、モーラ境界を「.」で、語境界をスペースで表す。また複合語内部の語根間の境界に（たとえば kuusju+paru（唐辛子畑）のように）「+」を、名詞と助詞の間の境界に（たとえば kuusju=mai のように）「=」を付けて示すこととする。一方、本稿では、後述する「音韻語」という韻律単位の境界は、たとえば [mim] [gami] [mai]（耳甕も）のように [　] を用いて示すこととしたい。

nkee du を付けて発話してもらった際の、文節部分の音調型を示したものである（本稿では中舌母音をIで代用する。また以下、各セグメントの上に付された線のうち、実線はH音調（高い音調）を示し、点線はM音調（中音調）を示す。L音調（低い音調）のセグメント部分には、何も付されていない）。ちなみにこの与那覇方言では、「砂糖黍 buugI、胡麻 guma」はA型の名詞、「麦 mugI、豆 mami」はB型の名詞、「苦瓜 goora、ひょうたん cIguI」はC型の名詞である。

（1） 複合語に見られる3種類の型（与那覇方言）[4]

　　　［A型］　　LLH型 [5]
　　　　buugI naka nkee du …　　（砂糖黍畑ヘゾ…）
　　　　guma naka nkee du …　　（胡麻畑ヘゾ…）
　　　［B型］　　LHL型
　　　　mugI naka nkee du …　　（麦畑ヘゾ…）

4　以下、文節の後に「砂糖黍畑ヘゾ…」のように…がある場合は、その文節が言い切り形ではなく、接続形であることを示している。

5　与那覇方言のA型から始まる文節には、buugI naka nkee du…のようにH(M)音調とL音調が交互に出現するような「交替のリズム」が観察されることが多いが、本稿では、このような現象は、この方言の音声的な特徴と捉えておく。すなわちこれは（レキシコン内部で、A型にHLHという音調メロディーを想定することによって説明するのではなく）音調の「リズム交替の原理（Principle of Rythmic Alternation）」によって、表層においてA型に出現したもの、と解釈しておくこととする。
Shimoji (2009) が宮古島伊良部方言の記述において示したように、宮古諸島のいくつかの方言には、このようなリズム交替の原理がそのプロソディーの実現に深く関与しているという体系が存在する。このようなリズム交替が、宮古諸島のどの地理的範囲に分布しているのか、またそのリズム交替の実現の仕方は、方言によってどのように異なるのかは、今後の記述的課題である。
ちなみに与那覇方言では、このリズム交替は、どの型にでも観察されるというわけではない。たとえば与那覇方言では、これはC型の語から始まる韻律句内には生じない。したがってC型の「苦瓜 goora」から始まり、3つの音韻語から成る句は、goora naka nkee du（苦瓜畑ヘゾ）のような型を持ち、*goora naka nkee du のようにリズム交替を示すことはない。すなわち与那覇方言では、このリズム交替の原理の適用に一定の制限があると言え、この点が、Shimoji (2009) で記述された宮古島の伊良部方言とは大きく異なる特徴と言えるだろう。与那覇方言のリズム交替がどのような条件のもとで生じるのかについては、さらなる記述研究が必要とされる。

```
        mami  naka  nkee du …     （豆畑ヘゾ…）
  ［C 型］    HLL 型
        goora naka  nkee du …     （苦瓜畑ヘゾ…）
        cIguI naka  nkee du …     （ひょうたん畑ヘゾ…）
```

（1）から、A 型の語根から始まる複合語は LLH、B 型の語根から始まる場合は LHL、C 型の語根から始まる場合は HLL という音調メロディーが、各型を持つ語から始まる文節全体にわたって実現していることが分かる。

その際、各音調型の H 音調が実現している場所に着目すると、その境界は、形態素の境界とはかならずしも一致していない、という事実に気付く。たとえば C 型の名詞 goora（苦瓜）から始まる文節 goora naka nkee du（苦瓜畑ヘゾ）では、H 音調はその複合語の「前部要素」の部分だけに実現している。一方、B 型の名詞 mugI（麦）から始まる mugI naka nkee du（麦畑ヘゾ）では、それは、複合語の後部要素 naka（畑）に、後続する向格助詞 nkee の一部である n が結びついた naka n の部分に実現している。さらに、A 型の buugI（砂糖黍）から始まる文節 buugI naka nkee du（砂糖黍畑ヘゾ）の場合は、H 音調は向格助詞 nkee の一部である kee に焦点の du が結びついて構成された kee du という部分に実現している。

このように、与那覇方言の H 音調が結びついて実現する単位（TBU）は、かならずしもその形態上の構造とは一致しない。

与那覇方言では、それぞれの名詞の持つ音調メロディー（LLH、LHL、HLL）は、次の（2）のように文節内の各音韻語と結びついて実現していると考えられる。つまり、この方言の TBU はモーラや音節ではなく、それより大きい音韻的単位、すなわち音韻語だと考えられる（以下、適宜「音韻語」を PhW と略すことがある）。

（2） 複合語に見られる 3 類の音調実現の仕方（与那覇方言）

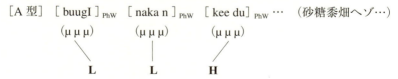

```
[B型]   [mugI]_PhW   [naka n]_PhW   [kee du]_PhW …   (麦畑ヘゾ…)
        (μ μ)        (μ μ μ)        (μ μ μ)
          \            |              \
           L           H               L

[C型]   [goora]_PhW  [naka n]_PhW   [kee du]_PhW …   (苦瓜畑ヘゾ…)
        (μ μ μ)      (μ μ)          (μ μ μ)
           \           \              \
            H           L              L
```

さて松森 (2013b) では、この与那覇方言の3種の音調型の違いは、たとえば「[buugI]_PhW [naka n]_PhW [kee du]_PhW (砂糖黍畑ヘゾ)」のように、その音韻語が「3つ」そろった場合に、はじめて明瞭になることを指摘した[6]。

しかし、たとえば音韻語がもし2つしか並ばないような場合には、与那覇方言では、[A型] と [B型] が合流して同じ型となってしまい、その結果、2つの音調型の違いしか観察できなくなる。次の (3) は、文節内に音韻語が2つしか存在しない場合の例だが、これを見ると、A型の「砂糖黍 buugI、胡麻 guma」と B型の「麦 mugI、豆 mami」の音調型の区別が中和し、両者とも同じ型となっていることが分かる。

(3) A型とB型の合流 (与那覇方言)
     [A型]   buugI meedu …   (砂糖黍もゾ…)
             guma   meedu …   (胡麻もゾ…)
     [B型]   mugI   meedu …   (麦もゾ…)
             mami   meedu …   (豆もゾ…)
     [C型]   goora meedu …   (苦瓜もゾ…)
             cIguI meedu …   (ひょうたんもゾ…)

このように与那覇方言では、各文節内に音韻語が3つ以上並ばないと、その3種類の音調型の違いは観察できない。

さて松森 (2013b) では、この与那覇方言を「アクセント言語」ではなく

---

6 松森 (2013b) は本稿の「音韻語」を「音調領域 (tonal domain)」と呼んでいるが、その概念に違いはない。

「声調言語」の一種、と見做す提案を行った。この方言が「アクセント」体系であるのならば、その語のピッチ実現にかかわる特徴（ピッチの急激な下降や上昇の位置など）も、たとえばその語の「第1モーラ（音節）に出現する」、「第2モーラ（音節）に出現する」など、各語内部の特定の位置に出現することが期待される。しかしこの方言では、そのような他の型と明確に区別される韻律上の特徴が、当該の語の内部に出現するとは限らない。

　（1）の例が典型的に示すように、この与那覇方言の3つの型の区別がすべて実現するためには、語を先頭にした文節内部に、少なくとも3つの「音韻語」を並べる必要がある。たとえば「buugI（砂糖黍）」という名詞の音調型（LLH）を知るためには、[buugI]$_{PhW}$ [naka n]$_{PhW}$ [kee du]$_{PhW}$ のように、当該の語が含まれた音韻語を先頭にして、全部で「3つ」の音韻語をその文節内に連鎖させなければならず、「buugI（砂糖黍）」という語の単独形の音調型を観察するだけでは、その型が3種類の音調型のうちのどの音調型の所属語なのかを見極めることは難しい。

　このような特徴を持つ体系については、語彙項目ごとにレキシコンに書き込まれている情報は、ピッチ変動の「位置」ではなく、ピッチパターン全体の「種類」である、と考えるのが妥当である。すなわちこの方言は、アクセント言語ではなく、一種の声調言語である、と考えられる[7]。

　したがって与那覇方言のレキシコン内部には、各名詞について次のような音調が指定されている、と考えておきたい。

（4）　与那覇方言のレキシコン内における音調メロディー指定
　　　　［A型］LLH　　　［B型］LHL　　　［C型］HLL

　その際、特に重要と思われるのは、先述のように、この方言では音調メロ

7　早田（1999）に代表される早田輝洋の一連の研究によれば、その音韻情報の中に一定数のトーンが定められている言語体系、また各語についてそのトーンの種類のうちの「どれ」を持つか、ということが指定されている言語体系は、「声調言語」として記述するのが妥当である。本稿において提示したように、筆者は（少なくとも現時点では）、この与那覇方言のレキシコンに含まれる情報はピッチ変動の「位置」ではなく、（4）に見られるように音調の「種類」である、という分析を行っている。そのため本稿では、この与那覇方言の言語体系を「声調」体系と捉えて記述しているが、これは早田（1999）の提示した記述方針にも則ったもの、と言えよう。

ディーの中のH音調やL音調を担う単位（TBU）が、（モーラや音節なのではなく）「音韻語（PhW）」である、という点にある。一般的に声調言語では、その音調を担う単位（TBU）は、モーラや音節である場合が多い。これに対し与那覇方言は、そのTBUが音韻語である、という個性的な特徴を持った体系であると考えられる[8]。

さて、与那覇方言のTBUとなっている韻律的単位—すなわち「音韻語」—の成り立ちについて考える際に特に重要なのは、先般の複合語の例（1）が明示しているように、この構造が、その形態的な構造とはかならずしも一対一で対応は<u>しない</u>、という事実である。たとえば、「砂糖黍畑に」という文節は、形態的には <<<buugI+naka>nkee>du> のような構造を成しているものと考えられるが、その音韻語（PhW）は[buugI]$_{PhW}$ [naka n]$_{PhW}$ [kee du]$_{PhW}$ のようなまとまり方を示している。

このような形態構造と音韻（韻律）構造のミスマッチについて、この与那覇方言のいくつかの複合語を例にとって考えてみよう。次の例は、A型とB型の区別を確認するため、A型の語「酒、水」から始まる複合語「酒甕、水甕」と、B型の「味噌、耳」から始まる複合語「味噌甕、耳甕」[9]に、属格の助詞 nu から始まる「〜の他はない〜 nu puka a nyaan」を後続させて、その音調型を対比させたものである。A型とB型は、この環境では、次の（5）に見られるように、はっきりと異なる音調型として出現する。

（5）「〜の他はない」という文に見られるA型とB型の区別
　　　（与那覇方言）
　　　［A型］　saki gami nu puka a nyaan　　（酒甕の他はない。）
　　　　　　　mizI gami nu puka a nyaan　　（水甕の他はない。）
　　　［B型］　mcu gami nu puka a nyaan　　（味噌甕の他はない。）
　　　　　　　mim gami nu puka a nyaan　　（耳甕の他はない。）

8　このような特徴を持った日本語の方言は、宮古諸島以外の地域では未だ発見されていない。したがってこの地域の言語体系は、類型的見地から見ても価値が高く、日本語のプロソディー研究に、今後、多くの新たな知見を提供してくれるものと期待される。

9　「耳甕」とは、豚の脂などを保存しておく油壺のようなもので、その脂を料理に使用した。甕の側面には、縄を通すための穴が開いた耳のような形をした取っ手がついており、縄でその甕を台所につるしておいたという。

すでに（1）の例に関連して述べたように、この与那覇方言では、文節内に3つ以上の音韻語が並んだ場合にはじめて、A 型と B 型の違いがはっきりと出現する。松森（2013b）では、（5）の例の文節内の3つの音韻語のひとつひとつには、L 音調、H 音調が次のように結びついて実現しているものと考えた。

（6）　「水甕の他は、味噌甕の他は」の音調実現（与那覇方言）

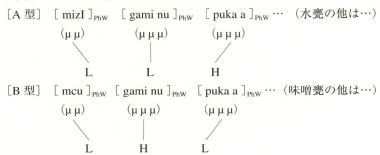

　この（6）を見ると、その形態的な構造と音韻的な構造との間には、やはりミスマッチが生じていることが分かる。たとえば「味噌甕の他は…」の場合、形態的には <<<<mcu+gami>nu>puka>a> のような構造が考えられるのだが、その音韻語は、[mcu]_PhW [gami nu]_PhW [puka a]_PhW のような句切れ方を示している。その形態構造と音韻単位の境界点の不一致を、「味噌甕の」の部分だけを取り上げて示すと、（7）のようになる。

（7）　形態的構造と音韻的構造のミスマッチ（与那覇方言）

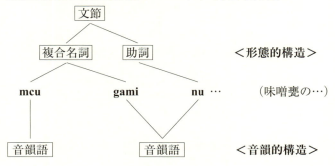

このように、与那覇方言で TBU として働く音韻語の境界は、その形態素の句切れ目とはかならずしも一致しない。

これと同じことが、(1) に挙げた複合語についても言える。たとえば C 型の「goora(苦瓜)」から始まる複合名詞 goora+naka(苦瓜畑)に、「向格助詞の nkee と焦点の du」が後続した場合、<<<goora+naka>nkee>du> のような形態的構造が考えられる。しかし、その TBU として機能する音韻語の句切れ方は、[goora]$_{PhW}$ [naka n]$_{PhW}$ [kee du]$_{PhW}$ のようになって、その形態構造とは対応しない。

さてこれまでの考察から、与那覇方言では次のような形態素のまとまりが、それぞれひとつの「音韻語」を形成し得ることが分かっている。

(8)　与那覇方言の音韻語(PhW)
    a.　名詞ひとつ
    b.　名詞＋1モーラ助詞(属格助詞の nu など)
    c.　名詞＋特定の助詞(向格助詞の nkee など)の初頭の1モーラ分
    d.　複合語の語根(前部要素)ひとつ
    e.　複合語の語根(後部要素)＋1モーラ助詞(属格助詞の nu など)
    f.　複合語の語根(後部要素)＋特定の助詞(向格助詞の nkee など)の初頭の1モーラ分
    g.　(全体として3モーラ以上の)助詞連続(kara du、mee du など)

以上、与那覇方言には(TBU として働いている)「音韻語」という音韻的な単位が存在し、それはかならずしも各語や文節の形態的な語構造とは一致しない、ということを述べた。

3. 多良間島方言の音韻語について

前節では、宮古島の与那覇方言の音調の実現の仕方を説明するために、「音韻語」という音韻的な単位の想定が不可欠であることを見てきたが、この節では、これと同様な単位を、同じ宮古諸島の多良間島の方言にも想定する必要があることを論じる。

共時的な観点から、多良間島方言を声調言語として記述すべきか、アクセ

ント言語とすべきかについては、現時点で未定である。しかし少なくとも表層では、この方言は、ピッチの下がり目の位置が有意味な一種の「アクセント言語」であるように見える[10]。したがって以下、この方言の記述においては、そのピッチの下がり目の位置に ' を付けて示すこととする。

　この多良間島方言にも、3種類のアクセント型が区別されており（以下、この3種の型をa型、b型、c型と呼ぶ）、それが琉球祖語に想定される各系列の語彙と（例外もあるが）対応している。この多良間島方言の3つの型の対立は、各名詞に2モーラ以上の助詞を後続させると明瞭に出現する。

　（9）は、奪格助詞のkaraをa、b、cの各型の名詞に後続させ、「～から出す、～から来る」のような文を発音してもらった際の文節部分の型を示す。この場合、そのa型にはどこにも下がり目が出現せず、b型は奪格助詞karaの内部に下がり目が出現し、c型は名詞内部に下がり目が出現する。

（9）　各型の名詞にkara（奪格助詞）が後続した場合（多良間島方言）
　　a.　kaa kara（井戸から）　gama kara（洞窟から）　syudi kara（袖から）
　　b.　yaa ka'ra（家から）　yama ka'ra（山から）　avva ka'ra（油から）
　　c.　fu'ni kara（舟から）　gu'ki kara（桶から）　syoo'ki kara（笊から）

この奪格助詞karaに焦点のduを付けたkara duを名詞に後続させても、同じく、3種のアクセント型の違いは、次のように明瞭に出現する。

（10）　各型の名詞にkara du（奪格助詞karaと焦点のdu）が後続した場合（多良間島方言）
　　a.　gama kara du（洞窟からゾ）　　nnagu kara du（砂からゾ）
　　b.　paru kara' du（畑からゾ）　　maffa kara' du（枕からゾ）
　　c.　fu'ni kara du（舟からゾ）　　maka'l kara du（椀からゾ）

この多良間島方言の3種類のアクセントの出現の位置は、（11）のような一般化によって予測できる。

10　しかしそのレキシコンに記載すべき情報は、下がり目の「位置」ではなく、音調型の「種類」である、と捉えることも可能であり、その観点から見れば、この多良間島方言も一種の「声調言語」と捉えることもできるのだが、この点については、ここではこれ以上踏み込まないこととする。

(11) 多良間島方言のアクセント
　　a 型は、その語から始まる文節内部に下がり目が出現しない[11]。
　　b 型は、その語から始まる文節内部に存在する2つ目の音韻語（PhW）
　　　に H 音調が出現する。
　　c 型は、その語から始まる文節内部に存在する最初の音韻語（PhW）
　　　に H 音調が出現する。

　また、多良間島のアクセント（ピッチの下がり目）の具体的な実現位置については、次のような規則を(11)に追加することによって、説明できる。

(12) 多良間島方言のアクセントの実現位置
　　a. H 音調は音韻語（PhW）の次末モーラ（[−2]のモーラ）に結びつく。
　　b. H 音調の結びついたモーラの直後でピッチを下げる。

　このようにして、多良間島方言では、そのピッチの下がり目が、原則的に各音韻語の、後ろから数えて2つ目のモーラ（[−2]のモーラ）に実現することになる。つまり多良間島方言にも、与那覇方言と同様な「音韻語」を想定することによって、その下がり目の位置を導き出すことができる。

　次の例は、「水甕」「耳甕」などの「甕」を後部要素に持つ複合名詞に「〜も〜 mai」を後続させた場合の、その文節内に観察されるアクセント型を示している。

(13) 「甕」を後部要素に持つ複合語の例（多良間島方言）
　　a.　mizI gami mai（水甕も）　　　syaki gami mai（酒甕も）
　　　　msyu gami mai（味噌甕も）[12]　cIkimunu gami mai（漬物甕も）
　　b.　mim ga'mi mai（耳甕も）　　　munudani ga'mi mai（穀物甕も）[13]

---

[11] この a 型は、松森(2010)にしたがって、平坦な音調型を持ち「どこにも下がり目が出現しない」型と、ここでは記述してある。しかしこの型も、その語から始まる文節内部の 3つ目以降の音韻語（PhW）に H 音調が出現する場合がある。その出現条件、およびその下がり目の理論的解釈の問題については、紙幅の都合上、別途論じることとする。

[12] 多くの琉球方言では、「味噌」に相当する語は b 系列の候補語と同じ型で出現する。しかし多良間島では、「味噌」が（なぜか期待される b 型ではなく）a 型に属している。その原因は、今のところ不明である。

[13] 「穀物甕 munudani+gami」とは、麦、豆、粟、黍など（米以外の）穀物類を貯蔵・保

さて、mim+ga'mi (耳甕) や munudani+ga'mi (穀物甕) に mai (も) が後続すると、それら複合語の後部要素 gami の [−2] のモーラ部分に、下がり目が出現していることが注目される[14]。(13b) の文節は、[mim]$_{PhW}$ [gami]$_{PhW}$ [mai]$_{PhW}$ のように、3つの音韻語から成り立っている。また、これらはb型の語なので、その2つ目の音韻語にH音調が出現すると決まっている ((11) 参照)。さらに (12) に従うと、これらの下がり目はその2つ目の音韻語 [gami]$_{PhW}$ の [−2] のモーラ部分に生じるので、mim+ga'mi mai (耳甕も) のように、予想通りの型が出現する。

これに対して、次の例は同じ複合語に「〜の上に〜 nu waakaa n」を後続させ、「〜の上に置く〜 nu waakaa n ucIkI」という文の中で発音してもらった場合の、その文節部分のアクセント型を示したものである。ここで注目されるのは、その下がり目が *mim ga'mi nu ではなく、mim gami' nu のようになっており、それぞれの複合名詞の<u>語末モーラ</u>に実現している、という点である。

(14)　b型の複合語に「〜の上に」を後続させた場合 (多良間島方言)
　　　　mim gami' nu waakaa n …　　　　　（耳甕の上に…）
　　　　munudani gami' nu waakaa n …　　（穀物甕の上に…）

「mim+gami nu (耳甕の)」という部分は、形態的には <<mim+gami>nu> のような構造を成しているが、その音韻語は [mim]$_{PhW}$ [gami nu]$_{PhW}$ というような形成の仕方を示している。そして、(これはb型の名詞なので) H音調は、その2つ目の音韻語 [gami nu]$_{PhW}$ の [−2] のモーラに結びつく。そうすると、最終的に、mim+gami' nu のような下がり目の位置が実現する。

すでに (5) 〜 (7) に関連して、与那覇方言では、複合語の後部要素の語根が、その前部要素と切り離されて後続の1モーラの助詞 nu と結びつき、[gami nu]$_{PhW}$ のような音韻語を形成することを見てきた。それとまったく同じような音韻語の形成が、この多良間島方言においても想定されなければな

存しておく甕のこと。

14　これらの複合語は、単独形でも mim ga'mi (耳甕)、munudani ga'mi (穀物甕) のように「甕」の部分の [−2] のモーラに下がり目が出現する。

らないことを、(14) の例は示している。

ここで重要なことは、前節で検討した与那覇方言でも、この節で検討している多良間島方言でも、mai(も)という助詞はそれ自体で独立した音韻語を形成できるのに対して、属格の助詞 nu は、それだけでは独立した音韻語を形成できず、前の名詞(あるいは複合語の語根)といっしょになってひとつの音韻語を形成する、という点である[15]。

次の (15) は、多良間島方言の「耳甕も」と「耳甕の」の音韻構造の違いを比較したものである(以下、H 音調が結びついたモーラ (μ) に下線を付けて示すこととする)。

(15)　mim+gami mai(耳甕も) と mim+gami nu(耳甕の) の音韻語形成の違いと H 音調の実現(多良間島方言)

　　　[b 型]　とりたて助詞 mai(も)が後続した場合

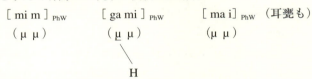

　　　[b 型]　属格助詞 nu(の)が後続した場合

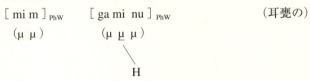

「mim+gami mai(耳甕も)」は、[mim]_{PhW} [gami]_{PhW} [mai]_{PhW} のように 3 つの音韻語から成り立っている。これに対して「mim+gami nu(耳甕の)」は、[mim]_{PhW} [gami nu]_{PhW} というような 2 つの音韻語から成り立っている。両者の下がり目の位置の違いは、このような音韻語形成の違いが原因となっていると考えることができる。

さて、このような形態構造と韻律上の単位の間のミスマッチは、向格助詞

15　これは、「音韻語は 2 モーラ以上でなければ形成できない」という制約が、これらの方言に存在するためと考えられる。

の nkee や、その向格助詞に焦点助詞 du が付加した nkee du が名詞に後続した場合に、特に顕著に現れる。以下は、多良間島方言の向格助詞 nkee を名詞に後続させ、「水に漬ける」「山へ行く」「鍋に入れる」のような文を発音してもらった場合の、文節部分の型を示す。下線部に注目してほしい。

(16)　3種の各型の名詞に nkee（向格助詞）が後続した場合
　　　a.　syaki nkee（酒へ）　　mizI nkee（水へ）　　syudi nkee（袖へ）
　　　b.　yama nke'e（山へ）　　bata nke'e（腹へ）　　avva nke'e（油へ）
　　　c.　<u>nabi' nkee（鍋へ）　　maasyu' nkee（塩へ）　syooki' nkee（笊へ）</u>

たとえば「鍋に」は、*na'bi nkee ではなく nabi' nkee となり、当該の名詞の最終モーラに下がり目が出現している。また、同じ向格助詞に焦点の du を付けた場合にも、同様なことが言える。

(17)　3種の各型の名詞に「向格助詞 nkee と焦点の du」が後続した場合
　　　a.　kaa nkee du（井戸ヘゾ）fucI nkee du（口ヘゾ）syudi nkee du（袖ヘゾ）
　　　b.　yama nkee' du（山ヘゾ）paru nkee' du（畑ヘゾ）bata nkee' du（腹ヘゾ）
　　　c.　<u>guki' nkee du（桶ヘゾ）funi' nkee du（舟ヘゾ）syooki' nkee du（笊ヘゾ）</u>

ここでも下線部のc型名詞は、当該の名詞内部の[−2]のモーラではなく、その名詞の最後、つまり[−1]のモーラに下がり目を持っている。

　これらc型名詞の下がり目は、それぞれ単独で発音してもらうと、na'bi（鍋）、maa'syu（塩）、gu'ki（桶）、fu'ni（舟）、syoo'ki（笊）といったように、各名詞の[−2]のモーラに出現する。また、それらに mai（も）や kara（奪格：から）を後続させても、na'bi mai（鍋も）、maa'syu mai（塩も）、gu'ki mai（桶も）、fu'ni mai（舟も）、syoo'ki mai（笊も）、na'bi kara（鍋から）、gu'ki kara（桶から）、fu'ni kara（舟から）、syoo'ki kara（笊から）、といったように、その下がり目の位置は単独形の場合と変わらない。

　これに対し、同じ名詞に向格の nkee や nkee du を後続させると、(16) や (17) の nabi' nkee（鍋へ）や guki'nkee du（桶ヘゾ）に見られたように、その下がり目の位置が、それらの名詞の語末モーラに実現する。これにも、この方言の「音韻語」の形成の仕方がかかわっている。

　名詞に向格助詞の nkee や、その向格助詞の後ろに焦点標識 du が後続した

第 8 章　声調言語としての宮古祖語 | 163

　場合、すでに与那覇方言で見てきたのと同様に、多良間島方言でも、向格助詞の nkee の最初のモーラ部分 n が、直前の名詞部分といっしょになってひとつの音韻語を形成する。たとえば c 型の funi（舟）に nkee や nkee du が後続した場合、それぞれに次のような音韻語（PhW）が形成される。

(18)　名詞に nkee、nkee du が後続した場合の音韻語の形成
　　　　［funi n］_{PhW}　［kee］_{PhW} …　　（舟へ…）
　　　　［funi n］_{PhW}　［kee du］_{PhW} …　（舟へ＋焦点の du …）

(funi は c 型名詞なので）最初の音韻語の［−2］のモーラに H 音調が結びつき（(11) 参照）、次のように、そこに下がり目が実現する。

(19)　funi nkee（舟へ）の音韻語形成とアクセントの実現（多良間島方言）
　　　［c 型］　［fu ni n］_{PhW}　　［ke e］_{PhW} …　　（舟へ…）
　　　　　　　　（μ　μ　μ）　　　　（μ　μ）
　　　　　　　　　　　　│
　　　　　　　　　　　　H

　このような音韻語の形成の仕方を遂げているために、この文節の下がり目は、*fu'ni nkee なのではなく、funi' nkee のように、funi の ni の部分に出現する、ということが分かる。
　さらに、b 型の複合名詞「耳甕」にこの向格助詞の nkee を後続させると、形態構造と音韻構造のミスマッチは、より顕著になる。以下は、「水甕 mizI+gami、酒甕 syaki+gami、味噌甕 msyu+gami、耳甕 mim+gami」を「〜へ入れる」のような文に入れて発音してもらった場合の、文節までの型を示す。ここでも b 型の複合語「耳甕 mim+ga'mi」の下がり目の位置が、その単独の場合とは異なっていることが注目される。

(20)　「甕」を後部要素に持つ 3 種の複合語（多良間島方言）
　　　a.　mizI gami nkee（水甕へ）　　syaki gami nkee（酒甕へ）
　　　　　msyu gami nkee（味噌甕へ）
　　　b.　mim gami' nkee（耳甕へ）

　多良間島方言の b 型の複合名詞「mim+ga'mi（耳甕）」の下がり目は、mai

や kara を後続させると mim ga'mi mai（耳甕も）、mim ga'mi kara（耳甕から）のように、(11)(12)の予測する通り、その複合語の後部要素の[−2]の位置に出現する。しかしそれに向格助詞の nkee を後続させると、下がり目の位置は、その複合名詞の[−1]のモーラに出現し、mim gami' nkee（耳甕へ）のようになる。この理由も、この方言に与那覇方言と同じような音韻語の形成の仕方を想定することによって説明できる。

　この多良間島方言でも、複合語の後部要素は、前部要素と切り離されて後続する向格助詞 nkee の一部（n の部分）と結びつき、ひとつの音韻語を形成する。つまり mim+ga'mi（耳甕）に nkee が後続した場合の形態的構造は《mim+gami>nkee なのにもかかわらず、そこには[mim]$_{PhW}$ [gami n]$_{PhW}$ [kee]$_{PhW}$ のような3つの音韻語が形成されていることになる。つまり、形態構造と音韻構造の間には、次の(21)に見られるような、（与那覇方言と同様な）ミスマッチが観察される。

(21)　形態構造と音韻構造のミスマッチ（多良間島方言）

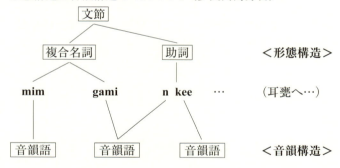

特に、向格助詞 nkee が n / kee のように分断され、その最初のモーラ n だけが、先行する複合名詞の後部要素の語根と結びついてひとつの音韻的な単位を形成していることが注目に値する。

　さて、多良間島方言でも、(11)(12)の規則によってそのアクセントが実現する際に、「音韻語」が重要な単位として機能していることが分かった。

　これまでの考察から、多良間島の音韻語には、次のようなものが想定されている。

(22) 多良間島方言の音韻語 (PhW)
　　a. 名詞ひとつ
　　b. 名詞 + 1 モーラ助詞 (属格助詞の nu など)
　　c. 名詞 + 特定の助詞 (向格助詞の nkee など) の初頭の 1 モーラ分
　　d. 複合語の語根 (前部要素) ひとつ
　　e. 複合語の語根 (後部要素) + 1 モーラ助詞 (属格助詞の nu など)
　　f. 複合語の語根 (後部要素) + 特定の助詞 (向格助詞の nkee など) の初頭の 1 モーラ分
　　g. <u>2 モーラ以上の助詞 (mai、kara)</u>
　　h. 2 モーラ以上の助詞 + 1 モーラ以上の助詞の連続 (kara du、mee du など)

多良間島方言の音韻語の形成は、下線部 (22g) 以外は[16]、(8) で見た与那覇方言の場合と共通していることが分かった。

4. 声調言語としての宮古祖語—そこに発生した韻律上の単位

　以上、与那覇方言でも、多良間島方言でも、モーラとは別に、その音調型やアクセント型の決定に重要な役割を果たしている「音韻語」という音韻的な単位があることを論じてきた。
　さて、声調言語では、その H 音調や L 音調が結びついて実現する単位 (TBU) は、多くの場合、モーラや音節であることが知られている。一方、本稿では、宮古島の与那覇方言の TBU は、モーラでも音節でもなく「音韻語 (PhW)」である、ということを論じた。
　さらに本稿では、同じ宮古諸島の多良間島方言においても、「音韻語」が、そのアクセントの位置を決定する際の重要な単位として機能していることも論じた。

---

[16] 松森 (2013b) では、与那覇方言には「H 音調は 3 モーラ以上のフットに結びついて実現しなければならない」という制約があることを論じた。この (22) の下線部 (22g) が (8) の与那覇方言の場合と異なる理由は、多良間島にはそのような制約が存在しないことによるものであろう。

この音韻語という単位は、完全に音韻的条件によって決定されるのではなく、形態的情報に基づいて形成される。しかしながら、本稿で見てきたように、その音韻語の境界点は形態素の句切れ目とはかならずしも一致しない。

　ここで重要なことは、(8)と(22)から分かるように、このような性格を持った音韻的な単位が、与那覇方言と多良間島方言に共通して見られる、という事実である。つまり、与那覇方言と多良間島方言という、宮古諸島の地理的にかけ離れた2つの地点に、(一部を除き)ほとんど同じような音韻的な単位が存在していることが判明した。

　このような音韻的単位—音韻語—は、与那覇方言と多良間島方言が分岐した後に、それぞれの方言に独立して生じた、ということは考えにくい。したがってこの単位は、おそらく両者が分岐する前の段階において、すでに存在していた、と考えられる。

　これは他の宮古諸島の方言もくまなく調査した上でなければ断定はできないが、少なくとも本稿で扱った2つの宮古諸島の方言の事実をもとにして、この韻律上の単位は(少なくとも)宮古祖語の段階からすでに存在していた、とする仮説をここでは提示しておきたい[17]。

　すなわち本稿では、次の(23)のような仮説を提示したい。宮古祖語は声調言語であり、その声調を担うTBUは(すでに祖語の段階で)「音韻語」だった、とする仮説である。

(23)　声調言語としての宮古祖語—その声調体系に関する仮説
　　　 TBU　　　　　　　音韻語 (PhW)
　　　 音調メロディー　　(暫定版)
　　　　［A系列］LLH　　［B系列］LHL　　［C系列］HLL

17　このようなあらたな韻律上の単位の発生は、琉球祖語にまでさかのぼるものではなく、琉球の下位区分の祖体系にあらたに生じた革新的な変化の結果であると（今のところ）考えておきたい。なお、琉球祖語における3種類の型の区別が宮古祖語において消滅せずに保たれたのには、このような単位の発生が関与している可能性がある。モーラや音節を単位とする体系の場合、特にモーラ（音節）数の少ない短い語で、3種類の型の対立を保つことが難しくなる。しかし宮古祖語では、そのTBUがモーラ (μ) から音韻語 (PhW) へと入れ替わった結果、TBUを含む韻律的な範囲が大幅に拡大されることになり、それによって、琉球祖語に存在していた3種類の型の合流が回避されたのではないかと考えられる。

なお、宮古祖語の音調体系に存在していた3種の音調メロディーについては、(23)のように、「暫定的」にLLH、LHL、HLLの3種だった[18]としておこう。今後の記述研究の進展の結果、この音調メロディーは、将来、修正しなければならなくなる可能性もある[19]。

一方、宮古祖語のTBUが、すでに(8)と(22)で見てきたような形成の仕方を示す「音韻語」であった、という可能性は高い。

5. まとめ

以上、本稿では、近年になってあらたに発見された宮古諸島の2つの「三型体系」の記述考察をもとにして、「音韻語」という特殊なまとまり方を成す単位が、両者に存在することを明らかにした。

現代の宮古諸島(の少なくとも一部)に存在していると考えられる、この韻律上の単位は、日本語諸方言や、他の琉球諸方言のアクセント研究では、これまで報告されてこなかったような単位である。本稿では、現代の宮古諸島の与那覇と多良間島という2つの方言に、両者ともこの単位が存在する、という事実を指摘し、それは単なる偶然の一致ではなく、その背景には通時的な理由がある、という仮説を提示した。つまり「宮古祖語」の段階で、す

---

[18] この3種の音調メロディーは、松森(2013b)が現代の与那覇方言の体系に存在すると提案した3種のメロディーと同じものである。この3種は、H音調が、それぞれ各メロディーの3つめ(A系列)、2つめ(B系列)、1つめ(C系列)に出現することによって区別されており、体系的観点から見ても均整がとれたものであると言える。そのため、「宮古祖語」の段階から存在していたと想定される音調型のメロディーは、この3種である、と(ここでは仮に)考えておくのである。

[19] 現代の宮古諸島に観察される音調(アクセント)体系に見られる、声調型やアクセント型の出現の仕方の方言間の違いは、非常に大きい。たとえばIgarashi, et al. (2011)や五十嵐ほか(2012)によって明らかになってきた池間島方言の3種の型と、松森(2010, 2014)で扱った多良間島方言の3種のアクセント型や、松森(2013a, b)で分析した与那覇方言の3種の音調型とを比較すると、それら3方言に観察される型の特徴は(少なくとも表面的には)、互いにかなり異なっているように見える。(23)で提示した宮古祖語の声調メロディーについて本格的な検討を行うためには、今後、宮古諸島地域の諸方言の音調実態についての記述研究がもっと進展しなければならず、データが少ない現時点で、確信をもった判断を下すことは難しい。

でにこの「音韻語」という単位はその体系内に存在しており、TBU として機能していたのではないか、という仮説を提示したことになる。

この仮説から、このような韻律的な単位は、(共時的にも)宮古諸島の他の諸方言―「宮古祖語」から生まれた姉妹語―のいくつかにも観察できるのではないか、という見通しが立てられる[20]。このような見通しを持って調査を行えば、今後、宮古諸島の他の諸方言にも、引き続き、三型アクセント体系の発見が成される可能性がある。これは、今後の宮古諸島の諸方言の記述研究の課題としたい。

さて松森(2015)は、本稿で「音韻語」と呼んだ韻律単位が八重山諸島の一部の方言にも存在することを示した。具体的に言えば、八重山諸島の黒島方言、小浜島方言、西表島の古見方言にも、本稿の(22)で提示したのと同じような韻律上の単位が想定されること、そしてそれを想定することによって明瞭な三型アクセント体系[21]が確認できることを指摘したのである。

つまり松森(2015)は、本稿の「音韻語」と同じような韻律的な単位の想定が、宮古諸島だけでなく、同じ南琉球の八重山諸島の諸方言[22]にも必要であることを示した。これらの諸事実に基づき松森(2015)は、このモーラや音節より大きい「音韻語」という単位は、すでに「南琉球祖語」(宮古諸島と八重山諸島の祖先の言語体系)の段階において、その体系内に存在していた、という仮説をあらたに提示している。

一方、北琉球(奄美・沖縄)の諸方言には、同様な韻律上の単位を想定し

20　このような見通しに基づいて松森(2015)は、宮古島の狩俣方言にも三型アクセント体系が確認できることを記述・報告した。

21　これらの体系は、琉球祖語の「A, B, C 系列」の3つの型の区別を継承したものである可能性が高い。この点の確認には、3種の型の所属語彙の詳細な検討が必要となるが、これは今後の課題としたい。(与那国島以外の)八重山諸島の他の諸方言には、琉球祖語から引き継いだ3種類のアクセント型の区別を忠実に保つ体系は、これまで報告がなかったが、今後は次々と報告されていくに違いない。

22　このうち与那国方言では、明瞭な三型アクセント体系が存在することが従来から記述・報告されながらも、その仕組み(各アクセント型の実現形がどのような規則にしたがって決まるのか、等)の多くの部分が謎に包まれている。しかし本稿で「音韻語」と呼んだ韻律上の単位を想定して分析すれば、今後、与那国アクセントの仕組みも、解明される可能性がある。これも、今後の課題である。

なければその仕組みを説明できないようなアクセント体系は、（これまでのところ）報告されていない。私見では、本稿で「音韻語」と呼んだ単位は、琉球祖語（あるいは日琉祖語）の段階からその体系に存在していたものではなく、南琉球祖語においてあらたに生じたものである。つまり「音韻語」という単位の発生は、南琉球祖語において生じた革新的な変化のひとつである、という仮説を本稿では提示しておくこととし、この点についての詳細な検討は、琉球諸方言アクセント研究の今後の課題のひとつとしたい。

　以上のようなさまざまな課題の検討と解明のために、今後も、琉球列島—とりわけ宮古諸島—の諸方言の調査と記述研究を、さらに進めていかなければならない。

参照文献

早田輝洋（1999）『音調のタイポロジー』東京：大修館書店.
Igarashi, Yosuke, Yukinori Takubo, Yuka Hayashi and Tomoyuki Kubo（2011）How many tonal contrasts in Ikema Ryukyuan? *Proceedings of the 17th International Congress of Phonetic Sciences* 930–933.
五十嵐陽介・田窪行則・林由華・ペラール　トマ・久保智之（2012）「琉球宮古語池間方言のアクセント体系は三型であって二型ではない」『音声研究』16（1）: 134–148.
松森晶子（2010）「多良間島の3型アクセントと『系列別語彙』」上野善道（監修）『日本語研究の12章』490–503. 東京：明治書院.
松森晶子（2013a）「宮古島与那覇方言のアクセント交替：3モーラのフットを持つ方言」『日本女子大学紀要　文学部』62: 1–21.
松森晶子（2013b）「宮古島における3型アクセント体系の発見：与那覇方言の場合」『国立国語研究所論集』6: 67–92.
松森晶子（2014）「多良間島のアクセント規則を再検討する」『日本女子大学紀要　文学部』63: 13–36.
松森晶子（2015）「南琉球の三型アクセント体系：その韻律単位に関する考察」『日本女子大学紀要　文学部』64: 55–92.
Shimoji, Michinori（2009）Foot and rhythmic structure in Irabu Ryukyuan. *Gengo Kenkyu* 135: 85–122.

第3部

琉球諸語の共時的研究

第9章
南琉球与那国語の格配列について[1]

下地理則

1. はじめに

琉球諸語は同系の日本語の枠におさまらないほど類型的な多様性に富んでいる。よって、日本語研究が日本語に関して明らかにしてきた事実や前提にとらわれず、広く通言語的・類型論的な視点が必要になってくる。確かに、琉球諸語の研究において日本語研究の知見は極めて重要だが、その伝統的な枠組みに寄り掛かった研究法はかえって真実から遠のく結果になる場合もあるのである。本稿でとりあげる南琉球与那国語の格配列はこの点を浮き彫りにする好例である。本稿では、与那国語の格配列について、これまで前提とされてきた主格対格説を問い直し、その結果、一部の環境において、動作主性の度合いに応じて自動詞主語の格標示が分裂するシステム（類型論で分裂自動詞型、活格型などと呼ばれてきたシステムに類似したシステム）が見られることを示す。

---

[1] 本稿は、日本学術振興会科学研究費助成金（課題番号 22720161）の成果および日本語文法学会第16回大会の発表をもとに、大幅に加筆修正したものである。本稿の執筆にあたり、風間伸次郎氏、かりまたしげひさ氏、黒木邦彦氏、坂井美日氏、佐々木冠氏、竹内史郎氏、田窪行則氏、新永悠人氏、松丸真大氏、宮城愛実氏、山田真寛氏から助言をいただいた。記して感謝申し上げる。

2. 与那国語の自動詞の格標示をめぐって

　与那国語の主語標示に関してまず注目される事実は、琉球諸語でよく見られるようなガ系とヌ系の交替現象がなく、ガ系の =nga だけを使用するという点である。なお、今から 30 年ほど前の資料にはヌ系の =nu が使用されていたことがわかるため、=nu の消失は比較的最近のことであると見られる（Shimoji 2014）。

　与那国語の格配列については、これまで現代日本共通語の格配列システムを前提として不問にふされるか、あるいは「主格対格型」であるとされてきた（平山・中本 1964, 高橋 1992, Izuyama 2012, 山田・ペラール・下地 2013）。この分析によると、自動詞文主語（S）・他動詞文主語（A）ともに主語は =nga を取り、目的語（P）は無助詞ということになる。以下の例で、S 項と A 項ともに =nga という格標識（以下、本稿では subject marker: SBJ とグロスをふる）を伴っており、P 項は無助詞である[2]。

（1）　agami=nga khaisi　 hjun.
　　　子供=SBJ　 帰って　　行った
　　　「子供が帰った。」

（2）　agami=nga dadu uti=du　　 butaru.
　　　子供=SBJ　 戸　 うって=FOC いた
　　　「子供が戸をたたいていた。」

（3）　khadi=nga khi=nu ida uigasi　bun.
　　　風=SBJ　　 木=GEN 枝　揺らして　いる
　　　「風が木の枝を揺らしている。」

　しかし、言語事実を詳細に検討すると、この説に問題があることがわかる。S 項の格標示は =nga と無助詞の 2 通りあり、しかも無助詞となる場合が多いからである。のちに詳しく見るように、S 項に関する種々の意味的変数に

2　日本語やほかの琉球諸語同様、与那国語の名詞句は文の主題となれば主題標識 =ja を取り、主語標示の格標識である =nga と範列的に対立して用いられる（例：nda=nga「あなたが」vs. nda=ja「あなたは」）。この場合、格標識はないと見てよいが、本稿ではこのような場合に対して「無助詞」とは言わず、あくまで S, A, P 項がハダカの名詞句となる場合に対してのみこの用語を用いる。

応じて =nga の取りやすさが変わり、話者によっては =nga をつけてはいけないと判断する場合も存在する。

(4) *agami=nga aiti hjun.*
    子供=SBJ　歩いて　いった
    「子供が歩いていった。」（話者は無助詞を容認せず）

(5) *mjaran(=nga) mari hitan.*
    毬(=SBJ)　　転がって　いった
    「毬が転がっていった。」（話者は =nga を選好）

(6) *agami(=nga) nni bun.*
    子供(=SBJ)　死んで　いる
    「子供が死んでいる。」（話者は無助詞を選好）

(7) *saban barun.*
    茶碗　割れた
    「茶碗が割れた。」（話者は無助詞のみ容認）

(4)や(7)のように、話者が =nga ないし無助詞だけを容認する場合があることから、=nga が単に脱落していると考えることはできない。すなわち、S 項に対して、「基本的に =nga を取る」と分析する実証的な根拠はない。同様に、(2)(3)における A 項に対して =nga を省略することは容認されない。このことからも、=nga が単に省略可能な主格助詞であるという見方が不適切であることを示している。

では、S 項が無助詞になる場合について、先行研究はどう解釈していたのだろうか？ 平山・中本(1964)はすでに一部の S 項が無助詞になる点を指摘している。山田・ペラール・下地(2013: 297, 304)は、S 項に =nga がつく場合もある、という表現で、S 項に関しては無助詞となる場合が普通であることを暗に指摘している。しかし、主格対格説に基づいていることから、=nga がつく場合を基本と考えていることになり、結果的に、無助詞になる場合に関して主格の脱落（省略）と解釈していることになる。Izuyama (2012)は主格対格型を想定しつつも、S 項が無助詞になる場合について注目し、以下のような仮説を立てている。彼女によれば、話者が命題に対して何らかの「判断」（彼女の表現では judge）を下す場合(8)に S 項が無助詞と

して容認されやすく、そうでない場合（9）は =nga がつきやすいとしている
(Izuyama 2012: 417)。

（8）　su=ja　　khadi　　kkun=di=do.
　　　今日＝は　風　　　吹く＝と＝よ
　　　「今日は風が吹くんだってよ。」　　　　　　　　　　(Izuyama 2012: 417)

（9）　su=ja　　nan=nga　thagan=su=ja.
　　　今日＝は　波＝SBJ　　高い＝の＝な
　　　「今日は波が高いんだな。」　　　　　　　　　　　　(Izuyama 2012: 417)

しかし、筆者の調査の結果、（9）で =nga を取り去ることは可能であり、また（8）に =nga をつけてもよいという結果を得ている。さらに、話者が判断を下すかどうかという基準は、結局は蓋然性のモダリティを含むかどうかということである。そうであれば、（9）においてもまた何らかの話者の判断が見られる（蓋然性のモダリティを含んでいる）ことは否定できない。結局、話者の判断という基準が明確ではないために、この基準が =nga の使用にどれほど役立つか判然としない。Izuyama はさらに、A 項・S 項を問わず主語が修飾句を伴っていれば =nga がつく傾向にあるとしている（Izuyama 2012: 417）。

（10）　nda=nu　agami=nga　thinamai　khi.
　　　 2SG=GEN　子供＝SBJ　いたずら　した
　　　 「お前の子供がいたずらした。」　　　　　　　　　(Izuyama 2012: 418)

筆者の調査では、この例から修飾語を取り去っても依然として =nga が必須である。この例文は他動詞文であり、すでに見たように他動詞文の場合、A 項は =nga による標示が必須である。=nga を取り去ることができないのは A 項が修飾語を伴っているかどうかとは無関係である。なお、後述する筆者の面接調査によれば、以下のように主語が修飾句を伴っている例について =nga をつけてはいけないと判断された。

（11）　agami=nu　thi　hanari.
　　　 子供＝GEN　手　離れた

「子供の手が離れた。」

このように、主語が修飾句を伴うかどうかもまた =nga と無助詞の選択において有効な観点であるとは言えないだろう。

与那国語の格配列を考察するうえで、S 項が無助詞になる点を指摘した平山・中本（1964）、山田・ペラール・下地（2013）と、どのような場合に =nga がつきやすく、どのような場合に無助詞になりやすいかという問題を提起した Izuyama（2012）は重要な先行研究である。しかし、上述のように、無助詞になる条件について、まだ不明な点が多いと言える。本稿では、そもそも前提となっている主格対格分析をひとまず離れ、特に問題となる S 項の格標示に注目しながら、類型論的な観点を踏まえて与那国語の格標示を再検討してみたい。その結果、以下のような結論を導く。

(12) 節タイプ（主節・連体節）と名詞句タイプ（代名詞・非代名詞）によって格配列が異なる。また、焦点化も、=nga の出現に影響を与えているようだ。

(13) 連体節または代名詞項の場合、=nga は S/A 項に安定してつきやすい。よって、これらの環境では主格対格型が成り立つと言える。

(14) それ以外（主節・非代名詞）の場合、主格対格型は成り立たない。項の動作主性の度合いによって =nga のつきやすさが変わり、特に S 項は =nga だけを取るものから無助詞だけを要求するものまでさまざまである。

なお、以下ではボイス派生のない他動詞文と自動詞文を考察の対象にする[3]。節タイプとしては従属節（連体節）と主節（単文）の格配列を中心に考察を行う。述語の種類に関しては、動詞述語に限って考察を行う。形容詞述語や名詞述語、すなわち non-verbal predicate は格配列を決定するメカニズムが動詞述語文と異なる可能性があり（Stassen 1997, Dixon and Aikhenvald 2000,

---

3 「まわる」「まわす」など、自他交替の例はボイス派生とせずに考察の対象にしているが、自他交替をボイス派生であるとする立場もあるだろう。自他交替の例が特殊な振る舞いをするとは現時点では確認できていないが、今後自他交替に関して別途検証する必要がある。

Donohue 2008)、本稿でひとまず動詞述語について何らかの一般化を示しておくことが先決であると判断したからである。なお、受動文、形容詞述語文については7節において現時点における見通しを簡単に述べ、能動の動詞述語文に対する本稿の分析と矛盾しない可能性があることを指摘する。

3. 統語的配列と意味的配列

　典型的な他動詞文において、A項は意志的行為を行う人間の動作主であり、目的語であるP項は意志を持たず行為の影響を受け、状態変化を被る無生物の被動者である (Comrie 1989, 角田 1990)。一方、典型的な自動詞文を設定することは難しい。出来事の唯一項としてのS項は、出来事を引き起こす主体 (動作主) にもなりうるし、出来事に巻き込まれる被動者にもなりうるからである。このように、S項は、出来事を描く述語動詞の意味に応じて、動作主的な (すなわちA項により近い) 性質を持つS項 (S_A) と被動者的な (P項により近い) S項 (S_P) に大まかに区分できる。例えば、現代日本共通語において、「太郎が踊る」のS項はS_Aであり、「太郎が倒れる」や「花瓶が割れる」のS項はS_Pである。

　S項の下位区分 (S_A/S_P) の違いが格標示に反映しない配列パターンを統語的配列 (syntactic alignment) と言い、S項の下位区分の違いが格標示に反映する配列パターンを意味的配列 (semantic alignment) と言う (Donohue and Witchmann 2008)。統語的配列においては、S_AとS_Pの相違は捨象され、S項が統語的な観点から一貫してひとつのカテゴリーとして抽象される。例えば、現代日本共通語の格配列に関して、S_A項 (「太郎が踊る」) もS_P項 (「太郎が倒れる」「花瓶が割れる」) もガ格を取り、S項はA項と同様にガ格を取る主格対格型となる。統語的配列パターンにより、あらゆるS項がA項と同じように格標示される主格対格型の格配列パターンや、同様にあらゆるS項が一貫してP項と同じように格標示される能格絶対格型の格配列パターンが存立する。

　一方、意味的配列においては、述語の意味的特徴に応じてS項の下位分類 (S_A項とS_P項) の格標示が分裂する。典型的には、S_A項がA項と同じ格標示を受け、S_P項がP項と同じ格標示を受ける言語が多く、北米アメリカ

先住民諸語をはじめよく知られている意味的配列（伝統的に活格型（active-inactive）や分裂自動詞型（split intransitive）と呼ばれてきた配列）はこの意味的配列の典型である[4]。

　S 項の標示が =nga と無助詞の 2 つに分かれる与那国語の格配列を議論するうえで、その原理が統語的なものなのか意味的なものなのかを見極めることが最も重要である。先行研究は、総じて与那国語が統語的配列のシステムしか持っていない（主格対格型である）という前提に立っていたが、本稿ではより詳細に、どの場合に統語的配列が成り立ち、どこで意味的配列が成り立つかを考察してみたい。

4. 与那国語の格標示：統語的配列が成り立つ環境

　与那国語の S 項の振る舞いをもとにすると、特定の環境で統語的配列が成り立つ。その環境とは、①一部の従属節（連体節）内部、②主語が代名詞の場合、である。これらの環境では S 項が統一的に =nga を取り、主格対格型が成り立つ。また、③主語が焦点化される場合も、①②ほどではないが S 項が =nga を取りやすくなるが、明確に主格対格型が成り立つとまでは言えないようだ。①②③については本節で検証する。上記以外の環境においては、統語的配列が成り立つとは言えず、むしろ明確な意味的配列が見られる。これについては 5 節で検証する。

4.1　連体節内部は主格対格型

　連体節内の場合、動詞の意味によらず、S/A 項は一貫して =nga で標示され、P 項は無助詞というパターンになる傾向にある。以下の例文 (15) (16) は、S 項が名詞句のタイプや述語の意味特性によらず常に =nga を取ること

---

[4] しかし、意味的配列の定義上、このような A/S_A vs. S_P/P という格の分裂パターンは意味的配列の必要条件ではない。日本語方言に関して、坂井（2013）が指摘する熊本市方言の格配列は A 項と S_A 項がガ、S_P 項がノであるが、P 項は独自の対格バを持つと言う。意味的配列における必要十分条件は、S 項が、述語の意味特徴に応じて、すなわち S_A 項か S_P 項かで異なる格標示を受けることである。なお、後述するように、与那国語の意味的配列パターンは典型的な A/S_A vs. S_P/P という分裂である。

を示している。これらはすでに見た(6)と(7)の例文に duguru「ところ」をつけたものである。その際、動詞の形が単文の場合(終止形)と異なる(連体形を取る)。

(15)　*agami=nga nni　buru duguru*
　　　子供 =SBJ　死んで　いる　ところ
　　　「子供が死んでいるところ」

(16)　*saban=nga baritaru duguru*
　　　茶碗 =SBJ　割れた　ところ
　　　「茶碗が割れたところ」

duguru を取り去った場合(単文の場合)は、(6)のように =nga は随意的か、あるいは(7)のように無助詞だけが許容されるが、連体節という環境では一貫して =nga が必須となる。連体節において S 項が常に =nga を取るという指摘(結果的に主格対格型が成り立つという指摘)は Izuyama (2012) にもある。しかし、例えば山田・ペラール・下地(2013)に掲載されている自然談話資料を見てみると、連体節内でも S 項が無助詞になることがあるようであり、100% の一般化はできないかもしれない。

(17)　*nkuti　nmariru duguru=ni…*
　　　赤ちゃん　生まれる　ところ =に
　　　「赤ちゃんが生まれるところに」　　（山田・ペラール・下地 2013: 319）

連体節以外の従属節に目を向けると、その種類によって、=nga が必須ではない場合(よって A 項と格標示が異なる場合＝主格対格型が成り立たない場合)もあるようだ。以下のペアを比較されたい。

(18)　[*khanu agami=nga thuributaru*] *duguru=ja khuma=do.*
　　　あの　子供 =SBJ　倒れた　　　ところ =TOP　ここ =DSC
　　　「あの子供が倒れた場所はここだ。」【連体節内】

(19)　[*khanu agami(=nga) thuritaja*] *nni　thurai=jo.*
　　　あの　子供 (=SBJ)　倒れたら　見て　くれ =よ
　　　「あの子供が倒れたら、見てくれよ。」【条件節内】

このように、連体節以外の従属節（副詞節や引用節など）では主格対格型が成り立たない場合もある。言語類型論的な格配列の研究史においては、従属節の種類によって格配列が異なる可能性が指摘されている（Dixon 1994: 101–104）が、個別的な実証研究は進んでいない（Næss 2007: 175）。従属節の種類ごとにどのような格配列が見られ、またそれらのうちどれが統語的配列と言えるか、今後のさらなる調査が必要である。

4.2 代名詞は主格対格型

代名詞主語の場合、S 項は動詞の語彙的意味特性によらず、一貫して =nga を伴う。

（20）　khari=nga nni　bun
　　　　3SG=SBJ　死んで　いる
　　　「彼（女）が死んでいる。」

（21）　khuri=nga barun.
　　　　3SG=SBJ　割れた
　　　「これが割れた。」

主節で代名詞主語が =nga を伴う場合はほとんどの場合、主節に焦点がある場合である。実際、上の例は主語に焦点助詞 =du を置くことができる。よって、代名詞主語が主格対格型を取るというよりも、主語が焦点化された場合は名詞句のタイプによらず主格対格型を取るという可能性も検証しなければならないだろう。以下に見るように、代名詞主語に限らず、S 項が焦点化された場合は =nga を取る傾向がある。以下は、すでに（6）と（7）で見た例文の S 項に焦点助詞をつけたものである（焦点が置かれても自然な例文にするため、S 項の定性を高める修飾語を入れた場合もある）。

（22）　khanu agami=nga=du nni　　buru.
　　　　あの　子供 =SBJ=FOC　死んで　いる
　　　「あの子供が死んでいる。」

（23）　saban(=nga)=du baru.
　　　　茶碗(=SBJ)=FOC　割れた

「茶碗が割れた。」

S項の焦点化と =*nga* の選好の関連性はこれらの例において明確に見られる。すなわち、(22) に対応する (6)、つまり焦点助詞がなかった場合には、=*nga* は随意的だったのに対し、焦点助詞がある (22) では =*nga* が義務的になる。(23) に対応する (7) では無助詞だけが容認されていたのに対し、焦点助詞がついた (23) では =*nga* をつけてもよいとの判断に変わるようだ。

上記の事実をもとにすると、S項が焦点化されればS項の意味特性によらず =*nga* を取る傾向が強くなるが、代名詞のときに比べればまだ =*nga* の随意性が認められるようだ。すなわち、主語の焦点化という現象はS項の =*nga* の取りやすさを確かに増しはするが、S項全体が常に =*nga* を取るという統語的配列を引き起こすには至っていない。

4.3 まとめ

上述のように、与那国語では、一部の環境において主格対格型という統語的配列パターンが認められる。すなわち、連体節という節タイプおよび代名詞という名詞句タイプに関して、S項は動詞述語の意味特性によらず、A項と同様に =*nga* を取る傾向が極めて強い。

一方、S項の焦点化は、そうでない場合に比べてS項に =*nga* がつきやすくなる傾向がうかがえたが、全てのS項に一貫して =*nga* がつくわけではないことが判明した。なぜ焦点化が =*nga* を誘発するかは現時点で不明である。この =*nga*（格助詞）と焦点操作の関係については今後の研究課題としたい。

5. 与那国語の格標示：意味的配列が成り立つ環境

S項が主節に立ち、かつ非代名詞であり、そして焦点化されていない場合、すなわち、いわゆる文焦点（Sentence-Focus; Lambrecht 1994）の場合（「どうしたの？」「何があったの？」という質問文に対する答えにおいて典型的に現れるような、文全体が焦点の領域にある場合）は統語的配列が成り立たない。この環境のS項は述語動詞の語彙的意味に応じて、すなわち動作主的か否かという意味役割に応じて格標示が変動する。よって、S項とA

項が常に =nga であると想定して「主格」を設定することはできないし、S 項と P 項が常に無助詞であると想定して「絶対格」を設定することもできない。

5.1 調査

筆者は、文焦点環境の主語標示の実態を詳しく調べるため、母語話者 UT 氏（2015 年 9 月現在 85 歳）を対象に、面接調査を実施した。使用した調査票は本稿末尾に添付する。調査票の例文番号は[1], [2]というふうに角括弧で示し、本文の例文番号（1）,（2）などと区別する。

調査において、他動詞 17 個を用いた例文と自動詞 38 個を用いた例文を翻訳してもらった[5]。第一回答で =nga を使用した場合、それに対して =nga を取り去ることが可能かを確かめ、逆に第一回答で無助詞を使用した場合、それに =nga を補うことが可能かを確かめた。与那国語では、=nga と無助詞の選好性が話者間だけでなく同一話者内でも大きく変動する。よって、筆者は同じ調査票を使って UT 氏に 3 年間、9 回調査を行い、選好性に変動があったものについては平均的な判断を下すようにした。

以下、本文で調査票の例文を引用する際、第一回答で =nga を取り、それを無助詞で置き換え可能だったものは (=nga) で、第一回答において無助詞で提示され、それを =nga で置き換え可能だったものは (?=nga) として区別する。

5.2 他動詞文

A 項は全ての例で =nga が必須であった。これは (26) (27) のような無生他動詞文でも同じである。無生他動詞文の多くは不自然との内省を得る事が

---

[5] 本稿で使用した翻訳型調査の問題点として、共通語との言語接触の影響を考慮しなければならないことが挙げられる。すなわち、歴史的に同根で、かつ共時的に見ても音韻的に類似する「ガ」の使用規則を与那国語の =nga の使用規則に適用する可能性がある。しかし、本稿では、まず自然談話を幅広く考察したうえで仮説を立てており、さらに同一話者に 3 年間、9 回調査を行ったうえで、その揺れを考慮して結果を考察している。その結果、A 項には無助詞を容認せず、また S 項の振る舞いは =nga のみ容認する S 項、無助詞のみ容認する S 項は一貫している。これらの事実から、共通語のガの使用規則に影響を受けているとは考えにくい。

多いが、少なくとも (27) は自然であると言う。

(24) *agami=nga khuma migurasjan.*
　　 子供=SBJ　コマ　　まわした
　　 「子供がコマをまわした。」

(25) *sinsi=nga khanu agamiti uti=du butaru.*
　　 先生=SBJ　あの　子供　殴って=FOC いた
　　 「先生があの子をぶっていた。」

(26) *thama=nga boosi=nu hisasi hugasi minun.*
　　 弾=SBJ　　帽子=GEN ひさし 貫いて しまった
　　 「弾が帽子のひさしを貫いた。」

(27) *khumu=nga thidan khagusi=du buru.*
　　 雲=SBJ　　太陽　かくして=FOC いる
　　 「雲が太陽を隠している。」

5.3　自動詞文

　S項について、単に格助詞の取り方だけをもとにSの格標示のパターンを区分すると、①常に =nga を取る場合、② =nga を取っても取らなくてもよい場合、③常に無助詞となる場合（あるいは、=nga をつけると容認度が著しく下がる場合）の3パターンに分類できる。以下、これら3パターンのSを便宜的に S_1, S_2, S_3 とする。常に =nga を取るA項と常に無助詞となるP項まで含めて、文焦点環境における与那国語の格標示の概要を図1に示す。

A	S_1	S_2	S_3	P
=nga	=nga	=nga		
		無助詞	無助詞	無助詞

図1　文焦点環境における与那国語の格標示パターン

　以下に、調査で用いた全ての自動詞文38例文における S_1, S_2, S_3 を、その述語動詞とともに列挙する（紙数の都合上、語根の和訳形だけを挙げる。与那国語の例文は本稿末尾の調査票を参照されたい）。

(28) S_1 を取る動詞（4 例）:「（人が）歩く」「（生き物が）動く」「（子供たちが）帰る」「（どろぼうが）逃げる」

(29) S_2 を取る動詞（29 例）

 (a) *nga* を選好する動詞（12 例）:「（若者が）しゃべる」「（子供が）隠れる」「（子供が）笑う」「（子供が）落ちる」「（犬が）鳴く」「（馬が）回る」「（ハトが）飛ぶ」「（猫が）いる」「（蛍が）光る」「（車が）曲がる」「（毬が）転がる」「（潜水艦が）沈む」

 (b) 無助詞を選好する動詞（17 例）:「（子供が）回転する」「（子供が）溺れる」「（子供が）泣く」「（星が）光る」「（子供が）寝る」「（地面が）動く」「（木が）ある」「（コマが）まわる」「（戸が）あがる」「（母が）驚く」「（友達が）酔う」「（天気が）晴れる」「（花が）咲く」「（おかゆが）煮える」「（お父さんが）疲れる」「（犬が）死ぬ」「（船が）沈む」

(30) S_3 を取る動詞（5 例）:「（新芽が）出る」「（木が）折れる」「（実が）落ちる」「（木が）曲がる」「（茶碗が）割れる」

なお、筆者が調査した限り、動詞の文法カテゴリー（テンス・アスペクト・ムード、以下 TAM）が格標示に影響することはない。例えば S_1 の「逃げる」は、*nusitu=nga hingi hjun=sai.*「どろぼうが逃げていったよ」という例文をもとに考察しているが、実際の調査では、*nusitu=nga hingibun*「どろぼうが逃げている」や *nusitu=nga hingi minun*「どろぼうが逃げてしまった」などと適宜語形を変化させて調べている。これらの変異に対しても格標示は一貫して =nga である。同様に、S_3 の「割れる」は元の例文は *saban barun*「茶碗が割れた」であるが、*saban baribun*「茶碗が割れている」にしても *saban bari minun*「茶碗が割れてしまった」にしても格標示は一貫して無助詞である。

 S_1, S_2, S_3 を分ける決定的な要因は動詞の TAM ではなく、むしろ語彙的意味にあるというのが本稿の主張である。

(31) S_1：意志的な主語を取り、語彙的アスペクトに関して限界性がなく、活動性（動き）のある**動作動詞（S 項の意味役割は動作主）**。

(32) S_3：非意志的な主語を取り、限界性があって活動性がない**変化動詞（S 項の意味役割は主題・被動者）**。

S_1 は最も動作主的で S_3 が最も被動者的であり、S_2 がその中間的な様相を示し、S 項の意味役割はやや動作主的なものから主題、被動者まで広く分布する。S_2 のうち、=nga 選好の (29a) の多くは動作動詞であり、無助詞選好の (29b) の多くは変化動詞である。

5.4 動作主性と有生性

　この一般化で本節を締めくくる前に、競合しうる代替の分析案について述べ、それを棄却しておかなければならない。琉球諸方言では一般にガ系(とヌ系)の格助詞の分布は主語名詞句の有生性で決まることが多い。つまり、ガ系は (a) 代名詞 > (b) 固有名詞 > (c) 親族名詞 > (d) 人間名詞 > (e) 動物名詞 > (f) 無生物名詞の上位、特に人間を表す (a) から (d) に分布することが知られている (Shimoji 2010)。しかし、与那国語では述語の意味特徴で =nga の分布が決まるというのが本稿の主張である。確かに S_1 は全て有生(かつほぼ全て人間名詞)、S_3 は全て無生名詞であるが、与那国語では有生性による一元的な説明は不可能である。まず (24)–(27) で見たように、A 項は有生であれ無生であれ =nga を義務的に取る。さらに、(29b) で見たように、S 項のうち無助詞を選好するものの中に有生名詞も多数含まれる。逆に S 項のうち =nga を選好するものの中に無生名詞も含まれる (29a)。表1にまとめるように、=nga と無助詞の交替がもっぱら有生性によるという仮説(有生性仮説)と、本稿で提案する動作主性による仮説(動作主性仮説)を比較する際のポイントは、S 項が有生で被動者的な場合(すなわち有生の S_P 項)と無生で動作主的な場合(無生の S_A 項)において予測が異なるという点である。

表1　有生性による説明と動作主性による説明の対比

	重要な例	実態	有生性仮説の予測	動作主性仮説の予測
有生で動作主的	(24, 25, 28)	nga 選好	nga 選好[ok]	nga 選好[ok]
有生で被動者的	(29b)	Ø 選好	nga 選好	Ø 選好[ok]
無生で動作主的	(26–27, 29a)	nga 選好	Ø 選好	nga 選好[ok]
無生で被動者的	(30)	Ø 選好	Ø 選好[ok]	Ø 選好[ok]

　すでに見たように、有生の S_P 項は (29b) に集中しており、これらは無助詞を選好する。無生の S_A 項(「車が曲がる」「毬が転がる」「潜水艦が沈む」

は (29a) に集中し、これらは =nga を選好する。この実態に即した予測をするのは動作主性仮説のほうである。

6.1 節で後述するように、有生性は、動作主性を特徴づける意味特性の1つである。つまり、動作主は典型的には意志的な行為者（よって人間）である。S_1 が最も動作主的で S_3 が最も被動者的であり、S_2 がその中間的な様相を示すという本稿の予測に立てば、S_1 は動作主だからこそ結果的に人間名詞に偏り、S_3 は被動者的だから無生名詞に偏ると説明でき、S_2 は同じ理由で有生と無生が混在すると説明できる。このように、与那国語における =nga と有生名詞との関連、無助詞と無生名詞との関連は動作主性をベースにした分析でも説明可能である。

以上をまとめると、文焦点環境では意味的配列が見られ、述語動詞の意味特性に応じてS項の格標示が分裂するシステムであると言える。よって、先行研究が前提としてきた主格対格分析（統語的配列分析）は、少なくとも文焦点環境に関しては成り立たない。

琉球諸方言の意味的配列の研究については、喜界島阿伝方言に関する松本 (1982) の先駆的な研究が存在する。しかし、松本の研究は談話データを使用したものであるため、意味的配列（松本の用語では活格性）を認定するうえで重要な実証データがいくつか不足していたことも事実である（佐々木 2006）。特に、有生性（人間か否か）と動作主性（動作主か否か）のうち後者が第一義的な要因であるとするデータが不足していた。本稿では、与那国語に関して、有生性よりも動作主性が有効に働いていることを示した。佐々木 (2008) は、喜界島阿伝方言以外に活格性（本稿で言う意味的配列）が見られるかどうか調べる必要があると述べている。与那国語は、一部の統語環境ではあれ、意味的配列が確かに認められると結論づけたい。

以下では、与那国語という個別言語の意味的配列のシステムが通言語的な意味的配列の類型論 (Merlan 1985, Dixon 1994, Donohue and Witchmann 2008 など) においてどう位置付けられ、どのような特色や問題を提示するかについて議論する。

6. 類型論的に見た与那国語の意味的配列

6.1 動作主性とは何か

　ここまで、=nga が A 項と動作主的な S 項に使われるという一般化を示したが、ここで「動作主性」という概念をより厳密に特徴づけてみたい。動作主性を程度問題ととらえ、他動詞文の主語である A 項と目的語である P 項を、動作主性における両極だと解釈する立場は形式主義にも機能主義にも古くから存在している (Lakoff 1977, Hopper and Thompson 1980, Foley and Van Valin 1984, Dowty 1991, Primus 1999, Croft 1991, 2001, Næss 2007 etc.)。Dowty (1991) は、他動詞文の主語である A 項に認められる動作主の原型の特徴として、意志を持つ感覚主（すなわち人）であり、出来事の起し手であり（自分自身が活動し）、自分自身は行為の影響を受けないという点を挙げている。一方、典型的な P 項は意志を持たず、無生物で、出来事における主題であり、行為の影響を受ける。このように、連続体としての動作主性を特徴づける際に有効な意味特性としてよく挙げられるものは以下の通りである (Fillmore 1968, Hopper and Thompson 1980, Givón 1990, Dowty 1991, Næss 2007, Donohue 2008)。

(33)　動作主の原型を形成する要因（よく挙げられるもの 5 つ）
　　(a) 意志性：自らの意志で行動する
　　(b) 有生性：生きものであり、感覚主となる
　　(c) 活動性：出来事の起し手で、動きを伴う
　　(d) 安定性：出来事の開始限界と終了限界で存在が変動せず、安定している
　　(e) 被動性：他者に影響（状態変化）を与え、自らは影響を受けない

概して (33a, b, e) は出来事の参与者についての性質であり、(33c, d) は出来事についての性質（語彙的アスペクト；Vendler 1957, Smith 1997）であると言えるが、相互に密接に関連しながら全体が動作主の原型を形成していると言えるだろう。

　意志性・有生性は活動性と密接に関連している。活動性とは、本稿では agency, instigation（動作の起動）, causation（出来事の causal chain の始発点）,

movement などと呼ばれてきた概念の総称として使用しているが、出来事そのものを、典型的には「自らのエネルギーを使って」(Cruse 1973: 21) 引き起こすという特徴を持っていると定義できる。

　安定性は語彙的アスペクトとしての限界性 (telicity) の裏返しの概念である。語彙的な意味において明確な終了限界が存在するような場合 (例:「壊れる」「生まれる」「疲れる」)、すなわち出来事が限界性 (telicity) を持つ場合に関しては、対象物は終了限界に向けて一方向的に変化していくことになるが、この場合、対象物は物理的・心理的な可変性 (incrementality; measuring-out property) をもっていると言える (cf. Tenny 1987, Dowty 1991, Krifka 1992)。例えば、「おもちゃが壊れる」という telic な出来事では、おもちゃは通常に機能している状態から壊れてしまった状態（終了限界）に至るまで存在が変動・変質するものとして描写される。逆に出来事に明確な終了限界が存在しない場合、すなわち非限界性 (atelicity) を持つ場合に関して、参与者は出来事の進展に応じて一方向性の変化を見せることなく、安定性をもっている。例えば「歩く」行為を行う者は、歩きはじめも歩き終わりも物理的・心理的に変動しない（変動することは動詞の意味に含意されない）。

　被動性は、出来事による物理的・心理的な影響を受けるという性質を指す。この概念は通常、他動詞文のP項についてよく議論されるが、厳密にはA項や (Næss 2007 の experiencer についての議論参照) S項に関しても成り立つ (Hopper and Thompson 1980)。S項に関して被動性を議論する際に重要な点は、被動性を欠くほうが動作主の原型に近いという点である。例えば「騒ぐ」と「溺れる」を比較した場合、前者のS項は出来事の影響を受けないので、より動作主の原型に近く、後者のS項は出来事の影響を受けるので動作主の原型から外れる。

　被動性は安定性と密接な関係がある。一般的に、参与者が出来事の影響を受けるような場合はその参与者は状態変化を被る（安定性を欠く）と考えられ、逆に出来事の影響を受けない場合は安定性を有すると考えられるため、被動性と安定性を別個に設定する必要はないと思われるかもしれない。しかし、論理的には独立した変数である（被動性と限界性について Dowty 1991 ほか多数）。例えば、述語の意味に明確な終了限界がない場合（＝主語が安定性を持つ場合）であっても、「(私は) 苦しい」などの状態性述語に

おけるように、一時的な影響を受けていると見ることができる場合がある（Eastern Pomo 語について Mithun 1991, 1999, Arkadiev 2008 参照）。一方、述語の意味に明確な終了限界が含意される場合、S 項の被動性が強く含意されるように見えるが、S 項の被動性は異なりうる。例えば「壊れる」の主語は動作の開始時から達成時にかけて変質していく際、動作の影響を受けることが明らかであるが、「（子供が）生まれる」や「（道が）出来る」の場合、動作中は子供や道は存在しないのだから、動作の影響を受けることはありえない（Hopper 1985: 69）。このように、安定性を欠く場合、いわば"affected S"（【−安定、＋被動】）と"effected S"（【−安定、−被動】）の区別がありうる（affected object vs. effected object については Hopper 1985, Van Valin and LaPolla 1997, Næss 2007 などを参照）。

6.2　関与的な要因を 1 つに限定できるか

　Arkadiev（2008）は、意味的配列を持つとされる個別言語の事例をもとに、これらの言語の多くでは動作主性の雑多な変数のうち、S_A と S_P の分裂の決め手となる 1 つの変数を同定できるとしている。Arkadiev は Loma 語では動作動詞か状態動詞かという区別（本稿で言う活動性に近い概念）だけが有効で、Eastern Pomo 語では被動性だけが効いていると主張している。しかし、与那国語を分析する際、意志性だけ、あるいは語彙的アスペクトだけ、など、1 つの要因だけで =nga と無助詞の分布を説明することは難しい。

　意志性について、＋意志が nga、−意志が無助詞であるとの仮説に立つと、反例が存在する。例えば [16] *mjaran(=nga) mari hitan*「毯が転がっていった」は無生物主語なので明らかに無意志だが nga 選好である。人間名詞の [23] *agami(=nga) khi=gara uti minun*「（子供が）落ちた」は、非意志的な文脈であるが、nga 選好である一方、[7] *budihani hi, agamitinta(?=nga) mingui bun=do.*「踊ってはねて、子供が回っているよ」は意志的な文脈だが無助詞を選好する。

　有生性について、すでに 5.4 節で見たように、有生（特に人間）が必ず =nga を取り、無生で必ず無助詞になるという仮説を立てると、例外が数多く出る。例えば [27] *ducci(?=nga) bi=du buru*「友達が酔っている」は無助詞選好であり、すでに見た [16] *mjaran(=nga) mari hitan*「毯が転がって

いった」は無生物だが nga 選好である。

　活動性についても同様に、＋活動性が =nga、－活動性が無助詞であるとの仮説に立つと、反例が存在する。[17] *khami maju(=nga) bun=do*「そこに猫がいる」のように nga 選好の非活動動詞があり、逆に [7] *budihani hi, agamitinta(?=nga) mingui bun=do*「踊ってはねて、子供が回っているよ」のように無助詞選好の活動動詞もある。

　安定性についても同様に、＋安定が nga、－安定が無助詞であるとの仮説に立つと、これもまた反例が数多く存在する。[4] *agami(=nga) khagurun*「子供が隠れた。」は限界動詞（－安定）であるが nga 選好であり、非限界動詞（＋安定）の [21] *di(?=nga) uiti=du buru*「地面が動いている」は無助詞選好である。さらに、同じ動詞に関して、限界性を変更する副詞を足しても、格助詞の選好性に違いを生じない。例えば nga だけを取る [1] *ttu=nga aiti hjun*.「人が歩いていった」は、「家まで」や「100m」という副詞句をつけて限界動詞（－安定）に変換しても、格助詞の選好性に違いは出ない。

　被動性について、動作主の典型は被動的ではない（－被動）ので、－被動が nga, ＋被動が無助詞であるとの仮説に立つと、これも反例が存在する。[32] *bai ndi aigun*「芽がでそうだ。」は 6.1 節で見た effected S の例であり、主語は出来事の影響を受けず、出来事の結果生じる（－被動）。しかし、無助詞だけを許容する。

6.3　プロトタイプ的アプローチに基づく仮説

　上述のように、与那国語の意味的配列システムを記述する際、動作主性を構成する要因のうち特定の要因が関与的であるとすることはできないようである。本稿では、(33) で挙げた全ての要因が関与的であるとの想定に立ち、プロトタイプ的なアプローチに従って、与那国語の意味的配列システムを分析してみたい。すなわち、意志性・有生性・活動性・安定性・被動性の総合としての動作主の原型をとらえ、それに近いほど =nga を取りやすくなるという仮説を提示する。

(34)　動作主の原型に近い主語に =nga が付与される。

上記の仮説を検証するために、以下のような方法を取る。

添付した調査票の各例文について、その主語が動作主の原型にどれだけ近いかを測定するために、各例文の動作主性に関して(33)それぞれの特性を満たせば1点とし、動作主の原型を5点として総合点を出す方法を取る。被動性に関して、動作主の原型は被動性を欠くため、被動性を欠く場合を1点とする。調査票の各例文の右半分にある数値の0や1はこの点数を表し、右端の「総合」の数値は総合点である。本稿の仮説に立てば、動作主性の総合点が5点(動作主の典型)に近いほど =nga を取りやすくなる、ということになる。個々の例に関して点数化していく際、基準とした方針を以下に述べる。

　意志性は①人が主語であり、②動詞の意味から確実に出来事をコントロールできると考えられる場合に＋意志とし、それ以外は−意志とした。なお②に関して、動詞の多くは意志性についてニュートラルである。すなわち、文脈によってしか意志性の有無が決まらない。よって、動詞だけでなく例文全体を見て、意志を明示する副詞表現が例文にある場合はそれをもとに②を判定し([2] *agamitinta=nga dunudu=si da=nki hjun=do.*「子供たちが自分たちで帰った」における *dunudu=si*「自分で」など)、そうでない場合は調査例文に *badabada*「わざわざ」や *maccjarun(ni)*「好きなように」などをつけられるかという共起関係でチェックした。

　有生性は述語動詞の語彙的意味から予測される主語名詞句の有生性をもとに判定した。[33] *khami inu(?=nga) nni=du buru.*「あそこで犬が死んでいる」は、確かにアスペクト補助動詞構文によって、文法的アスペクトは結果状態であり、出来事として描かれている指示対象はすでに無生であるが、「死ぬ」という動詞の語彙的意味を重視し、その主語が有生でなければならないという点をもとに、＋有生としている。なお、[33]について、「あそこで犬が死につつある」のように文法的アスペクトをかえても、[33]の格標示に影響はない。一方、車や船など、乗り物の場合(例えば[9] *khuruma (=nga) khama=nki mangai hjun=do.*「車があそこに曲がっていったよ」)は擬人化されているともとれるが、無生とした。擬人化されているから＋有生とできない理由は以下の通りである。擬人化されているとする重要な根拠の1つは、無生物が動きの主体(すなわち、次に見る活動性に関して＋活動)になっている点にある。＋活動なら＋有生であるというふうに、活動性をもとにして有生かどうかを決めることは、各要素を独立に加点していく本稿の方

法とは相いれない。むしろ、擬人化されている例は、そうでない例（単なる無生主語の例、−有生かつ−活動）と異なり、−有生であるが＋活動である点で、総合点としての動作主性が高くなると解釈するほうが適切である。

　活動性については、空間移動・運動などの明確な動き（Dowty 1991 の言う movement）があるものを＋活動とした。簡単に言えば、「動かずに__する」というフレームに矛盾するものが＋活動である。よって、活動性は、動作動詞と状態動詞の区別（active-stative）に関係が深いが、同一の概念ではなく、動作動詞のごく一部が活動動詞であると言える。[1] *khami bagamunuta=nga munui bun*.「あそこで若者がしゃべっている」は明らかに動作動詞であるが−活動としている。

　安定性に関しては、限界動詞・非限界動詞の区別を行うために、金水（2000）の「ついさっきテスト」（「ついさっきVしたので、当然今Vしている」；このフレームに入る動詞は限界性のある自動詞）や時間幅の副詞（「10分間」vs.「10分で」など；非限界動詞は「10分で」が不自然）との共起可能性（Dowty 1979）をもとに動詞の語彙的アスペクトを定めた。

　被動性については、−被動がより動作主の原型に近いため、調査票では数値「1」を取る。基本的には動詞の語彙的な意味を考慮し、主語が出来事の成立によって通常の状態（出来事が起こらない場合）とは違った状態に変質・変化することが含意されるかどうかという点で判定した。しかし、動詞の語彙情報だけでは判定できない場合もある。例えば、[11] *sjensuikan(=nga) nki minun=do*.「潜水艦が沈んでいったよ」と [34] *nni(?=nga) nki minun=do*.「船が沈んでいったよ」について、前者は潜水艦の通常のありよう（沈んでいることが普通）から、出来事の影響を受けると判断できないが、後者の船については、通常は浮かんでいる状態が想定されるので「沈む」という出来事が＋被動と判定される。

6.4　結果

　自動詞例文 38 文それぞれに対し、上記 5 つの意味的変数で動作主性を数値化した結果を表 2 に示す。表 2 において、各セルの数字は当該点数の例文の数を表す。例えば総合点 5 点の例文は 4 つある。「*nga*（無）」は *nga* を使って例文を提示した話者が置き換え実験において無助詞も許容したこと

を示す。「無(nga)」は逆に例文提示では無助詞を使い、置き換え実験で nga を許容したことを示す。nga のみと nga(無) をまとめて「nga 選好」とし、無(nga) と無助詞のみをまとめて「無助詞選好」とした。

表2　動作主の原型の観点から見た S 項の格標示パターン

		5点	4点	3点	2点	1点	0点
nga 選好	nga のみ	3	1	0	0	0	0
	nga(無)	1	5	5	1	0	0
無助詞 選好	無(nga)	0	1	2	6	8	0
	無助詞のみ	0	0	0	0	1	4
合計		4	7	7	7	9	4
nga 選好の割合		100%	86%	71%	14%	0%	0%

ここで重要な点は各点数帯における nga 選好と無助詞選好の割合である。5点帯における nga 選好の割合は 100%、4点帯は 86%、3点帯は 71%、2点帯は 14%、1点帯は 0%、0点帯は 0% である。上記の分布特徴をもとにすると、意志性・有生性・活動性・被動性・安定性の総合的な観点から動作主の原型に近いほど A 項と同じ格標示が許される可能性が高まるということが言えそうである。

6.5　=nga の有標性

上記のことから、=nga は動作主の原型に近いことを積極的に示す標識であると言える。一方で、無助詞の分布をもとにすると、無助詞が積極的に被動者であることを標示する「ゼロ格」であると主張することはできないと思われる。その理由は2つある。第一に、=nga は動作主性の総合点が1点以上(動作主性が何らかの形で認められる場合)にしか分布しないが、無助詞は5点を含め、動作主性が高い場合にも生じうる。これは、無助詞に積極的な機能がなく、分布上の制限がないことを示している。第二に、=nga を取る S 項が意味を変えることなく無助詞と交替しうる。例えば、=nga をつけることが普通であると話者が判定した[4]の「隠れる」に関して、意味を変えることなく無助詞に置き換えることができる。

(35) *agami=nga khagurun.*
　　　子供=SBJ　　隠れた
　　「子供が隠れた。」

(36) *agami khagurun.*
　　　子供　　隠れた
　　「子供が隠れた。」

上のペアのうち、(36)の場合だけ意志性を欠く解釈(「びっくりしてつい隠れた」のような解釈)が成り立つわけではない。よって、無助詞を、=*nga*に対するゼロ格(被動者的なSを標示する格)として等価に対立させているわけではないことがわかる。このような与那国語の状況は、S_A項を標示する格標示とS_P項を標示する格標示が同じ統語環境で交替し、かつ意味的に等価に対立している言語(いわゆるFluid-S systemの言語；Dixon 1994)とは大きく事情が異なると言える。Fluid-S systemの言語の例として、以下にManipuri語の例を挙げて与那国語との違いを明確にしてみたい。この言語では、動作主性を構成する意味特性のうち意志性が関与的であり、+意志のS_A項はA項と同じ格標識(以下の例で-*nə*)を取り、−意志のS_P項は有形の形態素を持たない。格標示の形態論的な特徴は与那国語の=*nga*と無助詞に類似するが、Manipuri語で-*nə*は意志性を積極的に標示する一方、その不在は積極的に無意志という意味を表す(Bhat and Ningonba 2007, cited in de Hoop and Malchukov 2007: 1637)。すなわち、S_Aの-*nə*(+意志)とS_Pのゼロ(−意志)は等価に対立する。

(37) *əy-nə tebəl-də theŋŋi.*
　　　I-ERG　table-LOC　touched
　　'I touched the table (volitionally)'

(38) *əy tebəl-də theŋŋi.*
　　　I　table-LOC　touched
　　'I touched the table (involuntarily)'

Manipuri語を含むFluid-S systemの言語の場合、動作主的な読みをしてほしい場合(「(スキーで)滑った」場合など)はS_Aで、被動者的な読みをしてほ

しい場合(「(うっかり)滑った」場合など)は S_P で標示されることが知られている (Holisky 1987, Dixon 1994 ほか多数)。動作主性の有無を表しわける必要が生じるのは人間主語の場合であるから、Fluid-S system で S_A/S_P の格標示の区別が存在するのは人間名詞(特に代名詞)に限られるという言語が多い。

一方、与那国語のシステムは Fluid-S system と違い、同じ統語環境で =nga と無助詞が交替してもその意味に明確な影響は出ない。また、すでに 4.2 節で見たように、与那国語の代名詞は主格対格型(統語的配列)を取り、意味的配列が成り立つのは非代名詞に限られる。これらの点から Fluid-S system のように扱うことは無理がありそうだ。

上記をもとに、本稿では、無助詞は S 項が被動者的であることを積極的に標示しているゼロ格ではなく、動作主を表す格標示の欠如(デフォルト)と考える。すなわち、=nga は形式・機能ともに有標であり、無助詞は形式・機能において無標である。S 項で =nga が無助詞に取り換えられるとき、それは被動的な S 項になったということではなく、動作主性を標示する必要がないと話者が判断しているからであると考えられる。S 項で常に無助詞のものがあるのは、被動者であることが積極的に標示されているからではなく、単に動作主性が全くないからである。これをまとめると以下のようになる。

(39)　文焦点環境において、無助詞は格標識の欠如(デフォルト)である。

以上をまとめると、与那国語の意味的配列パターンは、動作主性に関与的な特定の意味特性(例えば意志性)の有無によって動作主的な S_A 項(例えば＋意志)と被動者的な S_P 項(例えば−意志)が 2 項対立するというよりも、動作主の度合いに応じて、動作主的な S (S_A) を積極的に標示する =nga の取りやすさが変わるようなシステムであって、無標の状態(無助詞)に S_A のマーキングが有標形式としてかぶさるような状況と見るべきである。

6.6　他動詞文と自動詞文の非対称性

A 項は常に =nga を取るが、これについても S 項と同様に、デフォルトの無助詞に =nga を付与した結果と見ることはできるだろうか？　このような

想定に立とうとすると、以下のような問題が生じる。すなわち、なぜ、デフォルトの無助詞がA項において許容されないのかという問題である。動作主の原型から離れる（総合点が4, 3, 2点の）A項（[49]の「呼ぶ」、[53]の「逃がす」、[55]の「さえぎる」などのA項）は、同じ総合点のS項と違い、=nga を無助詞に置き換えることはできない。この違いは、S項もA項も無助詞がデフォルトであり、動作主性にのみ基づいて =nga が分布するという考え方だけでは説明できない。

本稿では、=nga がS項・A項だけに分布しかつS項の場合のみ =nga の脱落が可能であるという状況を説明するために、以下の規則を提案する。

(40) =nga の分布規則
　　(a) 有標ルール：動作主の原型に近い項に =nga を付与せよ。
　　(b) 無標ルール：格標示は必要最小限にせよ。

無標ルールは、与那国語の格標示を説明するための一般性の低い規則ではない。むしろ通言語的に極めて広く見られる経済性の原則であり、さまざまな言語の格配列に働く制限である。例えば、Greenberg (1963) は、ある言語の格標示でゼロ標示（無標）が存在するなら、それは必ずS項に（も）適用されるという普遍法則を提案している。すなわち、唯一項としてほかの項との区別が不要なのだから、格標示は不要であるという言語普遍的な傾向が認められるのである（De Hoop and Malchukov 2008: 568）。結果的に、多くの言語で主格対格型の配列も能格絶対格型の配列もS項を無標としている（Dixon 1994）。

このように、無標ルールは主要項同士の相互識別の機能（distinguishing function; De Hoop and Malchukov 2008）という、格標示の重要な機能に対して働くものである。しかし、格標示には、相互識別機能に加えて、その項の意味役割の標示という機能（identifying function; *ibid*）もある。与那国語のような意味的配列の言語において、主語の格標示は動作主か否かという意味役割標示に動機づけられているから、こうした言語では、意味役割標示に傾く力（有標ルール）と経済性の原則に傾く力（無標ルール）は競合すると考えられる。この競合こそ、S項において見られる =nga（有標ルール重視）と無助詞（無標ルール重視）の揺れであると本稿は主張したい。一方、A項はP項

との識別が必要であり、無標ルールが作用せず、結果的に有標ルールだけが作用すると分析できるのである。ほかの意味的配列システムに対する類似の分析は、最適性理論を利用した De Hoop and Malchukov (2007, 2008) にも見られる。

　上記のメカニズムを想定すると、両方のルールが競合しうる S 項のうち、動作主性が強いもの (5 点に近いもの) ほど有標ルールが優勢で無標ルールが及びにくく、結果的に無助詞との交替は起こりにくくなると予測される。動作主性が弱いもの (0 点に近いもの) は逆に有標ルールの適用外になりやすく、無標ルールが前面に出てくると予測される。その中間、すなわち、動作主性がある程度認められるために一方では有標ルールが適用されるが、無標ルールの適用と十分に競合する場合は、無助詞と =nga の交替が最もよく見られるはずである。事実、表 2 に見るように、総合点が 2 から 3 点の場合、全ての例が無助詞と =nga の交替であり、どちらかを義務的に選ぶ例は 1 例もない。

6.7　まとめ

　本節での議論をまとめる。本稿では、文焦点環境における与那国語の格配列に関して、無助詞をデフォルト状態とし、=nga による標示がどのような場合において可能かを予測する原理として (40) の有標ルールと無標ルールを提案した。一方、先行研究が立脚するような統語的配列 (主格対格型) を主張するためには、=nga が基本的な格であるとみなす以外になく (すなわち本稿と逆の立場に立つことになり)、無助詞の S 項は「省略」と見ざるをえない。その場合、A 項で「省略」が生じず S 項で「省略」が生じうるメカニズムについては一般的な経済性の原則 (本稿の無標ルール) で説明できるかもしれないが、(28) から (30) に挙げた S 項の振る舞いの違い (S_1, S_2, S_3 の違い) を説明する理論を立てなければならない。結局、本稿で示す有標ルール同様、S 項の意味特性に言及せざるをえなくなると思われる。

　主格対格説には別の問題もある。もし =nga がつく状態を基本的な状態とするのであれば、機能的に無標な状態に対して形態的に有標な形式を対応させる点で明らかな問題点があるし、頻度の点でも S 項は無助詞のものが多いという言語事実に反する理論的一般化になってしまう。やはり、本稿のよ

うに無助詞をデフォルトとし、形態的にも機能的にも有標な =nga の分布を意味的な観点から説明するという方法が最適であると考えられる。

7. 受動文・形容詞述語文

　本稿ではボイス派生の構文（受身文や「テアル」結果構文）は扱っていない。今後は、これらボイス派生されたS項がどのような振る舞いをするかについても考察を行う必要がある。筆者の調査によると、文焦点環境における受動文の主語は総じて =nga による標示を受け付けないか、あるいはその容認度が著しく低い。

(41)　*agamiti=nga　anbidungu　dandasi　minun.*
　　　子供=SBJ　　　おもちゃ　　壊して　　しまった
　　　「子供がおもちゃを壊してしまった。」（能動）

(42)　*anbidungu（?=nga）（agamiti=nki）dandasari minun.*
　　　おもちゃ（?=SBJ）　子供=に　　　壊されて　　しまった
　　　「おもちゃが（子供に）壊されてしまった。」（受動）

　今後、受動文の主語の格標示については詳細な研究が必要であるが、受動文のS項は動作主ではないのだから、=nga を取らない（極めて取りにくい）という上記のデータは本稿の能動文に関する一般化と矛盾しない。

　本稿では動詞述語文のみを扱い、形容詞述語文や名詞述語文を考察の対象外とした。しかし、本稿の動詞述語文に関して明らかにした一般化が形容詞述語文にも当てはまる可能性がある。形容詞述語文のS項が =nga を取る場合、ほとんどのケースで主語が焦点化されているようであり、文焦点の環境では無助詞となる傾向が非常に強いからである。文焦点の環境で無助詞となりやすいのは、本稿の分析から容易に説明できる。すなわち、形容詞述語は動作主を主語に取らないから、S項が =nga で標示されにくいと言える。

(43)　*khami　buru　inu（?=nga）khacimasa=du ataru.*
　　　あそこで　みんな　犬(=SBJ)　　うるさい=FOC　COP.PST
　　　「そこでみんな犬がうるさかった。」

(44) *ttutu=nu*   *ccimu*（?=*nga*）*aragu man=do.*
　　　ハリセンボン =GEN 　肝（=SBJ）　　とても　おいしい = よ
　「ハリセンボンの肝がとてもおいしいよ。」

ただし、上の例でも明らかなように、形容詞述語文の S 項が =*nga* を全く取らないという強い一般化もできない。話者は、=*nga* を第一回答にすることはないが、=*nga* をつけた例を非文と判断することもない。この点について、(43)(44)は文焦点環境ではなく、実は主語が焦点化されている可能性もある。現代日本共通語と同様、通常の形容詞述語文の場合、主題題述関係になっていることがほとんどであり、主語は主題標識を取ることが多い。これが主題標識を取らない場合、多くは主語焦点の文脈になるはずである。今後、確実に文焦点となるような例を使って、格配列を検討する必要がある。

8. おわりに

　本稿では、与那国語の格配列に関して、面接調査をもとに、以下の(45)のような状況を描き出した。

(45)　与那国語の格配列の概要（面接調査の結果）
　　　　　　 ┌ 主節 ┬ 代名詞：統語的配列（主格対格型）
　　　　　　 │　　　└ 非代名詞 ┬ 焦点化：意味的配列？
　　　　　　 │　　　　　　　　 └ それ以外：意味的配列
　　　　　　 └ 従属節 ┬ 連体節：統語的配列（主格対格型）
　　　　　　　　　　　 └ それ以外：？

すなわち、連体節内・代名詞では S/A 項ともに =*nga* で標示される傾向が極めて強く、主格対格型が成り立つ可能性が高いと主張した。それ以外の従属節については今後の研究課題である。主節に関して、代名詞は、現代与那国語では主格対格型となる（正確には節タイプを問わず主格対格型となる）。非代名詞でかつ焦点化されている場合は、そうでない場合に比べて S 項は安定して =*nga* を取りやすくなり、主格対格型が優勢のように見えるが、そうでない場合もあり、焦点化と S の格標示については今後の研究課題であ

る。上記以外の場合、すなわち主節・非代名詞・非焦点化の場合（文焦点環境の場合）、意味的配列が成り立つ。

　意味的配列の原理は、有標ルール（動作主の原型に近い項に =nga を付与する規則）と無標ルール（格標示は最小限におさえるという経済性の原則）の組み合わせからなる。本稿の分析は、無助詞をデフォルト状態とし、2つの制約（有標ルールと無標ルール）の関係から、有標ルールだけが働く A 項は常に =nga で標示され、両方のルールが競合する S 項は =nga を取りやすいものから取りにくいものまで幅広く分布すると説明する。よって、どれだけ動作主性が高ければ =nga が確実に出現するかというような予測は立てず、総合点が少なくとも 1 点以上で、高くなるほど =nga が出現しやすくなるという probabilistic な観点に立っている。

　本稿では、文焦点環境に関して無助詞がデフォルトであるという前提に立つわけだから、総合点がある点数以上であれば必ず =nga が出現する、という予測はできないと考える。しかし、総合点が 0 点の場合は =nga を取る動機がない（有標ルールが作動しない）のだから、常に無助詞であるという予測を立てる。今回の面接調査の結果（表 2）からはそれが明確に成り立つが、自然談話で検証する必要が当然あるだろう。これは今後の研究課題である。

　本稿のアプローチに対して残されたもうひとつの課題は、同じ点数を取っても動詞によって =nga を選好するか無助詞を選好するかが異なる場合をどう説明するかという点である。例えば、表 2 にあるように、4 点を取る動詞は 7 例あり、このうち =nga だけを取るものが 1 例、=nga を第一回答とするが無助詞も許容するものが 5 例、無助詞を第一回答とするが =nga も許容するものが 1 例である（無助詞のみ許容する例はない）。このように、総合点では同点の 7 例における =nga の選好性のばらつきは、総合点だけに言及する本稿のアプローチでは説明できない。総合点では予測できないものの、(28) から (30) で列挙したように、動詞の語彙を調べれば、その S 項が =nga を義務的に取るのか、随意的に取るのか、無助詞だけを許容するのかがわかるから、与那国語の意味的配列のシステムは、言語類型論的には、動詞によってその S 項が S_A の標示を取るか S_P の標示を取るかが語彙的に固定されている Split-S タイプの言語（Dixon 1994）に類似すると言える。しかし、語彙的・予測不能な問題として処理するのではなく、文法規則として、すなわ

ち動作主性の総合で予測できるとの立場から、その数値化の方法に関して修正を重ねていくことで解決できるのかもしれない。具体的には、5つの変数のうち =nga の取りやすさにより関与的なものと非関与的なものを見つけ出し、数値化において差をつける必要があるのかもしれない。これも今後の重要な検討課題である。

参照文献

Arkadiev, Peter (2008) Thematic roles, event structure, and argument encoding in semantically aligned languages. In: Donohue and Wichmann (2008), 101–117. Oxford: Oxford University Press.
Comrie, Bernard (1986) *Language universals and linguistic typology*. Oxford: Blackwell.
Croft, William (1991) *Syntactic categories and grammatical relations: The cognitive organization of information*. Chicago: University of Chicago Press.
Croft, William (2001) *Radical construction grammar: Syntactic theory in typological perspective*. Oxford: Oxford University Press.
Cruse, D. A. (1973) Some thoughts on agentivity. *Journal of Linguistics* 9 (1): 11–23.
Dixon, R. M. W. (1994) *Ergativity*. Cambridge: Cambridge University Press.
Dixon, R. M. W. and Alexandra Y. Aikhenvald (2000) Introduction. In: R. M. W. Dixon and Alexandra Y. Aikhenvald (eds.) *Changing valency: Case studies in transitivity*, 1–29. Cambridge: Cambridge University Press.
Donohue, Mark (2008) Semantic alignment systems: What's what, and what's not. In: Donohue and Wichmann (2008), 24–75. Oxford: Oxford University Press.
Donohue, Mark and Soren Witchmann (eds.) (2008) *The typology of semantic alignment*. Oxford: Oxford University Press.
Dowty, David R. (1979) *Word meaning and Montague grammar*. Dordrecht: Reidel.
Dowty, David R. (1991) Thematic proto-roles and argument selection. *Language* 67 (3): 547–619.
Fillmore, Charles (1968) The case for case. In: Emmon Bach and Robert Harms (eds.) *Universals in linguistics theory*, 1–89. New York: Holt.
Foley, William and Robert Van Valin Jr. (1984) *Functional syntax and universal grammar*. Cambridge: Cambridge University Press.
Givón, Talmy (1990) *Syntax: A functional-typological introduction* (ii). Amsterdam: John Benjamins.
Greenberg, Joseph H. (1963) Some universals of grammar with particular reference to the order of meaningful elements. In: Joseph H. Greenberg (ed.) *Universals of human language*, 73–113. Cambridge, MA: MIT Press.
平山輝男・中本正智 (1964)『琉球与那国方言の研究』東京：東京堂.

Holisky, Dee A. (1987) The case of the intransitive subject in Tsova-Tush (Batsbi). In: R. M. W. Dixon (ed.) *Studies in ergativity*, 103–132. Amsterdam: North Holland.
de Hoop, Helen and Andrej Malchukov (2007) On fluid differential case marking: A bidirectional OT approach. *Lingua* 117: 1636–1656.
de Hoop, Helen and Andrej Malchukov (2008) Case-marking strategies. *Linguistic Inquiry* 39 (4): 565–587.
Hopper, Paul J. (1985) Causes and affects. In: William H. Eilfort, Paul D. Kroeber, and Karen L. Peterson (eds.) *Papers from the parasession on causatives and agentivity of the 21st annual meeting of the Chicago linguistic society* (CLS 21), 275–329. Chicago: Chicago Linguistics Society.
Hopper, Paul J. and Sandra A. Thompson (1980) Transitivity in grammar and discourse. *Language* 56: 251–299.
Izuyama, Atsuko (2012) Yonaguni. In: Nicholas Tranter (ed.) *The languages of Japan and Korea*, 412–458. London: Routledge.
金水敏(2000)「時の表現」金水敏・工藤真由美・沼田善子『時・否定と取り立て』, 日本語の文法第 2 巻, 3–92. 東京：岩波書店.
Krifka, Manfred (1992) Thematic relations as links between nominal reference and temporal constitution. In: Ivan A. Sag and Anna Szabolcsi (eds.) *Lexical matters*, 29–53. Stanford: CSLI.
Lakoff, George (1977) Linguistic gestalts. In: W. A. Beach, S. E. Fox, and S. Philosph (eds.) *Papers from the 13th regional meeting of the Chicago linguistic Society*, 236–287. Chicago: Chicago University Press.
Lambrecht, Knud (1994) *Information structure and sentence form: Topic, focus, and the mentalrepresentations of discourse referents*. Cambridge: Cambridge University Press.
松本泰丈(1982)「琉球方言の主格表現の問題点：岩倉市郎『喜界島方言集』の価値」『国文学解釈と鑑賞』昭和 57 年 8 月号：178–185.
Merlan, Francesca (1985) Split intransitivity: Functional oppositions in intransitive inflection. In: Johanna Nichols and Anthony C. Woodbury (eds.) *Grammar inside and outside the clause: Some approaches to theory from the fi eld*, 324–362. Cambridge: Cambridge University Press.
Mithun, Marianne (1991) Active/agentive case marking and its motivations. *Language* 67: 510–546.
Mithun, Marianne (1999) *The languages of Native North America*. Cambridge: Cambridge University Press.
Næss, Åshild (2007) *Prototypical transitivity*. Amsterdam: John Benjamins.
Primus, Beatrice (1999) *Cases and thematic roles: Ergative, accusative, and active*. Tübingen: Niemeyer.
佐々木冠(2006)「格」佐々木冠・渋谷勝己・工藤真由美・井上優・日高水穂『方言の

文法』シリーズ方言学 2, 1–46. 東京：岩波書店.
佐々木冠(2008)「主語の格形式が二つあること」『言語』37 (6): 80–87.
佐々木冠・渋谷勝己・工藤真由美・井上優・日高水穂(2006)『方言の文法』シリーズ方言学 2. 東京：岩波書店.
Shimoji, Michinori (2010) Ryukyuan languages: An introduction. In: Michinori Shimoji and Thomas Pellard (eds.) *An introduction to Ryukyuan languages,* 1–13. Tokyo: ILCAA.
Shimoji, Michinori (2014) A syntactic description of Yonaguni Ryukyuan: With a special focus on case marking and alignment. *Shigen* 10: 81–106.
Smith, Carlota (1997) *The parameter of aspect.* (*Second Edition*). Dordrecht: Kluwer.
Stassen, Leon (1997) *Intransitive predication.* Oxford: Oxford University Press.
高橋俊三(1992)「琉球列島の言語　与那国方言」亀井孝・河野六郎・千野栄一(編)『言語学大辞典』世界言語編 4 巻, 873–882. 東京：三省堂.
Tenny, Carol (1987) Grammaticalizing aspect and affectedness. Doctoral dissertation, MIT.
角田太作(1990)『世界の言語と日本語』東京：くろしお出版.
Vendler, Zeno (1957) Verbs and times. *Philosophical Review* 66: 143–160.
山田真寛・ペラール トマ・下地理則(2013)「与那国語の簡易文法と談話資料」田窪行則(編)『琉球列島の言語と文化：その記録と継承』291–324. 東京：くろしお出版.

附録　調査票

ID	自他	語彙	例文	与那国訳(第一回答)S項をイタリック表示	第一回答	代替可能	意志性	有生性	活動性	被動性	安定性	総合
1	自動詞	歩く	人が歩いていった。	*ttu=nga* aiti hjun.	nga		1	1	1	1	1	5
2	自動詞	帰る	子供たちが自分たちで家に帰ったよ。	*agamitinta=nga* dunudu=si da=nki hjun=do.	nga		1	1	1	1	1	5
3	自動詞	逃げる	どろぼうが逃げていったよ。	*nusitu=nga* hingi hjun=sai.	nga		1	1	1	1	1	5
4	自動詞	隠れる	子供が隠れた。	*agami=nga* khagurun.	nga	φ	1	1	1	1	1	5
5	自動詞	しゃべる	あそこで若者たちがしゃべっている。	khami *bagamunuta=nga* munui bun.	nga	φ	1	1	0	1	1	4
6	自動詞	動く	動物が動いている。	*munu=nga* uiti=du buru.	nga		0	1	1	1	1	4
7	自動詞	まわる(回転する)	(踊って跳ねて)子供がまわっているよ。	(budihani hi) *agamitinta* mingui bun=do.	φ	nga	1	1	1	0	1	4

#												
8	自動詞	まわる（周囲を）	馬がまわっている。	nma=nga mingui bun.	nga	φ	0	1	1	1	1	4
9	自動詞	曲がる	車があそこに曲がっていったよ。	khuruma=nga khama=nki mangai hjun=do.	nga	φ	0	0	1	1	1	4
10	自動詞	飛ぶ	ハトが飛んで行った。	hattu=nga thubi hjun.	nga	φ	0	1	1	1	1	4
11	自動詞	沈む	潜水艦が沈んでいったよ。	sjensuikan=nga nki minun=do.	nga	φ	0	0	1	1	1	4
12	自動詞	鳴く	あそこで犬が吠えている（鳴いている）。	khami inu=nga nati bun=do.	nga	φ	0	1	0	1	1	3
13	自動詞	笑う	子供たちが笑っていたよ。	khami agamiti=nga barai=du butaru.	nga	φ	0	1	0	1	1	3
14	自動詞	泣く	あそこで子供が泣いていたよ。	khami agamiti nati=du butaru.	φ	nga	0	1	0	1	1	3
15	自動詞	光る	蛍が光っているよ。	hutaru=nga hikai butan=do.	nga	φ	0	1	0	1	1	3
16	自動詞	ころがる	毬がころがっていった。	mjaran=nga mari hitan.	nga	φ	0	0	1	1	1	3
17	自動詞	いる	そこに猫がいる。	khami maju=nga bun=do.	nga	φ	0	1	0	1	1	3
18	自動詞	溺れる	子供がおぼれていた。	agamiti buguri=du butaru.	φ	nga	0	1	1	0	1	3
19	自動詞	寝る	あそこで子供が寝ている。	khami agami nindi=du buru.	φ	nga	0	1	0	1	0	2
20	自動詞	光る	星が光っている。	hucci hikarinkai=du buru=do.	φ	nga	0	0	0	1	2	2
21	自動詞	動く	地面が動いている。	di uiti=du buru.	φ	nga	0	0	1	0	1	2
22	自動詞	ある	そこに木があるよ。	khami khi an=do.	φ	nga	0	0	0	1	1	2
23	自動詞	落ちる	木から子供が落ちた。	khi=gara agamiti=nga uti minun.	nga	φ	0	1	1	0	0	2
24	自動詞	まわる	コマがまわっていた。	khuma mingui butan.	φ	nga	0	0	0	1	1	2
25	自動詞	あがる	風で窓があがって（開いて）いる。	khadi=si dadu agai=du buru.	φ	nga	0	0	1	1	0	2
26	自動詞	驚く	そこで音がして、母が驚いた。	khami munu=nga natiti, abuta uduruti minun.	φ	nga	0	1	0	0	0	1
27	自動詞	酔う	友達が酔っている。	ducci bi=du buru.	φ	nga	0	1	0	0	0	1
28	自動詞	晴れる	天気が晴れていた。	thidan pparamingasi=du butaru.	φ	nga	0	0	0	1	0	1

ID	自他	語彙	例文	与那国訳(第一回答)A項をイタリック表示	主語の格	代替可能	意志性	有生性	活動性	被動性	安定性	総合
29	自動詞	咲く	花が咲いているよ。	*hana* sati bun=do.	φ	nga	0	0	0	1	0	1
30	自動詞	煮える	かあさん、おかゆがもう煮えているよ！	abuta, *du* ma ni bun=do.	φ	nga	0	0	0	1	0	1
31	自動詞	疲れる	お父さんが疲れて（体調崩して）いる。	*khama=nu ija* khutandi=du buru.	φ	nga	0	1	0	0	0	1
32	自動詞	出る	稲の新芽が出そうだ。	*bai* ndi aigun.	φ		0	0	0	1	0	1
33	自動詞	死ぬ	あそこで犬が死んでいる。	*khami inu=nga* nni=du buru.	φ	nga	0	1	0	0	0	1
34	自動詞	沈む	船が沈んでいったよ。	*nni* nki minun=do.	φ	nga	0	0	1	0	0	1
35	自動詞	折れる	木が折れているよ。	*khi* buri=du buru=do.	φ		0	0	0	0	0	0
36	自動詞	落ちる	木から実が落ちている。	*khi=gara khi=nu nai* uti=du buru.	φ		0	0	0	0	0	0
37	自動詞	曲がる	木が曲がった。	*khi* mangarun.	φ		0	0	0	0	0	0
38	自動詞	割れる	茶碗が割れた。	*saban* barun.	φ		0	0	0	0	0	0

ID	自他	語彙	例文	与那国訳(第一回答)A項をイタリック表示	主語の格	代替可能	意志性	有生性	活動性	被動性	安定性	総合
39	他動詞	まわす	子供がコマをまわした。	*agami=nga* khuma mingurasjan.	nga		1	1	1	1	1	5
40	他動詞	殴る	先生が子供を殴っていた。	*sinsi=nga* khanu agamiti uti=du butaru.	nga		1	1	1	1	1	5
41	他動詞	戻す	子供が茶碗を棚に戻した。	*agami=nga* magai thana=nki mudusjan.	nga		1	1	1	1	1	5
42	他動詞	離す	母親が子供の手を離した。	*abuta=nga* agami=nu thi du hanasjan.	nga		1	1	1	1	1	5
43	他動詞	流す	おばさんが溝にごみを流した。	*abuta=nga* midu=nki kkun nagasjan.	nga		1	1	1	1	1	5
44	他動詞	直す	兄さんたちが車を直した。	*sunati=nga* khuruma nusjan.	nga		1	1	1	1	1	5
45	他動詞	壊す	子供がおもちゃを壊した。	*agami=nga* anbidungu dandasjan.	nga		1	1	1	1	1	5
46	他動詞	隠す	先生が子どもを隠した。	*sinsi=nga* agami khagusjan.	nga		1	1	1	1	1	5
47	他動詞	帰す	先生が子供たちを帰した。	*sinsi=nga* agamitinta khisjan.	nga		1	1	1	1	1	5

第9章 南琉球与那国語の格配列について

48	他動詞	折る	おじいさんが棒を折っていた。	*asa=nga* thagi buicasi butan.	nga		1	1	1	1	5
49	他動詞	呼ぶ	母親が子供を呼んでいた。	*abuta=nga* agamitinta abibutan.	nga		1	1	0	1	4
50	他動詞	追いかける	犬が蝶を追いかけ、飛び上がった。	*inu=nga* habiru uigagi, thubiagai butan.	nga		0	1	1	1	4
51	他動詞	見る	子供が犬を見ていた。	*agami=nga* inu ni butan.	nga		1	1	0	1	4
52	他動詞	こぼす	おじいさんが酒をうっかりこぼした。	*asa=nga* ata sagi itatjan.	nga		0	1	1	1	4
53	他動詞	逃がす	巡査がどろぼうを（うっかり）逃がした。	*dunsa=nga* nusitu hingasjan.	nga		0	1	0	1	3
54	他動詞	貫く	弾が帽子のひさしを貫いた。	*thama=nga* boosi=nu hisasi hugasi minun.	nga		0	0	1	1	3
55	他動詞	さえぎる（隠す）	雲が太陽をさえぎっている。	*khumu=nga* thidan khagusi=du buru.	nga		0	0	0	1	2

第 10 章
徳之島浅間方言の名詞アクセント体系[1]

上野善道

1. 先行研究

　奄美徳之島の浅間（あさま、'azja:[ma]）方言のアクセント研究は、地元出身の教師であり方言研究者でもある岡村隆博（たかひろ）氏を抜きにして語ることはできない。昭和 11（1936）年、鹿児島県大島郡天城村（あまぎそん、現天城町）浅間に生まれ育った岡村（以下、敬称略）は、大学で柴田武の授業を受けて、文字もなく何の価値もないと思っていた自分の方言が音声記号で書けることを知り、大きな関心をもつようになった。日本大学文学部通信教育課程に提出した卒業論文と、柴田による岡村の発音観察が元となって最初の報告、柴田（1960）が世に出た。音素体系とシラビーム・モーラ体系が中心で、アクセントは各語例に付けるとともに、「アクセント記号の読み方」として（1）の 5 モーラ語 7 つの型が例示されている（伝統的なカギ印を本稿の［と］に統一した以外は原文のまま。*印の連続する●の 2 番目は撥音・長音などの特殊モーラ）。モーラ単位で整理され、他もこれに準ずるとある。

---

[1] 40 年近くに及ぶ岡村隆博先生のご協力に感謝を申し述べる。今回も執筆に当たってご教示をいただいた。本稿は、2014 年 9 月に提出した原稿を編者のコメントと再考により改訂したもので、2014・2015 年度 JSPS 科学研究費 25379452 による調査研究成果の一部である。

(1)　○○○○○　　　○○○○○ (●●●●●)[2]
　　　○○○○[○　　　○○○○●
　　　○○○[○○　　　○○○●●、○○○○●＊
　　　○○[○○○　　　○○●○○、○○●●○＊
　　　○○○○]○　　　●●●●○
　　　○○○]○○　　　●●●○○
　　　○○]○○○　　　●●○○○

　この柴田資料にアクセント解釈を施したのが早田輝洋(1977: 注26)で、「高起(⌈)と低起(⌊)の２つの語声調」のみで(早田の言う)アクセントはないとする説を提唱し、その基底形を示した。私の用語では、核のない２型アクセントに当たる。例は１・２音節名詞と３音節名詞の一部を掲げている。
　同じ柴田論文を読んで興味をもち、柴田の縁で岡村と知り合った私は、柴田資料を岡村本人に逐一確認して補訂するとともに、金田一語彙のすべてのアクセントを調べて上野(1977)を発表した。音素解釈も変えた。
　その段階ではまだ枠に納まり切れない音調型がいくつかあって「解釈」には至らなかったが、この方言の自立語は必ず「重音節」を一つは含み、低起式名詞が高起式の「この」等が前接する連体構造に入ると、名詞も高く続いてその重音節を境に単独形の「上昇」が「下降」に交替するという興味深い現象に着目し、その対の観点から音節単位で一通り型の整理をした。
　この拙論を受けて再論したのが早田(1995)で、次の３点から批判を展開した。(a)狭義のアクセント方言と捉えてピッチの変わり目が高起式なら下がり目、低起式なら上がり目とする"解釈"は、現実の言語・方言で見たこともなく、信じられない、(b)(すべてを等しく音素で整理するだけで、軽音節と重音節を分けた)音節構造を一顧だにしていない、(c)本来分けるべき名詞と動詞と形容詞を全部混みにしている。その上で、[ʼoː]bai《蝿》と ʼok[kaN]《母》という２つの問題例を除けば、高平調(ˉ)と上昇調(／)の「非常にあっさりとした２型単語声調体系に過ぎない」(p. 138)と結論づけた。

2　○は「低」、●は「高」を意味するが、ここの併用表記は平調では高いか低いか決められないという著者の考えに基づくものと見られる。しかし、音調は明らかに高い上に、主格のnu《が》などの軽音節助詞も低く付く以上、ここは●の連続にすべきところである。

その後、上野 (2000) は、前述の交替を起こす位置はその単語の中の「最後の重音節」であるとした。上野 (2001) では主要な動詞・形容詞について、それぞれ 30 と 11 の活用形とそのアクセントを示した。上野 (2004) は複合動詞のアクセントを扱い、2 音節語に 2 つ、3 音節語に 5 つ、4 音節語に 6 つの型の対立を認めた。また複合動詞には式保存規則が成り立つとした。

その間にもその後も、多くの研究者が岡村を相手に調査をしている[3]。岡村自身も、カナで音声を正確に表記できることを示した奄美方言の概説書 (2007) を刊行し、アクセントにも触れている。ローレンス・岡村 (2009) は俚言名詞のアクセントを扱った。岡村他 (2009) の「二千文辞典」は文の中の具体的なアクセント付き資料を豊富に含み、それに基づく岡村他 (2014) も出た。

最近、上野 (2014) は伝統的な方言語彙ではなく、「鹿児島旅行」「アメリカ研究」のような主に固有名詞 (地名) を前部要素とする生産性の高い、長い複合名詞を扱い、前部要素の式が規則的に保存されることを明らかにした。続く上野 (2015) では、外来語のアクセントを取り扱った。

2. 名詞の音調型一覧

本稿は、これまで調査した浅間方言の資料のうちパソコンに入力済みのものに基づいて名詞のアクセント体系を描く試みである。ねらいは音環境に基づいて整理した表層アクセント体系で、型そのものの対立をきちんと捉えようとするものである。特に早田 (1995) を念頭に置きながら述べる。

資料は未発表のものも多く含む。伝統的な方言語彙が中心ではあるが、必要に応じて漢語、外来語、アルファベット頭文字語、新造語の例もあげる。

ただし、次の二種類は今回の対象外とする。一つは重音節を含まない単語

---

[3] 岡村と浅間方言の関係は、かつての (故) 深沢正と山梨県奈良田方言との関係に似る。奈良田方言の調査相手はほとんど専ら深沢正が対応していたからである。そのため、奈良田の特殊性は深沢の個人的な特徴ではないかという疑いさえ抱いた人がいたと聞くが、私は奈良田の話者十数名に当たって、すべて同じ体系であることを確認してある。同様に、浅間の話者数人に初期の段階で簡単な調査をして、いずれも岡村と同じアクセントであることも確認済みである。

で、数詞「一、六、七、八」の［'i］cI, [ro]ku, [na]na, [sI]cI, [ha]cI、じゃんけんの「あいこ」の繰り返し言葉 [hu]sI, [hu]sI など、リズムに乗って発する単語や、最近入った外来語の［'a]kuseru（アクセル）などである。

もう一つは、「重音節内の下降」がある特殊な型で、[TI]:cI, [Ta]:cI, [mi]:cI, [ju]:cI, [mu]:cI, [ja]:cI《一つ、二つ、三つ、四つ、六つ、八つ》や［'wa]Nja:《豚小屋》（豚の小屋）などがある。助詞でも、カラから転じたカーは、条件により−カ］−となる（後出（6）を参照）。ガ］−《なんか》もある。

一方、「重音節内の上昇」は3音節4モーラ語までの語末に規則的に現れるが、これについては考察対象に含め、3.2 で詳しく扱う。

記号は、ここ 20 年あまり琉球方言の記述に用いてきた、キーボードだけで入力する方法による。主なものは（2）の通り。

（2）　［:ピッチの上昇、］:ピッチの下降。語末の -[M[：単独では -[M、助詞付きでは M は低く助詞が高くなる。（この M は特殊拍で、撥音、長音、二重母音の副音をさす。音節単位で捉えると上昇調で、-[[○[となるが、誌面の関係で -○[と略記する。）
I,E：中舌母音の i と e（7母音体系）、'：声門閉鎖音（これのない i, u は、明示的にそれぞれ ji, wu と表記）、P, T, C, K, M, N：喉頭緊張化音（事実上形態素の頭でのみ、これのない p, t, c, k, m, n と対立。N のみ撥音と兼用するも、位置により区別され、必要に応じて注記する。厳密には撥音の N は小さな大文字）。
○：重音節、o：軽音節。<n>：新、<m>：稀。

次の**表1**（204 ページ）が浅間方言の音調型の一覧である。重音節（○）と軽音節（o）の組み合わせで示した。1音節語から5音節語まで、軽音節だけからなる許されない配列を1つずつ除いた結果、順に 1、3、7、15、31 通りある。左の見出しには、重音節を「l(ong)」、軽音節を「s(hort)」でその配列を示した[4]。それぞれ語例のある音調型を右の A 型から X 型（3.2 に後述）

4　通常、私は「長音節」は「重音節」の一つで長母音を含むものと扱っているが（重音節には他に「促音節、撥音節」などがある）、h(eavy)、l(ight) では h(igh), l(ow) と紛らわしく、大文字と小文字で使い分けてもその点は変わらないので、ここでは l, s とした。l(ong) と l(ight) という紛らわしさは残るが、s との対比で分かるはずである。

の位置に並べた。紙幅と見やすさとの都合で、実例が見つかっていない5音節語以上のC型、同じく4音節以上のD型の欄は省いた。音節数により型の種類・名称が一律でないことに注意。該当語例が見つかっていないが、私の想定する枠組みからは存在し得ると考えられる音調型は括弧に入れて示した。これらのうちのいくつかは今後の調査で見つかる可能性がある。その括弧の後に「?」を付したのは、解釈によって見解が分かれ得るもの、ないし不確かなもの。「−」は語例がないのみならず、存在し得ないと見たことを意味する。「＝A」（例：B型の1s構造欄）は、あるとしても同じ列のA型（[○]o型）と中和して区別がなく、A型として扱う意である。「＝C」「＝E」も同様である。5音節語になると、どの型にも実例がないものがあるが、それらは「(sslll)」のように配列構造を括弧に入れて示した。

　型全体が一覧できることを優先させ、それぞれの語例は稿末の別表とした。

表1 浅間方言の音節構造別音調型一覧（1～5音節語）

1音節	A型	B型	C型	D型	E型	F型	X型
l	[○]	−	−	−	−	−	○[
2音節							
sl	[o○]	−	−	−	−	−	o○[
ll	[○○]	[○]○	○[○]	−	−	−	○○[
ls	[○]o	＝A	○[o]	−	−	−	−
3音節							
ssl	[oo○]	−	−	−	−	−	oo○[
sll	[o○○]	[o○]○	−	−	o○[○]	−	−
sls	[o○]o	＝A	−	−	o○[o]	−	−
lsl	[○o○]	[○]o○	○[o]○	○[o○]	○o[○]	−	−
lss	[○o]o	[○]oo	○[o]o	（＝C）	（○o[o]）	−	−
lll	[○○○]	([○]○○)	(○[○]○)	(○[○○])	○○[○]	−	−
lls	[○○]o	[○]○o	○[○]o	（＝C）	○○[o]	−	−

4音節	A型	B型	C型	E型	F型	X型
sssl	[ooo○]	−	−	−	ooo[○]	−
ssll	[oo○○]	([oo○]○)?	−	−	oo○[○]	−
ssls	[oo○]o	（＝A）?	−	−	oo○[o]	−
slsl	[o○o○]	[o○]o○	o○[o]○	o○[o○]	o○o[○]	−
slss	([o○o]o)	[o○]oo	（＝E）	o○[o]o	(o○o[o])?	−
slll	[o○○○]	([o○]○○)	(o○[○]○)	o○[○○]	(o○○[○])	−
slls	[o○○]o	[o○]○o	（＝E）	o○[○]o	(o○○[o])	−
lssl	[○oo○]	[○]oo○	(○[o]o○)	○o[o○]	○oo[○]	−
lsss	([○oo]o)?	[○]ooo	○[o]oo	(○o[o]o)	(○oo[o])?	−
lsll	[○o○○]	[○]o○○	(○[o]○○)	○o[○○]	○o○[○]	−
lsls	[○o○]o	([○]o○o)	(○[o]○o)	○o[○]o	(○o○[o])	−
llsl	[○○o○]	[○]○o○	(○[○]o○)	○○[o○]	○○o[○]	−
llss	[○○o]o	[○]○oo	(○[○]oo)	○○[o]o	(○○o[o])?	−
llll	[○○○○]	([○]○○○)	(○[○]○○)	○○[○○]	(○○○[○])	−
llls	[○○○]o	([○]○○o)	(○[○]○o)	○○[○]o	(○○○[o])	−

第 10 章　徳之島浅間方言の名詞アクセント体系 | 215

5 音節	A 型	B 型	E 型	F 型	G 型
ssssl	[oooo○]	−	−	ooo[o○]	oooo[○]
sssll	[ooo○○]	([ooo○]○)?	−	ooo[○○]	ooo○[○]
sssls	[ooo○]o	(=A)?	−	ooo[○]o	(ooo○[o])
sslsl	[oo○o○]	([oo○]o○)?	−	oo○[o○]	oo○o[○]
sslss	[oo○o]o	([oo○]oo)?	−	oo○[o]o	(oo○o[o])?
sslll	(oo○[○○])	([oo○○]○)?	−	oo○[○○]	(oo○○[○])
sslls	[oo○○]o	(=A)?	−	oo○[○]o	(oo○○[o])
slssl	[o○oo○]	([o○]oo○)	o○[oo○]	o○o[o○]	(o○oo[○])
slsss	([o○oo]o)	[o○]ooo	(o○[oo]o)	(o○o[o]o)	(o○oo[o])?
slsll	[o○o○○]	([o○]o○○)	(o○[o○○])	o○o[○○]	(o○o○[○])
slsls	[o○o○]o	[o○]o○o	o○[o○]o	o○o[○]o	(o○o○[o])
sllsl	([o○oo○])	([o○]o○o)	o○[oo○]	(o○○[o○])	(o○○o[○])
(sllss)	([o○○o]o)	(=A)	(o○[○o]o)	(o○○[o]o)	(o○○o[o])?
sllll	[o○○○○]	([o○]○○○)	(o○[○○○])	(o○○[○○])	(o○○○[○])
sllls	([o○○○]o)	(=A)	o○[○○]o	(o○○[○]o)	(o○○○[o])
lsssl	[○ooo○]	([○]ooo○)	○o[oo○]	○oo[o○]	(○ooo[○])
lssss	[○oo]oo	([○]oooo)	(○o[oo]o)?	(○oo[o]o)	(○ooo[o])?
lssll	[○oo○○]	([○]oo○○)	(○o[o○○])	(○oo[○○])	(○oo○[○])
lssls	[○oo○]o	([○]oo○o)	○o[o○]o	○oo[○]o	(○oo○[o])
(lslsl)	([○o○o○])	([○]o○o○)	(○o[○o○])	(○o○[o○])	(○o○o[○])
(lslss)	([○o○o]o)	([○]o○oo)	(○o[○o]o)	(○o○[o]o)	(○o○o[o])?
(lslll)	([○o○○○])	([○]o○○○)	(○o[○○○])	(○o○[○○])	(○o○○[○])
lslls	[○o○○]o	([○]o○○o)	○o[○○]o	(○o○[○]o)	(○o○○[o])
llssl	([○○oo○])	([○]○oo○)	○○[oo○]	○○o[o○]	(○○oo[○])
(llsss)	([○○oo]o)	([○]○ooo)	(○○[oo]o)	(○○o[o]o)	(○○oo[o])?
llsll	([○○o○○])	([○]○o○○])	(○○[o○○])	○○o[○○]	(○○o○[○])
llsls	[○○o○]o	([○]○o○o)	○○[o○]o	○○o[○]o	(○○o○[o])
lllsl	([○○○o○])	([○]○○o○)	○○[○o○]	(○○○[o○])	(○○○o[○])
lllss	([○○○o]o)	([○]○○oo)	○○[○]oo	(○○○[o]o)	(○○○o[o])?
lllll	[○○○○○]	([○]○○○○)	○○[○○○]	(○○○[○○])	(○○○○[○])
llls	[○○○○]o	([○]○○○o)	○○[○○]o	(○○○[○]o)	(○○○○[o])

3. 考察

3.1 全体の概観とll構造の検討

まず全体として目につくのは、lsl、slsl構造には5つの型があり、ll、lls、lssl、lsll、slsls構造には4つの型があることである。これらはそれぞれ同じ音節構造である以上、5つあるいは4つの型の音韻的対立があることを意味する。3つの型が見つかる構造のものはもっと多い。

このうち、早田 (1995) で問題となった、[ˈoː]bai《蠅》と ˈok[kaN]《母》を含むll構造の2音節語を見てみよう。4つの型のうち、A型の[○○]とX型 (後にE型とする) の○○[(後出 mIːmu[N[等) は以前から知られているゆえ[ˈwIːmuN]《老人》と mIːmu[N《雌》、[kjoːdai]《京大》と kjoːda[i[《鏡台》の例示に留め、残るB型とC型の[○]○と○[○]を取り上げる。B型の[○]○は、[ˈoː]bai に限らず、(3) の例がある。(他に、結合が緩い可能性はあるものの、[jiː]muN《良いもの》、[jik]Kwaː, [jiː]Kwaː《良い子》などもある。)

(3) [ˈoː]bai(蠅)、[miː]muN(新品)、[wuː]muN(雄)、[nui]muN(塗り物、乗り物)、[Cjui]cjui(一人一人)、[dEː]dai(枯竹の松明)、[maː]gaN(藻屑蟹)、[haː]gai(明るさ)、等々

一方、C型の○[○]には (4) のような例がある。

(4) ˈok[kaN](おかあさん)、hoi[muN](酢の物)、sjaN[boN](三本)、noi[muN](残り物、縫い物)、sjeN[baN](千番)、rok[kwai](六回)、tIN[kui](手首)、sjoi[biN](醤油瓶)、jui[muN](酔っ払い)、roN[doN](ロンドン)、等々

このうち、ˈok[kaN]、rok[kwai]のように促音を含む形は○[○]だけで、[○]○の例は見つかっていないが、その他の例は明らかに対立する。

加えて、C型とX型との間には

sjeN[baN]《千番》(C型) と sjeNba[N[《旋盤》(X型)

の最小対もあるし、同じ数字の「三」でも

sjaN[boN]《三本》、sjaN[jeN]《三円》、sjaN[teN]《三点》(C型)

に対して

sjaNba[N[《三番》、sjaNne[N[《三年》、sjaNmE[:[《三枚》(X型)
の区別がある。同じ「円」でも、上記の
　　sjaN[jeN] (C型)
に対して、
　　rokuje[N[《六円》、'iCIji[N[《一円》、zju:ji[N[《十円》(X型)
である（一円と十円は硬貨があったために古い語形 -jiN を保持）。
　A型とB型の対立としては、[kjo:dai]《京大》、[kju:dai]《九大》（ただし稀で、多少揺れる）対 [kju:]dai《及第》、[taN]dai《短大》などの例がある。
　結論として、ll構造には明らかに4種類の型の対立があり、2つの型の体系には納まらない。

3.2　A型～X型の検討

　次に、A型から順にそれぞれの型の中身を見ていく。A型以下は、音韻解釈を視野に入れながら、配列も含めて音調型を分類整理した便宜的・暫定的なレッテルである。
　A型は高く始まり、語末が重音節の単語は最後まで高く進み、軽音節助詞が続く場合は下がって付く。語末が軽音節の単語はその直前で必ず下がる。これは語末の音節量による相補分布になっている。この相補分布は、その音節が高い音調を保つ資格があるかどうかによるもので、2モーラからなる重音節は保てるのに対して、短い1モーラの軽音節はそれを保てず下がるものと解される。
　ここで注目されるのは、語末に軽音節が連続する -oo 型で、[○o]o (OL、CM)、[○○o]o (ATM、BGM)、[oo○o]o (SOS) である。これらは元々方言にはなかった新語ばかりである。方言本来のA型は、長音化によって語末の軽音節連続を避けたものと考えられる。アルファベット頭文字語は、学校で習った -L, -M, -S などをそのまま CVCV の軽音節連続の形で取り入れたものであろう（重音節終わりの「DDT、NHK」は高平調であることも参照）。
　この相補分布の例外となるのは、外来語の「フォークリフト、ジャーナリスト」の [○oo]oo だけである。同じく外来語の[ジャーナリズー]ムの長音化を考慮すると、問題の2語は次末音節が無声化していたために長音化しなかったものと考えられる。（現実の音声では、-[リフ̥]ト、-[リス̥]トと無声

化して次末音節が CVC の重音節であるかのように聞こえる。）

重音節終わりの A 型名詞「酒」[sjakI:] に各種の助詞を付けた例を（5）に示す。

(5)　　　が　　　　は　　　　も　　　　に　　　　にも　　　　まで
　　[sjakI:]nu　[sjakI:]ja　[sjakIN]ba　[sjakInaN]　[sjakInaN]ba　[sjakINtanaN]

軽音節終わりの助詞（連続）は、やはりその直前で下降している。対して、naN など重音節で終わる助詞は下降なしに文節末まで高くなっている（名詞語末は短母音に変わる）。また、目的格は助詞なしで使われるが、[sjakI: [ko:juN《酒を買う》の文において、名詞の後も高起述語は下がらずにそのまま続く。

かくて、A 型は「語頭から高く始まって平進し、固有の下降はもたない型」と捉えられる。語末が重音節の場合は文節末に軽音節助詞が来て初めてそこで下がり、名詞内で下降が起こる場合も軽音節によることから、下降は語末軽音節の存在という語音制約によるもので、A 型はすべて音韻論的に同じ型と解釈できる[5]。

ただし、名詞が軽音節で終わる場合、その名詞内であたかも核のごとく必ず下降するので、[ʼe:ta:]ra《蛙》に naN《に》のような重音節助詞を付けても下がったまま続き（[ʼe:ta:]ranaN《蛙に》）、それが付いた文節全体が高平調になることはない（重音節終わりの単語 [ʼo:to:mikaN]《青唐みかん》を比較）。具体的な音調型を決めるのはあくまでも名詞自体の音節構造で、A 型と文節末音節の 2 つの情報だけで文節全体の音調型が決まるのではない点が注意を引く。なお、高起語の出だしは音節の軽重を問わない。

次に B 型であるが、語頭から 2 モーラが高く、その直後に下降が起こる。かつ、その高い部分は必ず重音節を含まなければならない（軽音節の oo- だ

---

[5] 別表（とその元となった私のデータリスト）では主格助詞 nu の例に基づきその重音節語末には]を付してあるが、付けない方が誤解がないかもしれない。また、重／軽音節の関連で言うと、上野（2007: 12–13）では複合動詞における［○○］○と［○］o○型を下降の位置が有意なものと見て分けたが、名詞と違って語末という環境ではないものの（動詞終止形の語末は wuN の融合により常に重音節）、同じ扱いにすることも検討すべきかもしれない。

けでは高さを保てない)⁶。そして、その2モーラ目が重音節の前半部に当たる場合は、音節内での下降が許されないためにその末尾(特殊モーラ)までずれ、実際には3モーラ目の直後で下降する。該当するのは[o○]- の場合である。よって、B型は「高く始まり、語頭から2モーラ目を含む音節末で下降する型」とまとめられ、[○]- と[o○]- は音韻論的に同一の型と認定される。

　ここで問題になるのは、A/Bの対立のない[○]o と[o○]o を、B型と見るか、末尾軽音節による制約を受けたA型と見るかである。どちらでも同じ結果になる。複合語には式保存はあっても型保存はなく、それを前部要素とする複合語を元にしてA/Bを判断することもできない。この環境ではA型とB型は中和しているものと考えられ、厳密には「A = B」型とすべきであろうが、A型の方が頻度的にも無標であることを考慮してA型としておく。ただし、[o○]oo は、A型の[o○o]o が存在し得ると考えて、B型とみなす。

　以上のA型とB型は高く始まるのに対して、C型以降は低く始まる。**C型**は、「語頭から2モーラ目を含む音節(ここでも重音節を必ず含む)まで低く進み、次の音節で上昇して直後で下降する卓立型」である。C型の中で、o○[o]○ は 'irE:[ku]tai《返事》1例しか得られておらず、しかも類義語の「いらえる」と「こたえる」の明らかな並列複合語で、他とは同等に扱えない可能性はある。しかしながら、[ku]tai の型は単独形ではあり得ず(そもそも単独形は使わないが、無理に言えば kuta[i[かという。'irE[:[は使う)、特殊であろうと、全体で一つの複合語をなしていることは疑いない(この型は動詞にもある)。これを認めると、slsl構造の単語には、Cの他に、A、B、そして後出のE、Fの5つの型の対立があることになる。

　C型のもう一つの特徴は、軽音節だけが高くなることが可能だという点で、○[o]、○[o]○、○[o]o、o○[o]○、○[o]oo が該当する。ただし、その場合の高い軽音節は、必ずその直前が重音節の「重軽」という配列のみと

6　こう見ていたが、「語頭から高く始まり、最初の重音節の後で下降する型」とまとめる可能性も否定できない(編者からの指摘による)。得られている例からは優劣の判断ができないが、表1で「?」を付した[oo○]○型などの例が今後見つかれば、代案の方が支持されることになる。その場合、[oo○]o は、後述のようにA型とB型が中和していることになる。

いう制限がある (複合動詞でも同様である。上野 2007: 13 参照)。なお、○[o]の na:[bI]《鍋》などに重音節助詞の naN《に》などが付いても na:[bI]naNと下がる。

　D 型とした型は○[o○]一つしか得られていない。C 型 3 音節語と同じく語頭から数えて 2 音節目で上昇する点で共通しそうであるが、その直後で下降せずに 2 音節高く続く点で C 型と区別される。

　この D 型も特殊な面を有する。mIN[maju:]《眉》、tIN[gahu:]《拳》など、「の」に当たる -N- を含むものが多く (「目の眉、手の拳」)、しかも、mINma[ju:]、tINga[hu:]という型 (後出の E 型) も併用されるからである。(dEN[sjaku:]は谷の固有名詞で語源は不明であるが、これも「の」が含まれている可能性がある。) しかしながら、別に単独形の gahu[:[もあり、完全な 2 単位形は tI:[nu/tI]N gahu[: であって区別される。《眉》の方は、単独形は (もはや) 存在せず (cf. [maju:]《猫》、maju[:[《繭》)、「目の」の付いた形しかない。さらに、前に「この」を付けても、規則的な[kuNmINmaju:]、[kuNtINgahu:]となる以上、これらを特殊な型として排除するわけにはいかない。

　同じくこの型に属する sjoi[ʼazI:]《醤油味》もまた、元は*sjo:i[ʼazI:] (lssl) であった可能性がある。しかし、今は単独形も sjo[i[で、これで一つの重音節をなしていることは疑いない。sjoi[biN]《瓶》、sjoi[da:]ru《樽》も sjoi- のみである。

　しかも、この後の E 型や F 型から考えてみると、この D 型の○[o○]のように上昇後は最後が重音節の単語だとそこまで高く続く方が一般で、直後で下がる C 型の○[o]○の方がむしろ特殊に見える。しかし、この○[o]○の存在もまた疑う余地はない。《シャコ貝》は確認をしても間違いなく gi:[bu]gaiである。また、《調子外れ》は sjaNsja[gai が普通だが、別のアクセントと認識する sjaN[sja]gai も変でないと言う。従って、C 型も D 型も共に認めることになる。

　この結果、lsl 構造の単語は C 型と D 型をもち、A 型と B 型の他に次の E 型も含めて 5 つの型をもつことになる。lsl の方が、A、B、C、E、F 型をもつ slsl よりも語例が多く、5 つの型の存在が一層確実である。なお、C 型は 2～4 音節語、D 型は 3 音節語にしか見つかっていない。

次のE型に進む前に、ここでX型を取り上げる。ここだけ語末に着目して、最後が-○[となっている型を便宜的にまとめたレッテルである。

具体的には、4モーラ以下で ssl の3音節語までの○[、o○[、○○[、oo○[の4つである[7]。これらは、単独ではその最後の重音節が上昇調で、それに主格助詞を付けると、名詞全体が低く、助詞が高くなる。例えば、jama[:《山》、jama:[nu《山が》である。

これらの型に属する mI[:[《目》、jama[:[、kagami[:[《鏡》に別の助詞（連続）を付けてみると、(6) の振る舞いを見せる。なお、「から」には2つの形がある。比較のために、別の sls 構造の kata:[na]《刀、包丁》も一部示す。

(6)　　　　も　　　　　に　　　　　から₁　　　にも　　　　から₂　　　から₁も
　　　　　mIN[ba　　　mI:na[N　　 mI:ka[:　　　mI:naN[ba　　mI:ka[ra　　mI:kaN[ba
　　　　　jamaN[ba　　jamana[N　　jamaka[:　　 jamanaN[ba　 jamaka[ra　 jamakaN[ba
　　　　　kagamiN[ba　kagami[naN　kagami[ka:　 kagami[naN]ba　kagami[ka]ra　kagami[ka]Nba
　　　　　Cf. kata:[naN]ba（も）kata:[na]naN（に）kata:[na]ka:（から₁）kata:[na]kara（から₂）

これを見ると、語頭から3モーラ目を含む音節の次に音節があれば3モーラ目を含む音節の直後で上昇しているが、その条件を満たさない短い場合は、原則位置に最も近い最終モーラを高くしていることが分かる。この方言では低平調は許されず、短い語形での現れ方は長さの制約の結果と解される。

また、kagami[:[と kata:[na] を比べると、高くなっている最終モーラが重音節の一部である場合は、助詞が付くと語末重音節全体が低くなって助詞の方に上昇がずれてそこで固定するのに対して、それが軽音節の場合は、高くなる位置はそこに固定していて動くことはない。同じく4モーラ語でその最終モーラで上昇していても、重音節の一部であるか軽音節かによって整然と分かれている。（後述の上げ核の）「担い手」が「音節」であることが分かる。

それとともに、長さの単位としての「モーラ」の重要性も（6）から分かるが、それがよりはっきりする複合語の例を（7）に示す。順に「1合瓶」から「5合瓶」までの例である。複合語の前部要素では「合」はゴと短くなる。

---

[7] 上野 (1977: 219) の段階では4音節語で最終音節が上昇する型は見つかっていないとしたが、この後に見るように、この体系では、この型はない方が整合的である。また、3音節語で最後が上昇調の型は、ssl の構造のものに限られる。上野 (2004: 16) も参照。

（7） 'icIgo[biN[, njigobi[N[, sjaNgo[biN[, sIgobi[N[, goNgo[biN[
　　　（単独形 'icIgo[:[, njigo[:[, sjaNgo[:[, sIgo[:[, goNgo[:[, bi[N[）

「瓶」の前が3モーラ（1合、3合、5合）か2モーラ（2合、4合）かで、-[biN[になるか -bi[N[になるかが決まる。これを音節で数えたのでは、「3合、5合」が「2合、4合」と同じ2音節になって規則性が捉えられない。

　音節とモーラの両方を参照する枠組みは、すでにB型とC型の規定に用いたものである。X型もその枠組みで捉えられるが、長さの制約を受けた結果の表層形は、上昇の位置に応じて3つの別の型に解釈される（4を参照）。

　次にE型に移る。これは「低く始まり、3音節目で上昇する型」となる。上昇後はA型と同じ条件が働き、その最終音節が重音節である場合はそのまま進み、それに軽音節助詞が付くとそこで初めて下降する。語末が軽音節の場合はその前で下降する。ただし、1つだけ例外がある。○○[○]oo で、なぜか予想される○○[○o]o ではない。mI:hai[nI:]sItu《詐欺師》は「盗っ人」のsIが無声化するからとして切り抜けても、deNsIN[ba:]sIra《電信柱》に困る（その併用形の deNsIN[basI:]ra は問題ない）。

　次はF型である。これは「低く始まり、4音節目で上昇する型」である。当然、4音節語以上にしか現れない。上昇後の振る舞いは、E型の場合と同じである。ただし、E型、F型ともに、語末軽音節による下降は上昇後に2音節以上続く場合に限られ、1音節しかない場合は、上昇自体が（後述の「上げ核」により）音韻的に指定されているために音節の軽重は不問で、軽音節であっても高くなる（o○[o]、oo○[o]など。音節内下降も生じない）。

　E型とF型は、複合語の形態素の切れ目で上昇位置が自動的に決まる可能性についても考える必要がある。調べてみると、確かに一致する場合が多いものの、例えば（8）のssssl では成り立たない。従って、E型とF型は別の型となる。

（8） nanacI['agai]《七つ上がり》、kutuba[zIkE:]《言葉遣い》（E型）対
　　　tanI'uru[sI:]《種蒔き、種下ろし》、jasImizI[kaN]《休み時間》（F型）

なお、確認再調査をしたところ、kutuba[zIkE:] は他に kutubazI[kE:]（F型）も可であり、一方、jasImizI[kaN] はこれも可であるが、むしろ jasImi-

［zIkaN］（E 型）の方が普通とのことであった。tanI'uru［sI:］はこれのみである。前部要素が 3 モーラだと、4 モーラ目を含む音節から上昇する基本パターンと形態素境界での上昇とが一致するために、それが一番安定した型になるものと思われる。しかし、併用があっても両者が別の型であることに変わりはない。

　最後は G 型で、「低く始まり、5 音節目で上昇する型」となる。上昇後の振る舞いは E 型・F 型に等しい。5 音節語以上に限られるのみならず、実例は少なく、今のところ、oo- に始まる 3 つの型しか得られていない。

　以上の考察から、浅間方言の 5 音節までの名詞に A 型〜 G 型の 7 種類の型が認められる、という結論が得られる（X 型は表層では分かれる）。

　ただし、音節ごとに細かく見ると、1 音節語に 2 つ、2 音節語に 4 つ、3 〜 5 音節語に 5 つで、7 つの型を全部もつものはない。一つの音節配列構造で 5 つ揃っているのは lsl、slsl だけである。5 音節語で低く始まる E、F、G 型が 3 つ揃う音節配列も見つかっておらず、最大で 2 つまでである。

　そのこととも重なるが、型の制限が非常に厳しいのも特徴で、「－」で示した型の欠落が多く生ずる体系でもある。例えば、ssl 構造では A 型の［oo○］と X 型（最終的には F 型）の oo○［ はあるが、B 型の［oo］○はないと考えられる。C 型の o［o］○と D 型の o［o○］型は、高くなる軽音節の直前に重音節がないためにないはずである。また 3 音節しかないために F 型・G 型も自動的に排除される。従って、ssl 構造には 2 つの型しかないものと考えられる。

3.3　6 音節語のあり方

　以上の体系の解釈案を示す前に 6 音節語も見ておこう。6 音節語になると配列が計 63 通りあって煩雑になるし、語例のない型も増えるので、語例の得られた構造のみを表 2 に示す。語例も続けて示すが、この中で最大の 4 つの型をもつ sssssl 構造だけとし、紙幅の関係で他は割愛する。

表2　6音節語の音節構造別音調型一覧

6音節	A型	B型	E型	F型	G型	H型
sssssl	[ooooo○]			ooo[oo○]	oooo[o○]	ooooo[○]
sssssll	[oooo○○]			ooo[o○○]	oooo[○○]	
ssssls	[oooo○]o			ooo[o○]o	oooo[○]o	
sssslll	[ooo○○○]				ooo○[○○]	
sssslls	[ooo○○]o			ooo[○○]o		
ssslsl				ooo[○o○]		
ssslss				ooo[○]oo		
sslsll					oo○o[○○]	
sslsls	[oo○o○]o			oo○[o○]o		
slsssl			o○[ooo○]		o○oo[o○]	
slssss		[o○]oooo				
slssll			o○[oo○○]			
slssls				o○o[o○]o		
slslss				o○o[○]oo		
lsssss			○o[ooo○]			
lsssll	[○ooo○○]					
lsssls	[○ooo○]o			○oo[o○]o		
lsslsl	[○oo○o○]			○oo[○o○]		
lsslll	[○oo○○○]			○oo[○○○]		
lsslls	[○oo○○]o			○oo[○○]o		
llssls				○○o[o○]o		
lllsls			○○[○o○]o			
llslls				○○o[○○]o		
llllls			○○[○○○]o			

語例

sssssl: [kacIbusImisju:]《鰹節味噌》、[muromacIzIdai]《室町時代》;
tamasI[tarImuN]《(ずる)賢い人》、tukunu[sImabeN]《徳之島弁》;
'urasIma[taro:]《浦島太郎》、hurusIkI[zIcIN]<n>《風呂敷包み》;
'amIharIra[sI:]《雨宿り》

ooooo[○]だけであるが、6音節目から上昇するH型が増え6種ある。G型も実在する配列構造が増えている。ただし、同じ構造の中では、最大4つの対立例しか見つかっていない。C型とD型はない（7音節語以上にもない）。

4. アクセント体系の解釈

ここまで見てきたアクセント体系は、私の知る限り一度も報告されたことのない独自のタイプである。これに対する現時点での私の解釈を述べる。

A型〜H型の8つの対立が出発点となる。前節の記述を (9) にまとめる。

(9) A型：高く始まって平進し、固有の下降はもたない。
　　B型：高く始まり、語頭から2モーラ目を含む音節末で下降する。
　　C型：語頭から2モーラ目を含む音節まで低く進み、次の音節で上昇してその直後で下降する。
　　D型：語頭から1音節低く進み、次の音節で上昇する。
　　E型：語頭から2音節低く進み、次の音節で上昇する。
　　F型：語頭から3音節低く進み、次の音節で上昇する。
　　G型：語頭から4音節低く進み、次の音節で上昇する。
　　H型：語頭から5音節低く進み、次の音節で上昇する。

これをそのまま (10) のように解釈する。結論としての名称と記号を示す。記号は「￣」、「＿」の代わりに「⌈」、「⌊」でもよい。D〜Hは同じ低起平進型の中で、次を上げる働きをする「上げ核」/↑/ の位置で相互に弁別される。

(10) A型：高起平進型、「￣」。
　　 B型：高起下降型（「高起」は省略可）、「＼」。
　　 C型：低起上昇下降型（「低起」は省略可）、「＾」。
　　 D型：低起平進型、「＿」。上昇の直前の音節に上げ核あり。その1型。
　　 E型：低起平進型2型。
　　 F型：低起平進型3型。
　　 G型：低起平進型4型。
　　 H型：低起平進型5型。

これらは大きく、A・Bの「高起式」と、C以下の「低起式」に分かれる。「式」は「高起/低起」の文字通りの始起特徴で、複合語の「式」保存はこれで決まる。前部要素のA/Bと複合語のA/Bは対応せず、「型」保存は見られない（上野2014）。

高起式のA型の場合、現実に観察される下降は軽音節の反映に過ぎず、弁別的ではない。従って、下げ核はない。B型は下降の位置が決まっているものの、同じ構造においてその位置の違いで他の型と対立することはない。「下降がある（＼）」との指定だけで十分で、ここでも下げ核を認める必要はない。その方が、［○］- と［o○］- とを同一扱いする上でも便利である[8]。

　C型は低起式で上昇するので、D型以下に合わせた低起式平進型として上げ核を認めてそれと下げ核を組み合わせる案もあろうが、下げ核を他で立てない以上、上がって下がるという全体で一つの「形」をなすものと捉える。

　D型〜H型はいずれも「低起平進型」（「＿」）で、相互に上昇位置で区別されている。これは5種類の上昇の仕方という「形」の違いではなく、「位置」の違いである。私はこれらの型の上昇直前の「音節」に次を上げる働きの「上げ核」/!/ を設定する。これが然るべき位置に指定されていれば名称や分類は自由であるが、その核のある音節までの距離を語頭からの音節数で示し、E型は「低起平進2型」のように呼ぶことにする。この枠組みは、例えば7音節語以上における「低起平進6型」をも取り込むことができるものである。

　D型が1例のみなのは、低起平進型の核は2音節目以降にあるのが原則だからで、3音節という短い単語の中での特例と見るべきなのであろう。

　上げ核は、（先にX型とした）4モーラ3音節語以下の末尾重音節上昇調にも表層レベルで適用される。/_mI:!/《目》、/_jama:!/《山》、/_kagami:!/《鏡》（なお、上げ核は低起平進型だけにしか出ないので、/!/ があれば /_/ は表記上は省略も可）で、強いて分類すればそれぞれD型、E型、F型になるが、肝腎なのは / / で示した音形である。

　上げ核の代わりに自ら高くなる「昇り核」を立てる案では、弱い軽音節が

8　2015年3月21日の「第10回音韻論フェスタ」で、ウエイン・ローレンスは "Foot Structures in Ryukyuan Dialects" と題する講演で、浅間方言を含む琉球諸方言における「弱強型韻脚」（iambic foot）の存在とそれに基づく分析を提唱した。それに合わせれば、［○］- と［o○］- は同じフットを形成するということになろう。また、E型とF型、F型とG型との関係も取り扱いが変わって来る可能性があるが、「韻律外」をどう扱うかという問題もあり、本稿の分析にはフットを導入していない。［追記］2015年11月16日、浅間方言をモーラ数えで「昇り核」（本稿の上げ核ではない）をもつ3型アクセントとする金アリンの研究発表があった。

これを担うことになり、しかもそれが頻出する点で不適当である。上げ核であれば、自らが高くなる必要はない。

　2音節語のll構造 (3.1)、3音節語のlsl、6音節語のsssssl構造におけるアクセントの音韻表示を (11) に例示して全体像に代える。

(11) 　￣'wI:muN/《老人》/＼mi:muN/《新品》/＿jui」muN/《酔払》/＿mI:muN」/《雌》；
　　　￣'u:dorE:/《大喧嘩》/＼ko:gazjaN/《アメンボ》/＾gi:bugai/《シャコ貝》
　　　/＿mIN」maju:/~/＿mINma」ju:/《眉》/＿biNda」rE:/《鹽》；
　　　￣kacIbusImisju:/《鰹節味噌》/＿tamasI」tarImuN/《(ずる)賢い人》
　　　/＿'urasIma」taro:/《浦島太郎》/＿'amIharIra」sI:/《雨宿り》

5. まとめ

　この分析によると、浅間方言は、全体の「形」が問題となる4つのパターンと、「位置」で対立する一つの核（上げ核）からなるアクセント体系となる。このうち、「高起平進型（￣）」、「(高起)下降型（＼）」、「(低起)上昇下降型（＾）」の3つは、それぞれ一種類だけで、核との組み合わせはない。逆に「低起平進型（＿）」は、必ず核との組み合わせでのみ現れ、無核の形はない。この点で、全体の形が問題になると言っても、前3者は2型アクセントの多くに見られるタイプに近いのに対して、低起平進型は核と共存する関西諸方言の式音調と類似するが、それぞれまた異なる点もある特異なものとなる。

　次に、重音節と軽音節で振る舞いが顕著に異なるのも特徴である。重音節は高さを保つことができるのに対して、短い軽音節はそれができずに低くなる結果、軽音節の存在があたかも下げ核があるかのごとき様相を呈する。同時にこれが、型の分布を不均整な、欠落のあるものにしている。

　最後に、数える単位はモーラであるが、核の担い手の単位は音節である。後者は重音節の中で上昇や下降が起こらないことの反映である。上げ核が音節に与えられるのはもとより、下降型や上昇下降型は核とは見ないものの、そこでさえ音調の現れ方は音節単位で実現する。東京方言はしばしばmora-counting syllable languageと言われるが、それは重音節内で位置による音韻的対立がないことを根拠にしているだけで、現実の音調はモーラ単位で実現

する。その名にふさわしいのは、むしろ、同じく重音節内での対立はなくても音調実現が音節単位で行なわれる浅間方言の方である。

浅間方言のアクセントは、これらの点で類型的にも興味深い。と同時に、課題も多く残る。今回考慮外とした「重音節内の下降」や音調交替と核との関係も含めて、さまざまな観点からなお考察を進める必要がある。

別表　語例

音形が主で、意味は概略的である。併用形は見出しの型に拘らない。右肩に＊印を付けた項目は連用形名詞、形容動詞、副詞の類で、浅間方言では典型的な名詞用法ではなく、付く助詞にいろいろ制限があるが、型として掲げておく。紙幅の関係もあって例示の精粗はさまざまであるが、問題となる型についてはなるべく多く、その語音構造まで考慮して掲げた。また、本文の表には暫定的にX型とまとめた4つの型は、それぞれ語頭から数えた上げ核の位置に合わせて所属を変えて掲げる。

1音節語
　1: A [CI:] 血、[Kwa:] 子供、[ha:] 葉、[tui] 鳥、[PaN] パン；
　　 D kI[:[木、mI[:[目、ha[:[歯、刃、ku[i[声、mu[N[もの；

2音節語
　sl: A [mIzI:] 水、[hasI:] 橋、[judai] よだれ、[sjasIN] 写真；
　　　E jama[:[山、'amI[:[雨、CIku[i[, CIku:[e] 机、gazja[N[蚊；
　ll: A ['wI:muN] 老人、[Cju:kEi] 1回、[Mja:dE:] 琉球竹；
　　　B ['o:]bai 蠅、[mi:]muN 新品、[wu:]muN 雄、[nui]muN 塗り物、乗り物、[Cjui]cjui 一人一人、[ma:]gaN 藻屑蟹；
　　　C 'ok[kaN] おかあさん、sjaN[boN] 三本、noi[muN] 残り物、縫い物、sjeN[baN] 千番、rok[kwai] 六回、sjoi[biN] 醤油瓶；
　　　E sjeNba[N[旋盤、sjaNne[N[三年、sjaNmE[:[三枚、'airo[N[アイロン、makkwa[:[枕、kaNmu[N[食べ物、giNba[i[銀蠅、mI:mu[N[雌、ko:go[:[皇后；
　ls: A [Ma:]cI 火、['ui]ta あなた方、[CIN]gjo 井戸、[muk]kwa 聟；
　　　C na:[bI] 鍋、nai[hu] ナイフ、mIk[kwa] 甥姪、guN[zja] 鯨；

3 音節語

ssl：A [hacIka:] 二十日、[hakuto:] 白糖；
　　F kagami[: 鏡、KuNma[: 砂糖車、tIkagi[N 手加減、njizIka[N 二時間、nanakwa[i 七回；
sll：A ['ucINKi:]＊前屈み；
　　B [sIna:]muN 品物、[sjami:]sjIN 三味線、[Kinu:]bai 絹針、[kara:]gwIN 空瓶；
　　E sInaN[tui] 虱取り、basjo:[mI:], basjaN[nai] バナナ；
sls：A [CIkja:]ra 力、[kIbu:]sI 煙、[mabi:]ra 韮、[gara:]zjo 竹竿、[KiKwaN]sja 機関車、[sIka:]to スカート；
　　E nIzI:[mi] 鼠、kata:[na] 刀、'ujak[Kwa] 親子、sIgoN[CI] 四〜五日；
lsl：A ['u:dorE:]＊大喧嘩（大取り合い）、[CjI:ragiN] 単衣、[koNbucI:] 川縁；
　　B [ko:]gazjaN アメンボ、[ta:]gumoi 秋の曇り空（高曇り）、[Kwa:]bugiN 子沢山；
　　C gi:[bu]gai シャコ貝、sjaN[sja]gai <m>, sjaNsja[gai] 調子外れ（三下がり）；
　　D mIN[maju:], mINma[ju:] 眉、tIN[gahu:], tINga[hu:] 手拳、dEN[sjaku:] 谷の地名、sjoi['azI:], sjoi['a:]zI 醤油味；
　　E biNda[rE:] 洗面器、盥、KiNKi[rui] 衣類、makkwa[gai] 枕元、muN'u[bI:] 物覚え；
lss：A ['o:'e]ru OL、[sI:'e]mu CM；
　　B [ha:]Ncja 赤土（ハー．ン．チャと音節が切れる）、[hai]ziru 灰汁（['aku:]zIru の方が普）、[taN]zImi 木炭、[gaN]zjata 黒糖、[sja:]bira 土踏まず、[sa:]kasI サーカス；
　　C ja:[zI]ba 八重歯、hui[ki]rI 切り通し（堀切）、kE:[sI]ma 裏返し；
lll：A [naNjo:mai] パパイヤ、[kju:sju:beN] 九州弁、[dI:dI:tI:] DDT、['aNmoNnja:] アンモニア；
　　E mIkkuN[zjI:] 盲、kjo:giN[bai] 滑稽、haNzIN[hui] 芋掘り、duNCjui[muN] 独り者、sINkaN[sjeN] 新幹線；
lls：A ['e:ta:]ra 蛙、[hu:ju:]ki 大斧、[Kwa:buk]ku, [Kwa:]bukku 豚の子袋（確認調査では [Kwa:]bukku のみと）、[nu:jo:]bi 何曜日；

B [Ta:]mINdo 二度手間、[sIN]do:mo 老いぼれ（罵詈語）、[Kwa:]bukku 豚の子袋、[naN]seNsI ナンセンス；

　　C jaN[sI:]ra 屋根、jaN[nI:]zI 家族、sjoi[da:]ru 醤油樽、Kuk[ka:]ru 赤ショウビン（鳥）；

　　E ja:ba:[ra] 大黒柱、zjINka:[nI] 銭金、tI:buk[ku] 手袋、muNwas[sjI] もの忘れ、go:mu:[ku] 埃、sapPo:[ro] 札幌（ビール）；

4 音節語

sssl：A [wutumucI:] 結婚（女性からの）、[sjakInumi:]* 酒飲み；

　　F kamisja[ma:] 神様、'icIgo[biN] 一合瓶、'icIzI[kaN] 一時間、mugiba[tE:] 麦畑、naha'u[ta:], naha'u[ta] 那覇唄（沖縄の唄）；

ssll：A [kanImo:kI:]* 金儲け、[merikeNko:] 小麦粉；

　　F watasjak[kwI:]* 下痢、mIzImo:[kai]* 水遊び；

ssls：A [sIzju(:)KuN]cI 四十九日、[CIbaga:]sI 千葉ガス（固有名）；

　　F wunaji:[rI] 兄弟姉妹、sItImI:[tI] 早朝、gumado:[hu] 胡麻豆腐、sjataguN[ma] 砂糖車、mIzImak[Kwa] 水枕；

slsl：A ['izjaNcIki:] 先月（行った月）、[huraNsIPaN] フランスパン；

　　B [husju:]gunIN へそミカン、[kami:]sIbai 紙芝居；

　　C 'irE:[ku]tai 返事；

　　E sIgui[wara] 選り藁、sInIN[wata:] 足裏、'atai[batE:] 近くの畑、jajoi[zIdai] 弥生時代；

　　F boraNti[ja:] ボランティア；

slss：B ['aku:]zIru 灰汁汁、[sIba:]kusja 芝草、[hudI:]'irI 筆入れ、[turE:]gurE 喧嘩、[kadu:]gucI 門；

　　E CIna:[gi]ra トカゲ、'umEk[ki]rI 思いきり、'una:[zI]ru ウラジロ、kubu:[sju]mI 甲烏賊、Kuru:[sI]ba, Kuru:[zI]ba 紫唇（寒さで）；

slll：A [sjato:sjeNsjei] 佐藤先生（先生名）；

　　E 'isjeN[gakko:] 伊仙学校（学校名）；

slls：A [bare:bo:]ru バレーボール、[KiriNbi:]ru キリンビール；

　　B [hudI:]kaNzja 勝手に生える（吹き出る）芋蔓；

　　E sIbai[buk]ku 膀胱、'ubaN[cI:]bu 御飯粒、nahaN[ga:]mI 那覇甕；

lssl：A [ke:sjatobai] カマキリ、[Ma:gawarE:] 孫娘、[raisIkare:] ライスカ

レー (cf. kare:[rai]sI);
B [jiN]gamasjai <m>, jiNga[masjai] 男勝り;
E kaNgE[cIgE:] 考え違い、beNzjo[Kumi:]* 便所汲み、kaNwa[zIteN] 漢和辞典;
F tIkkosja[muN] 不器用者、naisjaga[rE:] 落伍者、sjo:gaku[sjei] 小学生;

lsss：B [mo:]sIkazjI 方向不定の風、[ko:]'unagi 川鰻、[mi:]tuzjutu 若夫婦、[ha:]'urumI 赤ウルメ（魚）、[huk]kwIzIra 脹れっ面;
C wu:[ba]kusja, wu:ba[ku:]sja オオバコ;

lsll：A [Ma:cImo:kai]* 火遊び、[ha:warENgwa:] 赤子;
B [ja:]masjeNsjei 山先生（名字）;
E 'aNba[zjo:mIN] 油素麺、jaNmE[ho:ki:]* 庭掃き;
F naisjagai[muN] 落伍者;

lsls：A [taisjoga:]mI 大正甕、[TI:cITa:]cI 一つ二つ、[Ta:cImi:]cI 二つ三つ、['u:muka:]sI 大昔;
E dE:gu[ru:]ma 独楽、'aizI[ru:]sI 蒙古斑、jaNmE[bo:]ki 庭箒、jiNga[nuk]kwa 息子、男の子;

llsl：A ['o:to:mikaN] 青唐（おうとう）ミカン、[Kwa:'wI(:)bIgwa:] 小指;
E sINkiN[busIN] 新築、kjo:dE:['omoi] 兄弟思い;
F miNkuNzjI[muN] 難聴者（耳崩れ者）、mIkkuNzjI[muN] 盲;

llss：A ['eiti:'e]mu ATM、[bi:zI:'e]mu BGM;
B [ha:]'e:zjara 赤とんぼ;
E 'uccja:[wa]sI, ['uccjawa:]sI 打ち合わせ;

llll：A [kjo:to:sjeNsjei] 教頭先生、[kju:sju:ho:geN] 九州方言;
E ko:cjo:[sjeNsjei] 校長先生、to:kjo:[sINbuN] 東京新聞;

llls：A [zjaNkeNhu:]sI じゃんけんぽん、['ju:tuibu:]nI 魚とり舟、[taisjo:Ma:]rI 大正生まれ、[teNno:hei]ka 天皇陛下、[keikei'a:]ru KKR;
E na:ja:[ba:]ra 大黒柱（中家柱）、to:kiN[cI:]ku タイサン竹、ko:go:[hei]ka 皇后陛下;

5音節語

sssl：A [mIzIharasI:]* 水見回り、['ogasahara:] 小笠原バナナ、

['usIbakuro:] 牛博労；

　　　　F nanacI['agai] 七つ上がり、kutuba[zIkE:]* 言葉遣い、
　　　　　junazI[gumui] 汚水溜まり（家畜の）、'azjama['uta:] 浅間唄、
　　　　　jasImi[zIkaN], jasImizI[kaN] <m> 休み時間、CIberu[kuriN] ツベ
　　　　　ルクリン；
　　　　G tanI'uru[sI:]* 種蒔き、jasImizI[kaN] <m>, jasImi[zIkaN] 休み時
　　　　　間、wugikasja[gi:]* 砂糖黍（荻）刈り、jamagata[keN] 山形県、
　　　　　herikopu[ta:] ヘリコプター；
sssll: A [tarazImuNgwa:] どこか足りない人、['iwateho:so:] 岩手放送；
　　　　F hanasI[muNgwa:] 民話、'azjama['aNnjE:] 浅間のおばあさん；
　　　　G CIra'ucIN[ki:] 面目潰れ、nahahjiko:[zjo:] 那覇飛行場；
sssls: A [nararazI:]o 奈良ラジオ（固有名）、['aruhabet]to アルファベット；
　　　　F mataga[ra:]sI 燕、haruja[sI:]mi 春休み、sIgjoro[do:]hu 冷や奴、
　　　　　natanI['aN]ba <m> 菜種油（tanIju[:[が普）、CIburu[ba:]cI 雀蜂；
sslsl: A [Kiro'ukkwImuN] 臆病者、['enu'eicIkei] NHK；
　　　　F 'ucInjiN[gamo:] 居候、'ucIkui[zIcIN] 風呂敷包み；
　　　　G nahakjo:gi[zjo:] 那覇競技場；
sslss: A ['esI'o:'e]sI SOS；
　　　　F gumi'a:[ku]ta 屑、ゴミ、'usjesI:[ra]sI* 押しつぶし、
　　　　　gasIma:[sI]ku ガスマスク；
ssllr F socIgjo:[sjo:sjo:] 卒業証書
sslls: A ['eruPi:ga:]sI エルピーガス、['ikadaiga:]ku 医科大学；
　　　　F warawai[cI:]cI 藁打ち槌、masju'e:[zja:]ra シオカラトンボ、
　　　　　nahadE:[ku:]nI 那覇大根（造語）、socIgjo:[sjo:]sjo 卒業証書；
slssl: A [gjogjo:Kumi'ai] 漁業組合；
　　　　E mabui[nugImuN] 魂の抜けた人、'atai[hacIkiN] 隣近所；
　　　　F 'ujakkwa[dorE:] 親子喧嘩、'oraNda[rjoko:] オランダ旅行；
slsss: B [naga:]cIzIki 長続き、[nacI:]jasImi 夏休み、['agI:]'urusI 上げ下ろ
　　　　　し、[hazI:]gImakI はぜの木負け（かぶれ）；
slsll: A [sIPo:cIseNta:], sIPo:cI[seNta:] スポーツセンター；
　　　　F 'oraNda[miNjo:] オランダ民謡；

slsls：A［njizju:goneN］ki 二十五年忌、［binji:rubuk］ku,［binji:］rubukku ビニール袋；

　　　B［'ucI:］gamassja 内股歩き、［binji:］rubukku,［binji:rubuk］ku ビニール袋；

　　　E sIzjai［njigi:］rI 右左；

　　　F 'oraNda［rjo:］ri オランダ料理；

sllsl：E sIbai［sIkkjabui］お漏らし；

（sllss）：-

sllll：A［sImiN'uNdo:kwai］市民運動会；

sllls：E njihoN［daiga:］ku 日本大学；

lsssl：A［'wa:cIkisIdE:］*天気次第（だ）、［'i:kikirImuN］臆病者、［nju:gakusIkeN］入学試験；

　　　E ko:sja［kamasI:］*拳骨食らわせ；

　　　F 'iNgjumI［sIki:］*煎り米粉にすること（煎り米引き）、zju:guja［wudui］十五夜踊り；

lssss：A［Fo:kuri］huto フォークリフト、［zja:nari］suto ジャーナリスト；

lssll：A［CjuNsImasIppai］他集落との婚姻、［'o:'itaho:so:］大分放送、［'iNhuru'eNzja:］インフルエンザ；

lssls：A［teNpura'aN］ba 天ぷら油、［jaijamagu:］cI 八重山方言、［sjaNkakuzjo:］gi 三角定規、［MaNtagurE:］ra 馬の一回転；

　　　E tE:ki［bana:］sI 武勇伝；

　　　F CIkkjuga［na:］sI お月様、naNgwacI［Ma:］rI 何月生まれ、zju:'icI［gwa:］cI 十一月、s(j)apPoro［bi:］ru サッポロビール；

（lslsl）：-

（lslss）：-

（lslll）：-

lslls：A［s(j)aNtori:bi:］ru サントリービール、［ko:bedaiga:］ku 神戸大学；

　　　E 'aNba［go:ja:］ku 油膏薬；

llssl：E keisjaN［macIgE:］*, keisjaN［macIgoi］*, -［mazIgoi］*計算間違い、sINjo:［Kumi'ai］信用組合；

　　　F hokkaido［cIho:］北海道地方；

(llsss) : -
llsll : F　hokkaido[giNko:]　北海道銀行；
llsls : A　[ʼukkaNcIbu:]ru　頭、[taiwaNbana:]na　台湾バナナ；
　　　　E　to:kjo:[razI:]o　東京ラジオ、deNsIN[basI:]ra <n>　電信柱；
　　　　F　hokkaido[ga:]sI　北海道ガス；
lllsl : E　hokkai[do:CIho:]　北海道地方；
lllss : E　mI:hai[nI:]sItu　詐欺師、deNsIN[ba:]sIra <n>　電信柱；
lllll : A　[kju:sju:sINkaNsjeN]　九州新幹線；
　　　　E　hokkai[do:sINbuN]　北海道新聞、cjo:miN[ʼuNdo:kwai]　町民運動会；
lllls : A　[sjaNzju:sjaNneN]ki　三十三年忌；
　　　　E　hokkai[do:ga:]sI, hokkaido[ga:]sI　北海道ガス、kei'o:[daiga:]ku　慶応大学；

参照文献

早田輝洋 (1977)「生成アクセント論」大野晋・柴田武 (編)『岩波講座日本語 5　音韻』323–360. 東京：岩波書店.

早田輝洋 (1995)「徳之島天城町松原と浅間の方言の名詞アクセント体系：単語声調方言の例として」『琉球の方言』18・19 合併号：132–144.

ウエイン ローレンス・岡村隆博 (2009)「徳之島浅間方言の俚言名詞アクセント資料」『琉球の方言』33: 173–180.

岡村隆博 (2007)『奄美方言』鹿児島：南方新社.

岡村隆博・澤木幹栄・中島由美・福嶋秩子・菊地聰 (2009)『徳之島方言二千文辞典 (改訂版)』徳之島方言の会. ［データディスク付き］

岡村隆博・澤木幹栄・中島由美・福嶋秩子・菊地聰 (2014)『徳之島方言辞典 (基礎データ版)』徳之島方言の会.

柴田武 (1960)「徳之島方言の音韻」『国語学』41: 14–27.［『沖縄文化論叢』第 5 巻、平凡社、1972 にも再録］

上野善道 (1977)「徳之島浅間方言のアクセント (1)」岩手国語学会国語学論集刊行会 (編)『小松代融一教授退職・嶋稔教授退官記念国語学論集』220–188.

上野善道 (2000)「奄美方言アクセントの諸相」『音声研究』4 (1): 42–54.

上野善道 (2001)「徳之島浅間方言の活用形アクセント資料」『琉球の方言』25: 1–61.

上野善道 (2004)「徳之島浅間方言の複合動詞のアクセント」『琉球の方言』28: 1–42.

上野善道 (2014)「徳之島浅間方言のアクセント資料 (1)」『国立国語研究所論集』8: 141–175.

上野善道 (2015)「徳之島浅間方言のアクセント資料 (2)」『国立国語研究所論集』9: 177–205.

第11章
琉球諸語のアロキュティビティー[1]

アントン・アントノフ

1. アロキュティビティーとは何か？

　アロキュティビティーという用語は既に十九世紀にフランスのバスク語専門家ルイー・ルシアン・ボナパルトによって導入されたものである（Bonaparte 1862: 19–21）。バスク語のほとんどの方言にある現象で、聞き手が親称二人称の代名詞である hi を使って話すべき場合、その聞き手が動詞の項でなければ、必ず（叙述文の）すべての定形動詞は、特別な聞き手活用をせざるを得ないというのが、アロキュティビティーと呼ばれる現象である。なお、フランスで話されている一部の方言にはその他に敬称二人称 zu を使ってもまた似たような聞き手活用が使われている（Hualde and de Urbina (ed.) 2003: 242）。さらに注目すべきことには、この特別な聞き手活用の表示は相手が動詞の項である場合の動詞の二人称の表示とは違うのである。

　次の例文はバスク語の標準語の例である。例（1）は唯一項が一人称の自動詞で、例（2）は動作主が一人称で被動作主が三人称の他動詞である。a は

---

[1] 本稿は筆者が2013年2月に京都大学で開催された国際ワークショップ「琉球諸語と古代日本語に関する比較言語学的研究」で発表したもの（"Verbal allocutivity in Ryukyuan"）をもとにしている。その際コメントをくださった方々や本稿執筆にあたり助言をいただいた編者にお礼を述べたい。

親称を用いないときの用法であり、bとcは親称を用いて相手が男性か女性かによって使い分けられている。なお、例文に使われた動詞はいわゆる単純形の（助動詞なしで活用変化する）ものである。

(1) a. Bilbo-ra n-oa
　　　　Bilbao-ALL 1U-go
　　　　「ビルバオへ行く」（親称を用いない場合）

　　b. Bilbo-ra n-oa-k
　　　　Bilbao-ALL 1U-go-ALLOC:FAM:M
　　　　「ビルバオへ行く」（親称を用いて相手が男性の場合）

　　c. Bilbo-ra n-oa-n
　　　　Bilbao-ALL 1U-go-ALLOC:FAM:F
　　　　「ビルバオへ行く」（親称を用いて相手が女性の場合）

(2) a. Diru-a da-kar-t
　　　　money-DET ASP:3P-bring-1A
　　　　「お金を持ってくる」（親称を用いない場合）

　　b. Diru-a za-karr-ea-t
　　　　money-DET ASP:3P-bring-ALLOC:FAM:M-1A
　　　　「お金を持ってくる」（親称を用いて相手が男性の場合）

　　c. Diru-a za-karr-ena-t
　　　　money-DET ASP:3P-bring-ALLOC:FAM:F-1A
　　　　「お金を持ってくる」（親称を用いて相手が女性の場合）

このようにバスク語のアロキュティビティーはある条件の下で動詞に項でない相手の標示が現れるものである。これを動詞アロキュティビティーと呼ぶことにする。このアロキュティビティーという用語は今まで専らバスク語に応用されてきたものであるが、この現象は決してバスク語に限られたものではないように思われる。

　バスク語のアロキュティビティーはそもそも話し手と相手の間に存在する関係が文法的に現れているに過ぎない。そして方言によって、それは親しい間柄でも敬遠の間柄でもありうる（de Rijk 1998）。文法化の度合いや個々の用法に違いがあるものの、似たような現象が世界の各地の言語にも見られる

（詳しくは Antonov 2015 参照）。孤立語のプメ語（ベネズエラ、Mosonyi and Garcia 2000）とナンビクアラ語（ブラジル、Kroeker 2001）、スー語族のマンダン語（Kennard 1936）、アフロ・アジア語族のベジャ語（Appleyard 2004, 2007）もさることながら、日本語と韓国・朝鮮語（以後、韓国語と呼ぶ）にもアロキュティビティーによく似ている現象があるように思われる。たとえば、日本語のマス形はバスク語の敬称聞き手活用とほぼ同様なものである。丁寧体とも呼ばれるマス形を使った文体は事実上非項（疑問文の場合を除く）の相手の存在と話し手とその相手の間に存在している関係を述語に標示しているのである。なお、常にマス形を取っている丁重動詞は聞き手がその項になれない点でバスク語の聞き手活用の動詞と変わらない。

表1　標準語の丁重動詞

-de goza-imas-
-(de) or-imas-
moos(h)-imas-
itas(h)-imas-
mair-imas-

1.1　アロキュティビティーの標示について

標示されている場所によって語レベルのアロキュティビティーと文レベルのアロキュティビティーとが区別できる。

前者には形態的なもの（バスク語、ベジャ語、マンダン語、日本語など）と語彙的なもの（ジャワ語など）とがある。後者には主に終助詞によるもの——ビルマ語（Wheatley 2003: 202）、タイ語（Diller 2008: 47）、ベトナム語（Thompson 1987: 260 や Panfilov 1993: 264–287 など）——がある。

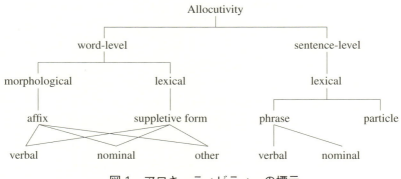

図1 アロキュティビティーの標示

1.2 （動詞）アロキュティビティーとは違う現象

　動詞アロキュティビティーはまず当然のことながら聞き手が動詞の項（主語や目的語など）である場合を含まない。聞き手が項かどうか、はっきりとしているケースとそうでないケースがある。日本語や韓国語（Sohn 1999: 407ff）、またチベット語（Tournadre and Dorje 1998: 439–443）のような言語の敬語システムの場合は、尊敬語と謙譲語の二種類の動詞が存在しており、尊敬語は主語、謙譲語は主語以外の項が尊敬の対象になるわけだが、聞き手を尊敬の対象にする場合は、それらを項位置に置かなければならない。したがって、聞き手がその動詞の項（主語や目的語など）であるのでそれはアロキュティビティーとは呼ばない。このようなシステムは東アジアの各地の他に、ポナペ語にもあり（Rehg and Sohl 1981: 359ff）、ポナペ語にはそのほかに尊敬・謙譲助数詞もあるが、いずれもアロキュティビティーではない。また、動詞の命令形が聞き手の性別によって使い分けられる語形を持っている言語もあるが、この場合も聞き手が命令形の動詞の主語にあたるので、アロキュティビティーの一例として認定できない。

　なお、聞き手が非項でも動詞以外に標示されるような場合も含まない。たとえば、日本語の丁寧語や丁重語には少数ではあるが、名詞（「お花」「拙宅」など）、副詞（「もはや」など）が存在する。しかしこれらは動詞アロキュティビティーと見ない。さらに、複雑なスピーチレベルの敬語システムを有するオーストロネシア語族マレー・ポリネシア語派のジャワ語

(Poedjosoedarmo 1968, 1969, Geertz 1976, Wolff and Poedjosoedarmo 1982)、スンダ語、マドゥラ語（Stevens 1965）などのスピーチレベル別に話し手と非項の相手の間の関係をエンコードする非動詞のものも動詞アロキュティビティーと見ない。ビルマ語（Wheatley 2003: 202）やタイ語（Diller 2008: 47）のように終助詞によって相手への敬意を表すケースも同様である。

最後に、動詞に非項の聞き手ではなく、非項の話し手（の性）を標示する対照的な現象があるが、それは仮に動詞反アロキュティビティーと呼んで、動詞アロキュティビティーと見ない。たとえば、スー語族のラコタ語では必須ではないが定形動詞は終助詞を伴って話し手の性（正しくはジェンダー）を標示することがある（Trechter 1995, Mithun 1999）。また、ビルマ語やタイ語に存在する、聞き手への敬意とつながっている、非動詞アロキュティビティーの一種である終助詞も話し手の性（ジェンダー）をも標示する点でこれに似ている。これらも動詞アロキュティビティーには含まない。

さて、以上のようなケースを考慮に入れず、本稿では琉球諸語における動詞アロキュティビティーの共時的且つ通時的な概観を試みる。

2. 琉球諸語における動詞アロキュティビティー

動詞アロキュティビティーの存在は沖縄の古語や現代の北琉球の方言の描写に、丁寧語としてではあるが、わずかながら記述されている。

2.1 現代琉球諸語における動詞アロキュティビティー

動詞アロキュティビティーは専ら奄美や沖縄諸方言に存在するようである（上村 1997: 347, 島袋 1997: 361, 津波古 1997: 381, 須山 1997: 452）。八重山方言には存在するかどうか判断しがたい（石垣方言には狩俣 1997b: 407 と宮良 1995: 236–243 によれば存在するが、宮城 2003a, b と前新 2011 はそれに言及していない）。例文はすべて各々の著者の表記を用いている。

2.1.1 奄美方言

奄美方言の動詞アロキュティビティーの接尾辞は以下の通りである（内間・野原 1976, 内間 1984, 寺師 1985, 平山 1986, 菊・高橋 2005, Niinaga 2010,

重野 2010a, b, Shigeno 2010)。

表2　奄美方言の動詞アロキュティビティー

大島	浦	-jor-
	名瀬	-jo:r-
	湯湾	-jawor-
		-jo:r-
	古仁屋	-jo:r-
		-jawor-
喜界島	志戸桶	-e:r-
	荒木	-e:r-
徳之島	浅間	-e:r-
	井之川	-je:r-
	亀津	-je:r-
沖永良部島	畦布	-jabir-
	和泊	-jabir-
	具志堅	-jabir-
	田皆	-jabir-
	知名	-jabir-
与論島	茶花	-jabir-

上記の先行研究に挙げられた例文を以下に示す。

大島浦方言

浦方言には -jor- という標準語のマス形とほぼ同類の接尾辞がある（重野 2010a: 284–285）。しかし、この形式は、マス形とは違って、尊敬すべき主語のある動詞に直接付かず、動詞の尊敬の形に付く。

（3）　basu=nu　k-jo-ta
　　　バス =NOM　来る -ALLOC-PRF
　　　バスが来ました。

（4）　ʔamu=nu　fur-jor-i
　　　雨 =NOM　降る -ALLOC-FIN

雨が降っています。

(5) hoN darjor-i
　　 本　COP:ALLOC-FIN
　　 本です。

(6) waN=ja ʔaQsja gaQkoo=ccji ʔi-jor-i
　　 1SG=TOP　あした　学校=ALL　　行く-ALLOC-FIN
　　 私はあした学校へ行きます。

(7) sensee=nu gaQkoo=ccji ʔimor-jor-i
　　 先生=NOM　　学校=ALL　　行く:HON-ALLOC-FIN
　　 先生はあした学校へ行きます。

大島名瀬方言

　名瀬方言では -jo:r- という接尾辞を使って動詞の丁寧体ができるという（寺師 1985: 131, 187）。

(8) a. jum-jo:-N
　　　　読む -ALLOC-FIN
　　　　（私・貴方・彼が）読みます。

　　 b. jum-jo:r-aN
　　　　読む -ALLOC-NEG
　　　　（私・貴方・彼が）読みません。

　助動詞 ar-（ある）を使った形容詞の丁寧体も成り立つ。

(9) a. ha:sa (a)r-jo:-N
　　　　赤い　ある -ALLOC-FIN
　　　　赤いです。

　　 b. ha:sa (a)r-jo:r-aN
　　　　赤い　ある -ALLOC-NEG
　　　　赤くないです。

大島湯湾方言

(10) waN-ga ik-jawoN
 1SG-NOM 行く -ALLOC.FIN
 私が行きます。　　　　　　　　　　　　（内間 1984: 635–636）

(11) an kɨɨ=ja taasa-joo-i
 DEM 木 =TOP 高い -ALLOC-NPST
 あの木が高いです。　　　　　　　　　　（Niinaga 2010: 71）

大島古仁屋方言

(12) arrja kak-jawom
 彼.TOP 書く -ALLOC.FIN
 彼が書いている。　　　　　　　　　　　（内間 1984: 634）

(13) arrja kuṣa tutur-jawor
 彼.TOP 草 取る -ALLOC
 彼が草を刈っている。　　　　　　　　　（内間 1984: 634）

喜界島志戸桶方言

(14) wa-ŋa kʔi-jeːN
 1SG-NOM 着る -ALLOC.FIN
 私が着ます。　　　　　　　　　　　　　（内間 1984: 641）

(15) wa-ŋa jum-eːN
 1SG-NOM 読む -ALLOC.FIN
 私が読みます。　　　　　　　　　　　　（内間 1984: 641）

修飾節にも表れる。

(16) kʔi-jeːN tʃʔu
 着る -ALLOC.ADN 人
 着ている人　　　　　　　　　　　　　　（内間 1984: 641）

(17) kʔi-je:　　so:
　　　 着る-ALLOC.?　NMLZ.TOP
　　　 着ていること　　　　　　　　　　　　　　　（内間 1984: 641）

徳之島井之川方言

(18) waɴ-ga　jum-eruɴ
　　　 1SG-NOM　読む-ALLOC.FIN
　　　 私が読みます。　　　　　　　　　　　　　　（内間 1984: 646）

(19) waɴ-ga　kʔir-eruɴ
　　　 1SG-NOM　着る-ALLOC.FIN
　　　 私が着ます。　　　　　　　　　　　　　　　（内間 1984: 646）

徳之島亀津方言

(20) waɴ-ja　ik-er-aɴ　　　da
　　　 1SG-TOP　行く-ALLOC-NEG　EXCL
　　　 私は行きませんよ。　　　　　　　　　　　　（平山 1986: 944）

(21) waa-ga　jum-er-uɴ　　da
　　　 1SG-NOM　読む-ALLOC-FIN　EXCL
　　　 私が読みますよ。　　　　　　　　　　　　　（平山 1986: 944)

(22) ʔama-ja　　ʔatʃa:r-er-uɴ　da
　　　 あそこ-NOM　暑い-ALLOC-FIN　EXCL
　　　 あそこは暑いですよ。　　　　　　　　　　　（平山 1986: 944)

沖永良部島和泊方言

(23) wa:-ga:　itʃabuɴ
　　　 1SG-NOM　行く.ALLOC.FIN
　　　 私が行きます。　　　　　　　　　　　　　　（平山 1986: 868)

(24) wa:-ga: jum-jabuN
　　　1SG-NOM 読む-ALLOC.FIN
　　　私が読みます。　　　　　　　　　　　　　（平山 1986: 868）

沖永良部島田皆方言

(25) wa:-ga hakkjabuN
　　　1SG-NOM 書く.ALLOC.FIN
　　　私が書きます。　　　　　　　　　　　　　（内間 1984: 652）

従属節や修飾節にも表れる。

(26) hakkjabu-ti
　　　書く.ALLOC.?-CNV
　　　書いて（書きまして）　　　　　　　　　　（内間 1984: 652）

(27) hakkjabunu tʃʔu
　　　書く.ALLOC.ADN 人
　　　書く人　　　　　　　　　　　　　　　　　（内間 1984: 652）

(28) hakkjabu ʃi ja
　　　書く.ALLOC.ADN NMLZ TOP
　　　（だれかが）書いているの・ことは　　　　（内間 1984: 652）

沖永良部島知名方言

(29) wa:-ga hak-jabur-a
　　　1SG-NOM 書く-ALLOC.NPST-HORT
　　　私が書きましょう。　　　　　　　　　　　（平山 1986: 904）

従属節や修飾節にも表れる。

(30) hakkjabunu tʃʔu:=wa taru diro ka ja:
　　　書く.ALLOC.ADN 人=TOP だれ COP INTER PRT
　　　書いている人はだれかな？　　　　　　　　（平山 1986: 904）

(31) hakkjabutimu　　wakajaburan　　dja:
　　　書く.ALLOC.CONCESS　分かる.ALLOC.NEG　EXCL
　　　書いても分かりませんよ。　　　　　　　　　　　（平山 1986: 904）

与論島方言

　与論島方言は -jabir- 接尾辞を使う。菊・高橋（2005: 787–788）に挙げられている例文のほとんどが聞き手が動詞の主語であるが、そうでないときも使われるようで、標準語のマス形と似ている。

(32) aQcja:　sikama　tacjabjuɴ
　　　あした　朝　　去る.ALLOC.FIN
　　　あしたの朝、出発します。

(33) na:ja　　kacja:bju:siga　　tusja:　kacjajabiraɴnu
　　　名前.TOP　書く.ALLOC.NMLZ.ADV　年.TOP　書く.ALLOC.PRF.NEG.FIN
　　　名前は書いてありますが、年齢は書いてありません。

　重野（2010b: 14–15）の例文には三人称で且つ話し手の身内が主語であるものがある。

(34) wutturu=ga　gakoo=kati　ik-jaabju-i
　　　弟=NOM　　学校=ALL　　行く-ALLOC-NPST
　　　弟が学校へ行きます。

2.1.2　沖縄方言

　沖縄方言のアロキュティーブ活用は -(j)a(:)bi(:)- という接尾辞を用いる（内間・野原 1976, 内間 1984, 平山 1986, 生塩 1999, 伊是名島方言辞典編集委員会編 2004）。

本部町並里方言

(35) dʒi:　kakabiɴ
　　　字　書く.ALLOC.FIN
　　　書きます。　　　　　　　　　　　　　　　　　　（内間 1984: 664）

(36) haki-jabir-aba
　　　書く -ALLOC-HYP
　　　書けば

(37) haki-jabi-ti　　hara
　　　書く -ALLOC-CNV　から
　　　書いてから

(38) haki-jabinu　　tʃu:
　　　書く -ALLOC.ADN　人
　　　書く人

首里方言

(39) maa-ɴkai-ɴ　ʔic-abir-aɴ
　　　どこ -ALL-FOC　行く -ALLOC-NEG.FIN
　　　どこへも行きません。　　　　　　　　　（OGJ 2001 [1963]: 23）

(40) cura-winagu　tuzi　sjo:ru　　　ccu-nu　u-ibi:-taɴ
　　　綺麗 - 女　　　妻　　する.PROG.ADN　人 -NOM　いる -ALLOC-PST.FIN
　　　美しい妻を持っている男がいました。　　（OGJ 2001 [1963]: 23）

(41) ʔasaɴ　banuɴ　caa　　siwai　bike:i　sjooibi:-taɴ
　　　朝.FOC　晩.FOC　いつも　心配　ばかり　する.ALLOC.PROG-PST
　　　いつも心配ばかりしていました。　　　　（OGJ 2001 [1963]: 24）

　形容詞にも続くことができる。

(42) kunu　tuzee　curasaibi:-ta-si-ga
　　　この　妻.TOP　綺麗.ALLOC-PST-NMLZ-CONJ
　　　その妻は美しかったですが…　　　　　　（OGJ 2001 [1963]: 24）

豊見城西銘方言

(43) wa:-ga　tʃi-jabiɴ
　　　1SG-NOM　着る -ALLOC.FIN
　　　私が着ます。　　　　　　　　　　　　　（内間 1984: 674）

2.1.3　宮古方言

　宮古方言にはアロキュティビティーがないのが定説のようである（仲宗根 1976: 233, Hayashi 2010, Pellard 2010, p.c.）。

　西岡（2010: 206–207）は野原方言のビャー（ヤー）（標準語の「～かな」に相当）がもともとは丁寧の意を持っていた可能性があるとしているが、これは実は与儀（1934: 75）が挙げる宮古方言の日本語訳に使われているマス形によるもののようで、認めがたい。

　なお、西岡（2010: 208）は宮古方言の民謡に現れるサマーズ（「する」の尊敬語、「なさる」）とンミャーズ（「行く・来る」の尊敬語、「いらっしゃる」）の二つの例が丁寧語（アロキュティブ形）として使われている説を提唱しているが、野原方言の話者の賛成を得られないという。

(44)　yu-ya　　aki　　　　do　　samasu　　oya　　　yo
　　　夜 -TOP　夜明け .CNV　FOC　する :HON　お父さん　EXCL
　　　お父さんヨ、もうすぐ夜明けです。

(45)　mii-dusu-nu　　mmjatarjaa
　　　新しい - 年 -NOM　来る :HON:CNV
　　　新しい年が来たら

　尊敬動詞から丁寧動詞が発達するのは珍しくないが（表 3（250 ページ）参照）、宮古方言はその道を辿って来なかったようである。

2.1.4　八重山方言

　宮城（2003a, b）によると、石垣方言の ʔoːruŋ は尊敬語の動詞また助動詞として使われているという。

(46)　meːda　　ʔoːr-an-u
　　　まだ　　行く・来る :HON-NEG-IMPRF
　　　まだいらっしゃらない。　　　　　　　　　　　　　（宮城 2003a: 187）

(47)　dʒin-ja　　takaːniŋ　　ar-oor-uŋ
　　　お金 -TOP　たくさん　　ある -HON-IMPRF
　　　お金がたくさんおありだ。　　　　　　　　　　　　（宮城 2003b: 55）

しかし、宮良 (1995: 236–237) と狩俣 (1997b: 407) によれば、次の例のように丁寧形（アロキュティブ形）としての用法もあると主張している。

(48) çibatʃi-naŋga pïi-ya ar-oor-un neera
　　 火鉢 -LOC 　　火 -TOP 　ある -ALLOC-IMPRF　INTER:ALLOC
　　 火鉢に火がありますか。　　　　　　　　　　（宮良 1995: 237）

動詞アロキュティビティーではないのでここでは取り上げないが、宮良 (1995) も宮城 (2003a) もユーという丁寧の意を添える終助詞の存在に言及している。この終助詞は竹富方言（前新 2011: 36）や波照間方言（Aso 2010: 209）にもある。

2.2 動詞アロキュティビティーの通時的考察と文法化

沖永良部島方言、与論島方言と沖縄方言の三方言のアロキュティブ接尾辞 -(j)abi(r)- は中古語の丁重（助）動詞ハベリに由来する。

(49) midukara pa nifon-no fito n-ite nan faber-isi
　　 1 　　 TOP 日本 -GEN 人 COP-SEQ FOC だ :ALLOC:RSP-PST:ADN
　　 私は日本人でした。　　　　　　　　　　　（HM I:165.10-11）

(50) sono noti namu kado firo-ku mo nar-i-faber-u
　　 DEM 後 FOC 門 広い -CNV FOC なる -CNV-AUX:ALLOC:RSP-FIN
　　 その後、家の門が広くなりました。　　　　　　　（TM 32.3）

(51) nandeu sar-u koto ka s-i-faber-an
　　 なぜ そんな -ADN こと INTER する -CNV-AUX:ALLOC:RSP-HYP:ADN
　　 なぜそんなことをしましょうか。　　　　　　　　（TM 32.4）

この動詞は既に上代語に現れるが、丁寧・丁重動詞どころかまだ謙譲動詞として使われていたかどうかさえ明確ではないようである。

(52) Nakamaro$_2$-i TADASI-KI OMI$_1$ tosite PABE$_1$R-I-t-u
　　 仲麻呂 -NOM 忠実 -ADN 臣 として 仕える :HUM-CNV-PRF-FIN
　　 仲麻呂は忠実な臣として奉仕した。　　　　　　　（SM 34）

琉球諸語に初めて現れるのは十五世紀の申叔舟著の『海東諸国記』で、

十六世紀の『おもろさうし』（OS）には丁寧用法もある謙譲助動詞として使われている（仲宗根 1976: 233）。OS には勧誘形しか現れない（外間・西郷 1976 [1972]: 523, 髙橋 1991: 295, 431）。

(53) wezoniya=no   uchi=ya   amahe-yaber-a
　　　ゑぞ祖 =GEN　　家 =TOP　　喜ぶ .CNV-AUX:ALLOC-HORT
　　　hokor-i-yaber-a
　　　喜ぶ -CNV-AUX:ALLOC-HORT
　　　ゑぞ祖の家で喜び祝福しましょう
　　　（OS 5-78 [289], 外間・西郷 1976 [1972]: 108, 外間・波照間 2002: 209）

(54) dashima   mabur-i-yaber-a
　　　大島　　　守る -CNV-AUX:ALLOC-HORT
　　　我が島を守りましょう！
　　　（OS [362], 外間・西郷 1976 [1972]: 138, 外間・波照間 2002: 249）

(55) suhe=no   china   ut-i-yaber-a
　　　強い =GEN　綱　　打つ -CNV-AUX:ALLOC-HORT
　　　強い綱を作りましょう
　　　（OS [402], 外間・西郷 1976 [1972]: 154, 外間・波照間 2002: 270）

(56) omoro-tane   ko-yaber-a
　　　すばらしい - 種　乞う -CNV-AUX:ALLOC-HORT
　　　すばらしい種を乞いましょう
　　　（OS [404], 外間・西郷 1976 [1972]: 154, 外間・波照間 2002: 271）

　-yaber- のアロキュティブ用法は琉歌に明確に現れる。スルを例に取ると、勧誘形（シャビラ）の他には、非過去形の連体形（シャビル）や過去形（シャビタン）、疑問形（シャビガ）などが現れる（外間 1997, 西岡 1994）。
　一方、奄美大島のアロキュティブ形の由来は、重野（2010b: 286）によると、尊敬動詞オワル（中古語のオワスと同根、迫野 2005: 4-8）に遡るという。このオワルは石垣・竹富方言の尊敬動詞 ʔo:ruŋ の祖形でもある。
　ちなみに、仲宗根（1976: 231）はこのオワルが十五世紀のおもろさうしに尊敬動詞としてしか使われていないのに、十八世紀の組踊りには自分の行動について話すとき（自尊動詞？）と目下の相手に命令するときに使われるよ

うになっていると主張する。

(57) diyo:tʃar-u　　munu=ja
　　　出る.CNV.ALLOC-ADN　者=TOP
　　　出て来た者は（＝私）　　　　　　　　　　　　　（組踊り）

(58) saki=yu saki=yu　daʃo:r-i　　daʃo:r-i
　　　酒=ACC　酒=ACC　出す.HON?-IMP　出す.HON?-IMP
　　　お酒を出して　　　　　　　　　　　　（ゴサマルティチウチ）

　データを西岡（2003: 64）から引用している重野（2010b: 14）も指摘するように、組踊りにおけるオワル助動詞の用例はほぼ全て（37例のうち33例）が目下への命令である。つまり、ここで定義したアロキュティビティーの例とは認められない。

　この分布は西岡（2004）にも確認されている。尊敬動詞から丁寧・丁重（アロキュティブ）動詞への変遷は例（57）のような士族系の組踊の担い手の初登場の際の自己紹介のセリフから始まったとしか考えられないように見える。再分析の元となりうる用例が少ないものの、北琉球の現代のアロキュティブ形がオワルに遡ることは明らかであり、このような再分析は日本語の歴史にも行われたことがある（Antonov 2013）。中世語のオヂャルとオリャルもさることながら（Frellesvig 2010: 372–373）、現代語のゴザルも実はもともとは尊敬動詞のオワシマス（＜オワス＋尊敬助動詞イマス）を記す漢字＜御座＞の音読み＜ゴザ＞に＜アル＞を添えたものに由来する（鈴木1997: 187）。

表3　日本語の動詞アロキュティブ形の変遷

OJ	EMJ1	EMJ2	LMJ1	LMJ2	EModJ	ModJ
		(-)*faber-*	(-)*sauraw-*	-*sɔɔ(rɔɔ)*-	-(*i*)*ma*[*ra*]*se-*	-*imas-*
				odyar-		-(*de*) *goza-imas-*
				oryar-		-(*de*) *or-imas-*
						moos(*h*)-*imas-*
						itas(*h*)-*imas-*
						mair-imas-

　一方、重野（2010b: 12）によれば、喜界島や徳之島方言のアロキュティ

ブの接尾辞は、主動詞の連用形に助動詞アリを添えてできたものと見ている。これは仲宗根（1976: 226）の首里方言の尊敬動詞 ʔmeNseN がもともとは imi+ari > imeeN に meshi+ari > miseN の加わった複合形であるという説を踏まえたものである。正しいかはさておき、この説の論理は、中世語に主動詞の連用形にオ・ゴを接頭し、アリ・アルを接尾する生産的な尊敬動詞のパターンを見ても納得できるように思われる（鈴木 1997: 187）。

3. 統語論から見た琉球諸語における動詞アロキュティビティー

3.1 アロキュティビティーと人称

表 4 は本稿で概観した琉球諸語のアロキュティブ形式がどんな動作主＞被動作主（主語＞対象）の場合に使用できるのかをまとめてみたものである。データが不十分なため、聞き手が非項であるすべてのケースに使えるかどうかは断定できない。

表 4　動詞アロキュティビティーと人称

	浦	名瀬	湯湾	古仁屋	志戸桶	井之川	田皆	与論	並里	首里
1	✓	?	✓	?	✓?	✓?	✓?	✓?	✓?	✓
2	?	?	?	?	?	?	?	✓	?	✓?
3	✓	✓	✓?	?	?	?	✓?	✓?	✓?	✓
1>2	?	?	?	?	?	?	?	?	?	✓?
2>1	?	?	?	?	?	?	?	?	?	✓?
1>3	?	✓?	?	?	✓	✓	✓	✓	✓?	✓
3>1	?	?	?	?	?	?	?	?	?	✓?
2>3	?	✓?	?	?	?	?	✓?	✓?	✓?	✓?
3>2	?	?	?	?	?	?	?	?	?	✓?
3>3	?	✓?	?	✓	?	✓	?	✓?	✓?	✓?

3.2 アロキュティビティーと文節タイプ

表 5 はアロキュティビティーとあらゆる文節タイプとの互換性を示そうとしたものであるが、データがやはり十分ではないので、不明な点が数多くある。しかし、標準語とは違って従属節で使われる言語が琉球諸語にある

ことは明らかである。それはバスク語の標準語と違う点でもあるが、実はバスク語の方言となると、日本語と琉球諸語のように疑問文でも従属節でもアロキュティブ形式が現れることがある（de Rijk 2008: 810, Adaskina and Grashchenkov 2009）。

表5　動詞アロキュティビティーと文節タイプ

	浦	名瀬	湯湾	古仁屋	志戸桶	井之川	田皆	与論	並里	首里
叙述	✓	✓	✓	✓	✓	✓	✓	✓	✓	✓
疑問	?	?	?	?	?	?	?	✓	?	✓?
感嘆	?	?	?	?	?	?	?	?	?	?
命令	?	?	?	?	?	?	?	?	?	?
従属	?	?	?	?	✓	?	✓	✓	✓	✓

4. まとめ

　本稿ではこれまでに公開された言語記述や文法に基づいて琉球諸語に存在する動詞アロキュティビティー（従来の丁寧・丁重語）のあらゆる接尾辞を概観してその由来や変遷について論じることを目的とした。しかし、記述が不十分であり、形態の面にしか言及していないものが大部分であり、詳しいことが分からない言語がまだたくさんある。また、統語の面に言及しないとその接尾辞の使い方が標準語のマス形と同類であることを含意しているように思われる。

　しかし、これは正しくない。場合によってはある形式がアロキュティブか尊敬形か定かではないこともある。それはたとえばアロキュティブとして挙げられた唯一の用例が聞き手を主語とした疑問文の場合である。標準語のアロキュティブ形もそのような用法があるとはいえ、記述が不十分な言語の場合はその形式が聞き手が非項でも使えるかどうかがそれだけでは判断しがたいのである。

　動詞アロキュティビティーは世界の言語には滅多に見られない現象である。そのため、琉球諸語におけるアロキュティビティーの記述はできるだけ詳細なものであることが望ましい。表5に記載してあるシナリオの全部で使えるかどうかを自動詞と他動詞を使ってきちんと確認し、聞き手が非項の場

合でも使えるならアロキュティブ形と見做せばよい。そのため、疑問文ではなくて、聞き手が動詞の項ではない叙述文（1>3, 3>1, 3>3）で、尊敬や謙譲の用法の可能性のないようなシナリオで調査する必要がある。自動詞で主語が一人称か尊敬の対象となれない三人称（たとえば、弟や主語が所有していない無生物）が最適のように思われる。最後に、主節だけではなく、あらゆる従属節においても使用できるかどうかを明らかにしたいところである。

略語一覧：言語

EMJ	Early Middle Japanese 中古語 (800–1200)	
	(EMJ1: 9c-11c/EMJ2: 11c–12c)	
EModJ	Early Modern Japanese 近代語 (1600–1750)	
LMJ	Late Middle Japanese 中世語 (1200–1600)	
	(LMJ1: 12c-14c/LMJ2: 14c–16c)	
ModJ	Modern Japanese 現代語 (1750–)	
(W)OJ	(Western) Old Japanese 上代中央語 (700–800)	

略語一覧：文献

HM	浜松中納言物語（1064?）
OS	おもろさうし（16 世紀）
SM	宣命（7–8 世紀）
TM	竹取物語（9–10 世紀）

略語一覧：グロス

1	first person	1 人称	DEM	demonstrative	指示詞
3	third person	3 人称	DET	determiner	限定詞
A	agent	動作主	EXCL	exclamative	感嘆詞
ACC	accusative	対格	F	female addressee	女性聞き手
ADN	adnominal	連体形	FAM	familiar	親称
ADV	adverb	副詞	FIN	finite	主節形
ALL	allative	方格	FOC	focus	焦点
ALLOC	allocutive	アロキュティブ	HON	honorific	敬称
ASP	aspect	アスペクト	HORT	hortative	勧誘形
AUX	auxiliary	助数詞	HUM	humble	謙譲
CONCESS	concessive	譲歩形	HYP	hypothetical	仮説形
CONJ	conjunction	接続詞	IMPRF	imperfective	非完了形
COP	copula	コピュラ	INTER	interrogative	疑問詞
CVB	converb	副動詞	LOC	locative	処格

M	male addressee	男性聞き手	PRT	particle	助詞
NEG	negation	否定	PST	past	過去形
NMLZ	nominalizer	名詞化	RSP	respect	尊敬
NOM	nominative	主格	SEQ	sequential	継起
NPST	non-past	非過去形	SG	singular	単数
P	patient	被動作主	TOP	topic	主題
PRF	perfect	完了形	U	single argument of intransitive verb	自動詞文の唯一の項（S）
PROG	progressive	進行形			

参照文献

Adaskina, Yulia and Pavel Grashchenkov (2009) Verb morphology and clause structure in Basque: Allocutive. *Presentation at Morphology of the World's Languages*, University of Leipzig, 11–13 June 2009.

Antonov, Anton (2013) Grammaticalization of allocutivity markers in Japanese and Korean in a cross-linguistic perspective. In: Martine Robbeets and Hubert Cuyckens (eds.) *Shared grammaticalization with special focus on the Transeurasian languages*, 317–340. Amsterdam: John Benjamins.

Antonov, Anton (2015) Verbal allocutivity in a crosslingusitic perspective. *Linguistic Typology* 19 (1):1–43.

Appleyard, David (2004) Beja as a Cushitic language. In: Gábor Takács (ed.) *Egyptian and Semito-Hamitic (Afro-Asiatic) studies: In memoriam W. Vycichl, studies in Semitic languages and linguistics*, vol. 39, 175–195. Amsterdam: Brill.

Appleyard, David (2007) Beja morphology. In: Alan S. Kaye (ed.) *Morphologies of Asia and Africa*, vol. 1, 447–481. Winona Lake, IN: Eisenbrauns.

Aso, Reiko (2010) Hateruma (Yaeyama Ryukyuan). In: Shimoji and Pellard (2010), 189–227.

Bonaparte, Louis-Lucien (1862) *Langue basque et langues finnoises*. London: Strangeways & Walden.

Diller, Anthony (2008) Resources for Thai language research. In: Anthony V. N. Diller, Jerold A. Edmondson, and Yongxian Luo (eds.) *The Tai-Kadai languages*, 46–48. London and New York: Routledge.

Frellesvig, Bjarke (2010) *A history of the Japanese language*. Cambridge: Cambridge University Press.

Geertz, Clifford (1976) The background and general dimensions of Prijaji Belief and Etiquette. In: *The Religion of Java*, 248–260. Chicago: University of Chicago Press.

Hayashi, Yuka (2010) Ikema (Miyako Ryukyuan). In: Shimoji and Pellard (2010), 167–188.

平山輝男 (1986)『奄美方言基礎語彙の研究』東京：角川書店.

外間守善 (1997)「琉歌百控」友久武文・山内洋一郎・真鍋昌弘・森山弘毅・井出幸男・外間守善 (校注)『田植草紙・山家鳥虫歌・鄙廼一曲・琉歌百控』新日本古典文学大系 62, 368–574. 東京：岩波書店.
外間守善・波照間永吉 (2002)『定本おもろさうし』東京：角川書店.
外間守善・西郷信綱 (1976 [1972])『おもろさうし』東京：岩波書店.
法政大学沖縄文化研究所言語班 (1976)「奄美大島宇検村湯湾方言の文法」法政大学沖縄文化研究所 (編)『琉球の方言』2. 東京：法政大学沖縄文化研究所.
Hualde, José Ignacio and Jon Ortiz de Urbina (eds.) (2003) *A Grammar of Basque*. Berlin: Mouton de Gruyter.
伊是名島方言辞典編集委員会 (2004)『伊是名島方言辞典』伊是名村教育委員会.
上代語辞典編集委員会 (1967)『時代別国語大辞典・上代編』東京：三省堂.
亀井孝・河野六郎・千野栄一 (編) (1997)『日本列島の言語』東京：三省堂.
狩俣繁久 (1997a)「琉球列島の言語：宮古方言」亀井孝・河野六郎・千野栄一 (1997), 388–403.
狩俣繁久 (1997b)「琉球列島の言語：八重山方言」亀井孝・河野六郎・千野栄一 (1997), 403–413.
Kennard, Edward (1936) Mandan grammar. *International Journal of American Linguistics* 9: 1–43.
菊千代・高橋俊三 (2005)『与論方言辞典』東京：武蔵野書院.
Kroeker, Menno (2001) A descriptive grammar of Nambikuara. *International Journal of American Linguistics* 67: 1–87.
前新透 (2011)『竹富方言辞典』石垣：南山舎.
Matayoshi, Satomi (2010) Tsuken (Okinawan). In: Shimoji and Pellard (2010), 89–111.
間宮厚司 (2005)『おもろさうしの言語』東京：笠間書院.
Mithun, Marianne (1999) *The languages of native north America*. Cambridge: Cambridge University Press.
宮城信勇 (2003a)『石垣方言辞典』那覇：沖縄タイムス.
宮城信勇 (2003b)『石垣方言辞典：文法、索引編』那覇：沖縄タイムス.
宮良信詳 (1995)『南琉球八重山石垣方言の文法』東京：くろしお出版.
森山由紀子 (2007)「文法化の観点から見た日本語敬語形式の通時的変遷試論」『同志社女子大学総合文化研究所紀要』24: 67–76.
Mosonyi, Jorge Carlos and Jorge Ramón García (2000) Yaruro (Pumé). In: Esteban Emilio Mosonyi and Jorge Carlos Mosonyi (eds.) *Manual de lenguas indígenas de Venezuela*, vol. 2, 544–593. Caracas: Fundación Bigott.
仲宗根政善 (1976)「宮古および沖縄本島方言の敬語法：『いらっしゃる』を中心として」九学会連合沖縄調査委員会 (編)『沖縄　自然・文化・社会』491–502. 東京：弘文堂.
Niinaga, Yuto (2010) Yuwan (Amami Ryukyuan). In: Shimoji and Pellard (2010), 35–88.

『日本国語大辞典』(2001–2002) 第 2 版. 東京:小学館.
西岡敏 (1994)「琉歌・組踊り語における動詞の活用表」『沖縄県立芸術大学付属研究所紀要』7: 39–89.
西岡敏 (2003)「組踊りの謙譲語:現代首里方言との比較を通して」『琉球の方言』28: 53–68.
西岡敏 (2004)「組踊り『万歳敵討』」『沖縄県立芸術大学付属研究所紀要』16: 229–240.
西岡敏 (2010)「宮古方言における敬語法の記述:旧上野村野原方言の敬語動詞を中心に」上野善道 (編)『日本語研究の 12 章』196–209. 東京:明治書院.
OGJ (2001 [1963])『沖縄語辞典』国立国語研究所資料集 5. 東京:財務省印刷局.
沖森卓也 (編) (2010)『日本語史概説』東京:朝倉書店.
生塩睦子 (1999)『伊江島方言辞典』伊江:伊江村教育委員会.
追野慶徳 (2005)「おもろさうしのラ行四段動詞オワルの成立」『語文研究』99:1–11.
Panfilov, V. S. (1993) *Grammaticeskij stroj v'etnamskogo jazyka*. Saint Petersburg: Saint Petersburg State University.
Pellard, Thomas (2010) Ogami (Ryukyuan). In: Shimoji and Pellard (2010), 113–166.
Poedjosoedarmo, Soepomo (1968) Javanese speech levels. *Indonesia* 6: 54–81.
Poedjosoedarmo, Soepomo (1969) Wordlist of Javanese Non-Ngoko vocabularies. *Indonesia* 7: 165–190.
Rehg, Kenneth L. and Damian G. Sohl (1981) *Ponapean reference grammar*. Hawai'i: University of Hawai'i Press.
de Rijk, Rudolf P. G (1998) Familiarity or solidarity: The pronoun *hi* in Basque. *Revista lnternacional de los Estudios Vascos* 36 (2): 373–378.
de Rijk, Rudolf P. G. (2008) *Standard Basque: A progressive grammar*. Cambridge, MA: MIT Press.
重野裕美 (2010a)「奄美大島龍郷町浦方言の敬語法」『広島大学大学院教育学研究科紀要』59: 279–288.
重野裕美 (2010b)「奄美諸島方言の敬語法:敬語形式の分布と展開に着目して」『国文学巧』208: 1–18.
Shigeno, Hiromi (2010) Ura (Amami Ryukyuan). In: Shimoji and Pellard (2010), 15–34.
島袋幸子 (1997)「琉球列島の言語:沖縄北部方言」亀井孝・河野六郎・千野栄一 (1997), 354–369.
Shimoji, Michinori and Thomas Pellard (eds.) (2010) *An introduction to Ryukyuan languages*. Tokyo: ILCAA.
Sohn, Ho-min (1999) *The Korean language*. Cambridge: Cambridge University Press.
Stevens, Alan M. (1965) Language levels in Madurese. *Language* 41: 294–302.
須山奈保子 (1997)「琉球列島の言語:奄美方言」亀井孝・河野六郎・千野栄一 (1997), 311–354.
鈴木丹次郎 (1997)「日本語の歴史:敬語」亀井孝・河野六郎・千野栄一 (1997),

184–190.
高橋俊三（1991）『おもろさうしの動詞の研究』東京：武蔵野書院.
高橋俊三（1997a）「琉球列島の言語：古典琉球語」亀井孝・河野六郎・千野栄一（1997），422–431.
高橋俊三（1997b）「琉球列島の言語：与那国方言」亀井孝・河野六郎・千野栄一（1997），413–422.
寺師忠夫（1985）『奄美方言その音韻と文法』那覇：根元書房.
Thompson, Laurence C.（1987）*A Vietnamese reference grammar*. Number XIII–XIV in Mon-Khmer Studies. Hawai'i: University of Hawai'i Press.
Tournadre, Nicolas and Sangda Dorje（1998）*Manuel de tibétain standard*. Paris: L'Asiathèque.
Trechter, Sara（1995）The pragmatic functions of gender deixis in Lakhota. Doctoral dissertation, University of Kansas Lawrence.
津波古敏子（1997）「琉球列島の言語：沖縄中南部方言」亀井孝・河野六郎・千野栄一（1997），369–388.
内間直仁（1984）『琉球方言の研究』東京：笠間書院.
上村幸雄（1997）「琉球列島の言語：総説」亀井孝・河野六郎・千野栄一（1997），311–354.
Wheatley, Julian K.（2003）Burmese. In: Graham Thurgood and Randy J. LaPolla（eds.）*The Sino-Tibetan Languages*, 195–207. London and New York: Routledge.
Wolff, John U. and Soepomo Poedjosoedarmo（1982）*Communicative codes in central Java*. Southeast Asia Program Publications. Ithaca: Cornell University.
与儀達敏（1934）「宮古島方言研究」『方言』7: 49–77.

第 12 章
ドゥナン（与那国）語の動詞形態論[1]

山田真寛

1. ドゥナン（与那国）語

　本稿は与那国島（沖縄県八重山郡与那国町）で話されている琉球諸語の一つ、ドゥナン（与那国）語（*dunan-munui* "与那国 - 言葉"）の動詞形態論を、文中に現れる表層形を各形態素に分析した形態素分析として提案する。与那国島には祖納（そない（*tumai-mura*））、比川（ひがわ（*ndi-mura*））、久部良（くぶら（*kubura*））の三つの集落がある。ドゥナン語は主に祖納・比川集落の 60 歳以上の与那国島民が母語として使用しており、与那国島における話者数は約 300 人（島民人口の約 22％）である（2015 年 8 月現在の与那国町の人口は 1,504 人、与那国町）。ドゥナン語は世代間の伝承が断絶しており、UNESCO に登録されている消滅危機言語である（詳細は山田・ペラール

---

[1] 本研究はトマ・ペラール氏との共同研究であるが、本稿で報告するデータ・分析はすべて著者の責任において発表する。本稿の内容の一部は、科研費基盤研究（A）「消滅危機言語としての琉球諸語・八丈語の文法記述に関する基礎的研究」（研究代表者：狩俣繁久氏）の研究会議（2012 年 12 月、琉球大学）、京都大学若手研究者による国際ワークショップ「琉球諸語と古代日本語に関する比較言語学的研究」（2013 年 2 月、京都大学）で発表し有益なコメントを得た。参加者に心よりお礼申し上げる。本研究は著者に対する科学研究費補助金（特別研究員奨励金 10J04831、研究活動スタート支援 26884025）の交付を受けて行った研究の成果を一部含む。

(2013) を参照)。琉球諸語としては珍しく集落間の方言差がほとんどないため、本稿では祖納集落で収集したデータをもってドゥナン語の記述とする。

表 1 にドゥナン語の子音を本稿で用いる表記法とともに示す。語頭の強子音[2]は[ˈ]記号を添えて表記し、弱子音 /tʰ/、/kʰ/、弱子音との対立がない /pˀ/、/tsˀ/、語中の無声子音は単一子音の記号で表記する。母音の前以外の位置では全ての鼻音の対立が中和され、本稿の正書法では n と表記する (表記法に関しては山田 (2015) を参照[3])。ドゥナン語は /a/、/i/、/u/ の三母音を持ち、それぞれ a, i, u で表記する。異音とその出現環境は本稿には直接関係ないので、詳しくは Yamada, Pellard, and Shimoji (2015) (以降 Yamada et al. (2015))、山田・ペラール・下地 (2013) (以降山田ほか (2013)) を参照のこと。

表 1　ドゥナン語の子音：/ 音素 /（表記法）

	唇音	歯音	硬口蓋音	軟口蓋音	声門音
弱破裂音	/tʰ/ (t)			/kʰ/ (k)	
強破裂音・破擦音	/pˀ/ (p)	/tˀ/ (t')	/tsˀ/ (c)	/kˀ/ (k')	
有声破裂音	/b/ (b)	/d/ (d)		/g/ (g)	
鼻音	/m/ (m)	/n/ (n)		/ŋ/ (ŋ)	
無声摩擦音		/s/ (s)			/h/ (h)
弾き音		/ɾ/ (r)			
接近音	/w/ (w)		/j/ (y)		

本稿で扱うデータは断りがない限り全て、著者が 2010 年から与那国島祖納集落を中心に行っている合計約六か月間のフィールド調査によって得られたものである。本稿で提示する全形式を網羅的に確認していただいた話者は池間苗 (いけまなえ) 氏のみだが、ほとんどの形式は複数の話者から得られ

---

[2] 単純に「強く聞こえる音 (fortis)」の意味で、「弱く聞こえる」弱子音 (lenis) と対立する。弱子音は現代日本語共通語の無声破裂音に近い。ドゥナン語では強子音、弱子音、有声音の対立は VOT で弁別されているように思われるが、詳細は今後の研究課題である。

[3] 音節構造を持ったときの表記に関して、山田 (2015) との相違点をまとめる。[発音記号] "本稿表記" (山田 (2015) の表記)：[ʍu] "hu" (hwu)、[ɕi] "si" (shi/syi)、[tɕˀi] "ci" (chi)。また Yamada et al. (2015)、山田ほか (2013) では語頭の強子音は子音を重ね、弱子音は h を添えて表記しているが、本稿ではこの表記法は採用しない。

たデータである[4]。なお比較的若い話者から得られた形式には、他の話者から得られたものと異なる形式が若干存在するが、本稿では80歳以上の話者から得られた安定したデータをもとにドゥナン語の動詞形態論を記述する。

2. 動詞語根・動詞接尾辞形態論

2.1 分析の方針
動詞述語は、特定の意味を持つ語根と接辞に分解できる

　ドゥナン語の動詞述語は、核となる部分（語根[5]）に特定の意味を持つ要素（接辞）が後接していると分析できる。例えば（1）で示すように「立つ」という意味を含む動詞は *tatanun* "立たない"、*tatunna* "立つな"、*tatitan* "立った" など、*tat-* という部分を共有し、後ろの形が変化することで全体として様々な意味を表している。同様に「忘れる」という意味を含む動詞の *baciranun* "忘れない"、*bacinna* "忘れるな"、*bacitan* "忘れた" という形式は、*bac-* という部分を共有し、「立つ」の場合と同様に後ろの形が異なっている。このような動詞全体が表す意味による形式変化のパターンを本稿では「動詞活用」や「パラダイム」と呼ぶ。

（1）　「立つ」　　　　　　　　　　「忘れる」
　　　tat-anun　　"立たない"　　　bac-iranun　　"忘れない"
　　　tat-i　　　 "立て"　　　　　 bac-iri　　　 "忘れろ"
　　　tat-unna　　"立つな"　　　　bac-unna　　 "忘れるな"
　　　tat-itan　　"立った"　　　　bac-itan　　 "忘れた"
　　　　↓　　　　　　　　　　　　　↓
　　　tat-　　　　"立つ"　　　　　 bac-　　　　 "忘れる"

---

[4] 調査に協力していただいた池間苗（いけま なえ）氏、三蔵敞（みくら たかし）氏、三蔵順子（みくら としこ）氏、与那覇令子（よなは れいこ）氏、祖納英文（そな えいぶん）氏、祖納政子（そな まさこ）氏、田頭政英（たがみ まさひで）氏、前黒島勇市（まえくろしま ゆういち）氏、田島琴江（たじま ことえ）氏に心よりお礼申し上げる。

[5] 本稿で「語根」と呼ぶ部分は、先行研究（高橋（1975, 1997）、内間（1980）など。加治工（2004）、平山（1988）、平山・中本（1964）も参照）の「（活用）語尾」を除いた「語根」と「子音」と呼ばれる要素を合わせた要素に相当する。またドゥナン語の動詞を本文中で参照する際には非過去と直説接辞を接続させた形を用いる。

tatanun "立たない"と baciranun "忘れない"はどちらも核となる意味と「否定」という意味の組み合わせであるように、他の形式も「立つ」、「忘れる」と「命令」「禁止」「過去」の意味の組み合わせである。(1)では同じ動詞の異なる形式を比較したが、(2)のように異なる動詞の似たような意味を比較することで、各形式に共通する「否定」「命令」「禁止」「過去」の意味を担う接辞を抽出することができる。

(2)　　「立つ」　　　　　　　「忘れる」

　　　　tat-anun　"立たない"　　bacir-anun　"忘れない"　→　-anun　"否定"
　　　　tat-i　　　"立て"　　　　bacir-i　　　"忘れろ"　　→　-i　　　"命令"
　　　　tatu-nna　"立つな"　　　baci-nna　　"忘れるな"　→　-nna　"禁止"
　　　　tat-itan　"立った"　　　bac-itan　　"忘れた"　　→　-itan　"過去"

語根、接辞に全体を通して一貫した一つの形式を想定することはできない

　(1)と(2)ではそれぞれ語根と接辞が、矢印の先に示した一つの形式として抽出できた。しかし「立つ」「忘れる」に一種類の語根形式を想定する(1)の分析では、例えば「否定」の意味を担う部分が、「立たない」では -anun、「忘れない」では -iranun となり、否定の接辞形式を二種類想定することになる。同様に各接辞に一種類の形式を想定する(2)の分析では、「立つ」の語根形式に tat-, tatu- の二種類、「忘れる」の語根形式に bacir-, baci-, bac- の三種類を想定することになる。

　このような、動詞語根または接辞に一種類だけを仮定しようとする分析観点どうしの矛盾はドゥナン語のほぼ全ての語根と接辞に当てはまる。よってドゥナン語の動詞形態論全体を見ると、語根と接辞にそれぞれただ一つの形式を想定する分析は不可能である。

全ての動詞語根はいずれかの動詞クラスに分類される

　しかし、だからと言って、tatanun "立たない"、baciranun "忘れない"、tati "立て"、baciri "忘れろ"…と、全ての動詞述語の形式を一つずつ語彙情報として辞書に列挙して記憶しなければいけないわけではない。ドゥナン語の動詞語根はいくつかのクラスに分類することができ、全ての動詞語根は必ずい

ずれかのクラスに属するとみなすことができる。例えば（3）で示すように、*dumun* "読む"、*nindun* "眠る" の語根はすべて *tatun* "立つ" の語根と同じクラスに、*tundirun* "出る" の語根は *bacirun* "忘れる" の語根と同じクラスに属し、意味による形式変化のパターン（語根末形式）は同じである。

（3）

	「立つ」	「読む」	「眠る」	「忘れる」	「出る」
否定	tat-anun	dum-anun	nind-anun	bacir-anun	tundir-anun
命令	tat-i	dum-i	nind-i	bacir-i	tundir-i
禁止	tat-unna	dum-unna	nind-unna	baci-nna	tundi-nna
過去	tat-itan	dum-itan	nind-itan	baci-tan	tundi-tan

本稿は、語根と接辞の両方に「適度に少ない数」の異なる形式（異形態）を仮定し、ドゥナン語の動詞形態論全体を捉える分析を語彙情報と動詞活用表として提案する。「適度に少ない数」は動詞形態論全体を「適度に簡潔に」するために恣意的に決めたものであり、異なる分析は無数に可能であるが、分析間の妥当性は現代ドゥナン語の言語データからは判断できないため議論しない。

全ての接辞はいずれかの接辞クラス（カテゴリー）に分類できる

全ての動詞語根がいずれかの動詞クラスに分類できるように、全ての接辞はいずれかの接辞クラスに分類することができる。動詞クラスと混同しないように接辞クラスを「カテゴリー」と呼ぶことにし、ローマ数字で呼び分けることにする。例えば命令接辞 *-i* と状況接辞 *-(i)ba* は同じ v というカテゴリーに属し、全ての動詞語根は命令接辞と状況接辞に接続する際に同じクラスの他の動詞語根と同じ語根末形式になる。

2.2　動詞形態論を整理するための語彙情報に関する仮定
語根・接辞異形態の決定は接続相手のクラス・カテゴリーを参照する

語根、接辞は＜意味, ラベル,＜音形（異形態）, 接続情報＞＞の束を語彙情報として持つと仮定する。例えば「忘れる」という意味の語根は（4）のように、a) 意味が「忘れる」であること、b) ラベルが動詞クラス IR/U であること、c) 音形が *bacir-, baci-, bac-* のいずれかであること、d) 音形 *bacir-* は

ラベルに ii, iii, iv, v, vi を、音形 *baci-* は i, vii, viii を、音形 *bac-* は ix, x をラベルに持つ要素と接続する場合に現れること、を語彙情報として持つ要素である。同様に「禁止」の意味を持つ接辞は a) 意味が「禁止」であること、b) ラベルが接辞カテゴリー vii であること、c) 音形が *-unna, -nna* のいずれかであること、d) 音形 *-unna* は動詞クラス C/YA, K/YA, ŋ/YA, K/U（まとめて C グループとする）を、音形 *-nna* はそれ以外の動詞クラスをラベルに持つ要素に接続する場合に現れること、を語彙情報として持つ要素である。

（4） 語彙情報：＜意味、ラベル、音形、接続情報＞の束
  a. 意味 忘れる   禁止
  b. ラベル IR/U   vii
  c. 音形 {bacir-, baci-, bac-} {-unna, -nna}
  d. 接続情報 ii,iii,iv,v,vi i,vii,viii ix,x C C 以外

この二つの要素を組み合わせて、全体で「忘れるな」という意味を表す動詞述語を作る場合を考える。各要素の音形は接続相手のラベルを参照して決定される。すなわち、「忘れる」の音形は、接続相手のラベルが vii なので *baci-*、「禁止」の音形は、接続相手のラベルが IR/U、つまり C 以外なので *-nna* である。全体として *baci-nna* "忘れるな" が導かれる。

（5） 音形は接続相手のラベルを参照して決定される
  a. 意味 忘れる   禁止
  b. ラベル **IR/U**   **vi**
  c. 音形 {bacir-, **baci-**, bac-} {-unna, **-nna**}
  d. 接続情報 ii,iii,iv,v,vi i,**vii**,viii ix,x C **C 以外**

非過去接辞は例外的にカテゴリー情報を持たず、語根にとって「透明」

　非過去接辞は例外的にカテゴリー情報を持たず、語根にとって「透明」な要素として扱う。非過去接辞は二つの異形態 *-u-/-ɸ-* を持ち、接続相手である語根のラベルを参照してどちらかの音形を決定する点は他の接辞と同様である。しかし、語根の異形態を決定する際には、非過去接辞が直近の接続相手でもそのラベルは参照されず、その次の接辞のラベル情報を参照して語

根異形態が決まる。例えば(6)で示すように、非過去直説形(v)、非過去状況形(vi)ともに非過去接辞が語根に直接接続するが、語根形式が異なっており、語根異形態の決定にはそれぞれ直説接辞、状況接辞のカテゴリーが参照されている。

(6) 形態素分析　　　　　　　　食べる　　ある　　　いる
　　 非過去直説　√-PRES-IND　hu-φ-n　a-φ-n　bu-φ-n
　　 非過去状況　√-PRES-CIRC　ha-φ-iba　aru-φ-ba　buru-φ-ba

この仮定は「食べる」が属するA/Aクラスと、不規則グループのan「ある」、bun「いる」、hayun「入る[6]」のみが関係し、他のクラスについては非過去接辞のラベル情報を、(これらの動詞を除外すれば統合される)カテゴリーvもしくはviとすることができる。しかし、動詞形態論全体を一貫して捉えるために必要なものとして上述のように、非過去接辞はラベルを持たない要素と仮定する。

動詞の作り方

　ドゥナン語の動詞接辞は、表1で示すように語根に近い順に並ぶ四つのスロットのいずれかを埋めるものと分析できる(Yamada et al. (2015)、山田ほか(2013)参照)[7]。文中に現れる形式には、語根とスロット4に属する接辞のみが義務的であり、1, 2, 3を埋める接辞の出現は意図する解釈による。スロット4のうち条件、直説、連体、状況の接辞はスロット3のいずれかの時制接辞に義務的に後接し、他のスロット4の接辞は語根か語根にスロット2の派生接辞が後接した派生動詞に直接後接することができる[8]。

6　hayun "入る" は非過去状況形に hayuba, haiba の二つが存在し、haiba についてはこの仮定が必要である。

7　スロット2を埋める接辞は「使役-受身」のように重複することが可能である。この形式は確認されたがその逆は未確認のため、Yamada et al.(2015)、山田ほか(2013)では使役と受身の接辞が別のスロットを埋めるとし、語根のスロットを含めて全部で六つのスロットを仮定している。本稿の分析ではこれらの接辞を、「(原則的に)重複可能であり語根に直接後接するが、文中に現れるにはさらにスロット4を埋める接尾辞が必要な類」として一まとめにする。

8　スロット2の否定接辞には中止接辞が後続することができるが、その場合の中止接辞

表1　動詞接尾辞のスロット

語根 √	スロット1	スロット2	スロット3	スロット4
	-(a)mir- "CAUS" (使役)	-anu- "NEG" (否定)	-u-/-φ- "PRES" (非過去)	-ya "COND" (条件)
	-arir- "PASS" (受身)	-(y)a-/-(y)u- "PERF" (完了)	-(i)ta- "PAST" (過去)	-n "IND" (直説)
				-ru/-φ "PTCP" (連体)
				-(i)ba "CIRC" (状況)
				-i "IMP" (命令)
				-(u)nna "PROF" (禁止)
				-i "MED" (中止)

　表1では接辞の異形態を括弧とスラッシュを用いて表記している。例えば非過去の接辞は *-u-, -φ-* (φ は対応する音型無し) の二つ、過去の接辞は *-ita-, -ta-* の二つの異形態を持つ。

　例えば「食べさせなかった」という意味を持つ動詞を作る場合は、(7) のように適切な接辞が全てのスロットを埋める。一方「食べろ」の場合は (8) のようにスロット1から3には何も入らず、語根 *ha-* に直接スロット4 の命令接辞 *-i* が接続する。

は特殊形 *-nki* となり、全体では *-anu-nki* "否定-中止" となる。また、ともにスロット2に属する完了と否定の接辞はこの順で語根・語基に接続可能であるが、*-minu-* "完了.否定" という両方の意味を持つ特殊融合形となり、形式上は「無い」と同じ形式になる。

（7）「食べさせなかった」：h-amir-anu-ta-n

語根	スロット1	スロット2	スロット3	スロット4
h-	-amir-	-anu-	-ta-	-n
食べる	CAUS（使役）	NEG（否定）	PAST（過去）	IND（直説）

（8）「食べろ」：ha-i

語根	スロット1	スロット2	スロット3	スロット4
ha-				-i
食べる				IMP（命令）

　語根にスロット 1, 2 に属する接辞と 3 に属する過去接辞が接続した形式（語基）は、最も右側に立つ接辞が持つ動詞クラスを全体の動詞クラスとして継承する。これは先述の、異形態の選択は常に直近の接続相手のラベル情報のみを参照する（先述のとおり非過去接辞を除く）という仮定から正しく予測される。例えば「食べれば」という意味を持つ動詞述語は *ha-*"食べる" に *-φ-*"非過去"、*-ba*"状況" が接続した形式 *h-φ-iba*"食べる -PRES（非過去）-CIRC（状況）" という形式となり、非過去と状況の接辞は *h-* の動詞クラス A/A を参照して異形態を決定する。しかし「食べさせれば」という意味を持つ動詞述語は、*h-amir-*"食べる - 使役" が使役接辞 *-amir-* の動詞クラス IR/YA を動詞クラスのラベルとして持つ。すなわち後続する非過去、状況の接辞は使役接辞 *-amir-* の動詞クラス IR/YA を参照してそれぞれ *-u-*, *-ba* という異形態を選択する。使役接辞もまた IR/YA クラスの動詞として、「透明」である非過去接辞を飛ばした直近の接続相手である状況接辞のカテゴリー vi を参照して異形態 *-amir-* を選択する。

2.3　まとめ

　（1）と（2）で例示したように、ドゥナン語のほぼ全ての語根と接辞は、動詞形態論全体を貫く唯一の形式を想定することはできず、本稿の分析では語根と接辞に最大四種類（概ね三種類と二種類）の異形態を仮定する。異形態選択には動詞クラスと接辞カテゴリーという二種類のラベル情報が参照され、これらを用いて全ての動詞クラスの形式変化パラダイムを動詞活用表（表2）として示す。異形態の数は恣意的に決めた数であり、異なる分析は無

数に可能である。本稿で示す活用表は全ての形式を適切に予測し、ドゥナン語の動詞形態論全体を見たときに適度に簡潔になるような分析である。次節では活用表の見方を解説する。その後代表的な接辞の用例を示すが、各接辞の詳しい意味や用法の記述は動詞の形式変化に論点を絞る本稿では行わない。最後にいくつかの音韻規則を仮定し、簡略化した活用表の例を示す。

表2　動詞活用表

接尾辞(カテゴリー)		使役(i)	-amir-					
		非過去(N/A)	-u-					
		状況(v)	-ba					
		禁止(vi)	-unna					-nna
		過去(viii)	-ita					-ta
		グループ	C					R
		小グループ	C	K				VR
		クラス	C/YA	K/YA	K/YA	η/YA	K/U	AR/A
		例 (語根グロス)	立つ	引く	裂く	配る	咲く	濡れる
カテゴリー	接辞例	形態素構成						
i	Causative 使役	√-CAUS-PRES-IND	tat-amir-u-n	sunk-amir-u-n	sag-amir-u-n	haŋ-amir-u-n	sag-amir-u-n	ngar-amir-u-n
ii	Negative 否定	√-NEG-PRES-IND	tat-anu-∅-n	sunk-anu-∅-n	sag-anu-∅-n	haŋ-anu-∅-n	sag-anu-∅-n	ngar-anu-∅-n
iii	Passive 受身	√-PASS-PRES-IND	tat-arir-u-n	sunk-arir-u-n	sag-arir-u-n	haŋ-arir-u-n	sag-arir-u-n	ngar-arir-u-n
iv	Conditional 条件	√-COND	tat-ya	sunk-ya	sag-ya	haŋ-ya	sag-ya	ngar-ya
v	Indicative 直説	√-PRES-IND	tat-u-n	sunk-u-n	sag-u-n	haŋ-u-n	sag-u-n	ngar-u-n
vi	Imperative 命令	√-IMP	tat-i	sunk-i	sag-i	haŋ-i	sag-i	ngar-i
vi	Circumstantial 状況	√-PRES-CIRC	that-u-ba	sunk-u-ba	sag-u-ba	haŋ-u-ba	sag-u-ba	ngar-u-ba
vii	Prohibitive 禁止	√-PROH	tat-unna	sunk-unna	sag-unna	haŋ-unna	sag-unna	nga-nna
viii	Past 過去	√-PAST-IND	tat-ita-n	sunt-ita-n	sat-ita-n	had-ita-n	sat-ita-n	nga-ta-n
ix	Medial 中止	√-MED	tat-i	sunt-i	sat-i	had-i	sat-i	nga-i
x	Perfect 完了	√-PERF-PRES-IND	tat-ya-∅-n	sunt-ya-∅-n	sat-ya-∅-n	had-ya-∅-n	sat-ya-∅-n	ng-a-∅-n
		語根異形態の一般化	XC-	Xk- / Xt-	Xg- / Xt-	Xη- / Xd-	Xg- / Xt-	Xar- / Xa- / X-

		グループ	Unique					
		対応クラス	VR	N/A	VR	N/A	U/WA	C/YA
		語根グロス	ある/COP		いる		知る	
カテゴリー	接辞例	形態素構成						
i	Causative 使役	√-CAUS-PRES-IND			bur-amir-u-n			
ii	Negative 否定	√-NEG-PRES-IND	(ar-anu-∅-n)*		bur-anu-∅-n		c-anu-∅-n	
iii	Passive 受身	√-PASS-PRES-IND			bur-arir-u-n		c-arir-u-n	
iv	Conditional 条件	√-COND	ar-ya		bur-ya			
v	Participle 連体	√-PRES-PTCP		a-∅-ru		bu-∅-ru		cu-∅-ru
v	Indicative 直説	√-PRES-IND		a-∅-n		bu-∅-n		cu-∅-n
vi	Imperative 命令	√-IMP			bur-i			
vi	Circumstantial 状況	√-PRES-CIRC	aru-∅-ba		buru-∅-ba			
vii	Prohibitive 禁止	√-PROH			bu-nna		cu-nna	
viii	Past 過去	√-PAST-IND	a-ta-n		bu-ta-n		cu-ta-n	
ix	Medial 中止	√-MED	a-i		bu-i			c-i
x	Perfect 完了	√-PERF-PRES-IND						c-ya-∅-n
		語根異形態の一般化	a- / ar- / aru-		u- / ur- / uru-		cu- / c-	

*コピュラの形式。「ある」は特殊形minun。

3. 動詞活用表（表2）の解説

3.1 接辞異形態と出現環境

　一番上は二種類の形式を持つ接辞が各クラスの動詞語根に接続する際にどちらの異形態を選択するかを示している（四種類の異形態を持つ完了接辞を除く）。例えば過去接辞はCグループに属するC/YA, K/YA, ŋ/YA, K/Uクラ

-amir-		-mir-				-amir-			
		-u-						-∅-	
		-ba						-iba	
-nna									
-ta									
						V	V	VS	
UR/U	UR/WA	IR/U	IR/YA	IR/YU	UIR/WA	A/A	U/WA	AS/YA	US/YA
成長する	作る	忘れる	する	行く	覚える	食べる	休む	炊く	干す
hudur-amir-u-n	k'ur-amir-u-n	baci-mir-u-n	ki-mir-u-n	hi-mir-u-n*	ubw-amir-u-n	h-amir-u-n	dug-amir-u-n	mag-amir-u-n	hw-amir-u-n
hudur-anu-∅-n	k'ur-anu-∅-n	bacir-anu-∅-n	kir-anu-∅-n	hir-anu-∅-n	ubuir-anu-∅-n	h-anu-∅-n	dug-anu-∅-n	mag-anu-∅-n	hw-anu-∅-n
hudur-arir-u-n	k'ur-arir-u-n	bacir-arir-u-n	kir-arir-u-n	hir-arir-u-n	ubuir-arir-u-n	h-arir-u-n	dug-arir-u-n	mag-arir-u-n	hw-arir-u-n
hudur-ya	k'ur-ya	bacir-ya	kir-ya	hir-ya	ubuir-ya	N/A	N/A	N/A	N/A
hudur-u-n	k'ur-u-n	bacir-u-n	kir-u-n	hir-u-n	ubuir-u-n	hu-∅-n	dugu-∅-n	maga-∅-n	hu-∅-n
hudur-i	k'ur-i	bacir-i	kir-i	hir-i	ubuir-i	ha-i	dugu-i	maga-i	hu-i
hudur-u-ba	k'ur-u-ba	bacir-u-ba	kir-u-ba	hir-u-ba	ubuir-u-ba	ha-∅-iba	dugu-∅-iba	maga-∅-iba	hu-∅-iba
hudu-nna	k'u-nna	baci-nna	ki-nna	hi-nna	ubui-nna	ha-nna	dugu-nna	maga-nna	hu-nna
hudu-ta-n	k'u-ta-n	baci-ta-n	ki-ta-n	hi-ta-n	ubui-ta-n	ha-ta-n	dugu-ta-n	maga-ta-n	hu-ta-n
hudu-i	k'u-i	bac-i	k-i	h-i	ubu-i	ha-i	dugu-i	magas-i	hus-i
hud-u-∅-n	k'w-a-∅-n	bac-u-∅-n	k-ya-∅-n	h-yu-∅-n	ubw-a-∅-n	h-∅-n	dugw-a-∅-n	magas-ya-∅-n	hus-ya-∅-n
Xur-	Xur-	Xir-	Xir-	Xir-	Xuir-	Xu-	Xu-	Xa-	Xu-
Xu-	Xu-	Xi-	Xi-	Xi-	Xui-	X-	X-	X-	Xw-
X-	Xw-	X-	X-	X-	Xubw-			Xas-	Xus-

*著者による同クラス他の動詞からの類推（別の動詞daran "遣わせる"があるため）

IR/YA	VS	N/A	U/WA	UR/U	N/A	cf. C	IR	A	AS
やる			来る			入る			
		isi-mir-u-n	kur-amir-u-n			hay-amir-u-n			
ir-anu-∅-n			ku-nu-∅-n			hay-anu-∅-n			
ir-arir-u-n				kur-arir-u-n		hay-arir-u-n			
ir-ya				kur-ya			hair-ya		
ir-u-∅			ku-∅-∅			hay-u-∅			
ir-u-n			ku-∅-n			hay-u-n			
ir-i			ku-∅				hair-i	ha-i	
ir-u-ba			ku-∅-ba			hay-u-ba		ha-∅-iba	
i-nna			ku-nna			hay-unna	hai-nna		ha-nna
i-tan					su-ta-n	hai-ta-n		ha-ta-n	
	is-i				s-i	ha-i			
	is-ya-∅-n				s-u-∅-n			h-a-∅-n	
ir-			ku-			hay-	hair-		ha-
i-			kur-			ha-	hai-	ha-	
is-			su-					h-	
isi-			s-						

スの語根に接続する際に -ita-、それ以外のクラスの語根に接続する際に -ta- であることを示している。各異形態の出現環境を接続相手の動詞クラス・グループ（不規則変化動詞は語根そのもの）として定義すると表 3 のようになる。

表 3　動詞クラスが属するグループによる接尾辞異形態の選択

接尾辞	異形態 1 と出現環境		異形態 2 と出現環境	
使役（i）	-mir-	UIR/WA 以外の IR、「やる」	-amir-	その他
非過去	-φ-	V グループ	-u-	その他
状況（vi）	-iba	V グループ	-ba	その他
禁止（vii）	-unna	C グループ	-nna	その他
過去（viii）	-ita-	C グループ	-ta-	その他
連体（v）	-ru	「ある」「いる」「知る」コピュラ、完了接辞、形容詞[9]および過去接辞	-φ	その他

3.2　動詞語根異形態とグループ・クラスのパラダイムの特徴

　二段目は動詞語根クラスが大きく C, R, V のグループ（クラスの上位概念）に分類でき、さらに C グループは C と K、R グループは VR と IR、V グループは V と VS の小グループに分類できることを示している。クラス内の形式変化パラダイムは語根末形式が完全に同一であり、グループ内では（9）のような共通した特徴が見られる。

(9)　グループの特徴

　　　　C グループ：命令接辞 -i の前が r 以外の子音。
　　　　　C 小グループ：パラダイムの中で語根が一つ。
　　　　　K 小グループ：パラダイムの中で語根末の k/g, ŋ が t, d と交替する。
　　　R グループ：命令接辞 -i の前が r。
　　　　　　　　　パラダイムの中で語根末の r が消失する。
　　　　　VR 小グループ：語根末の r の前が母音 a/u。
　　　　　　　　　　　　パラダイムの中で語根末の r が消失する。

9　本稿では一つのクラスをなす動詞の一種と考える。

　　　　IR 小グループ：語根末の r の前が i。
　　　　　　　　　　　パラダイムの中で語根末の r とその前の i が消失
　　　　　　　　　　　する。
　　V グループ：命令接辞 -i の前が母音。
　　　　V 小グループ：パラダイムの中で語根末に s が現れない。
　　　　VS 小グループ：パラダイムの中で語根末に s が現れる。

クラス名は命令接辞 -i の前の音と、クラス間で多様な変異を見せる完了形[10]の特徴 (ya, wa, yu, a, u のいずれかが現れる) をスラッシュで区切ったラベルを用いる。いくつかの例を (10) で示す。例えば C/YA クラスは、「立つ」を例に取ると、命令形は *tat-i* であり命令接辞 -i の前が t、つまり K 類 (k, g, ŋ)、r 以外の子音 (Consonant) なので、クラス名のスラッシュの前には C が来る。さらに完了形は *tat-ya-ϕ-n* であり ya という音連鎖が現れるためこれをスラッシュの後に置き、C/YA というクラス名としている。

(10)　　　　　　　立つ　　　　忘れる　　　休む　　　　炊く
　　命令形　　　　tat-i　　　 bac**ir**-i　　dug**u**-i　　mag**a**-i
　　(√-IMP)
　　完了形　　　　tat-**ya**-ϕ-n　 hud-**u**-ϕ-n　dugw-**a**-ϕ-m　magas-**ya**-ϕ-n
　　(√-PERF-PRES-IND)
　　クラス名　　　C/YA　　　　IR/U　　　　U/WA　　　　AS/YA

　このクラス命名方法の手順をそのまま用いて、任意の動詞形式の動詞語根クラスを判別することができる。つまり、ある動詞の命令形と完了形を確認すれば、その動詞のクラスを一義的に決めることが可能であり、活用表を参照することで全ての形式を予測することができる。例えば、*bacinna* "忘れるな" という動詞形式を得た場合、まず命令形「忘れろ」*baciri* を確認すると命令接辞 -i の前が ir であることがわかり、この動詞の語根が R グループの下位グループである IR 小グループに属するとわかる。さらに完了形「忘れた」*bacun* を確認すれば、完了形に u が現れる IR/U クラスであると判別できる。

10　本稿では語根に X 接辞が接続し、適宜非過去と直説接辞を接続させて文中に現れる形式を X 形と呼ぶ。

この判別方法が適用できない an "ある / コピュラ"、bun "いる"、cun "知る"、irun "やる"、kun "来る"、hayun "入る" の6つの動詞は単独でクラスをなし、不規則グループに分類される。

3.3 パラダイムの例示

クラス名の下では各クラスの形式変化のパターンを、一つの動詞を取り上げて例示している。接辞のラベル情報であるカテゴリーは全部で十あり、各カテゴリーから一つずつ例をあげて語根+接辞の形式を例示する[11]。語根+接辞の形式は文中に出現可能な形式を例示するため、必要に応じて非過去接辞と直説接辞を接続させる。パラダイムの下には各クラスの語根末形式の一般化を示す（Xには任意の音素（列）が挿入される）。

4. 各形式の用例

A/Aクラスの「食べる」を意味する動詞語根を用いて、カテゴリーごとに種々の接辞が接続した形式の用例を示す。語根に接辞が接続した形式は詳しい用法の説明をせず、説明不要な要素として扱う。また使役と受身の接辞が接続した形式や、中止形に補助動詞が続く派生動詞の一部は本動詞とは異なる項構造を持つが、紙幅の都合上用例の提示と現代日本語共通語訳以上の解説はしない（一部の派生動詞述語の項構造と格標示に関しては Yamada et al. (2015)、山田ほか (2013: 5.8節) を参照）。音形の無い非過去接辞と連体接辞は、接続する要素の一部としてピリオド (.) で区切ってグロスを付す。

(11)　カテゴリー i
　　　 agami=nki　i　　**h-amir**-u-n.
　　　 子ども =DIR　ごはん　食べる -CAUS-PRES-IND
　　　 「子どもにごはんを食べさせる。」　　　　　　　　　　　　　　使役

---

[11] 直説接辞と状況接辞のラベルはともにカテゴリー vi だが、直説形は本稿の本文中で参照する形式であり、また状況接辞は二種類の異形態が存在するため、両方例示する。連体接辞もラベルは直説接辞と同じカテゴリー v だが、不規則グループに属する一部の動詞に接続する場合のみ現れる異形態 -ru が存在するため、不規則グループの表では例示する。

(12) カテゴリー ii

uyantu tu-ta-ntin　　unu mayu=ya **h-anu**-n.
ねずみ　取る -PAST- ても　その　猫 =TOP　食べる -NEG.PRES.IND
「ねずみを捕ってもこの猫は食べない。」　　　　　　　　　　否定

(13) カテゴリー iii

uyantu=ŋa　mayu=ni **ha-ri**-ta-n.
ねずみ =NOM　猫 =DAT　食べる -PASS-PST-IND
「ねずみが猫に食べられた。」　　　　　　　　　　　　　　受身

カテゴリー iv のラベルを持つ条件接辞 -ya が接続する形式は V グループの動詞には存在しない[12]ため、不規則グループの bun「いる」の用例を示す。

(14) カテゴリー iv

da=ni **bur=ya** {hai, nsa-n do}.
家 =LOC　いる =COND　{よい　よい -IND SFP[13]}
「家に居なさい。」
Lit.「家に居ればよい（よ）。」　　　　　　　　　　　　　条件

(15) カテゴリー v

a. mayu=ya uyantu tu-i **hu-n**.
猫 =TOP　ねずみ　取る -MED　食べる .PRES-IND
「猫はねずみを捕って、食べる。」　　　　　　　　　　　直説

b. i　　masiku **hu**　　　agami
ごはん　たくさん　食べる .PTCP　子ども
「ごはんをたくさん食べる子ども」　　　　　　　　　　連体

c. mayu=ya nu=ba **hu-**{**nga, ŋa**}?
猫 =TOP　何 =BA[14]　食べる -WHQ
「猫は何を食べるか？」　　　　　　　　　　　　　　疑問詞疑問

12　原因は未調査。

13　文末詞（Sentence Final Particle）。現代日本語共通語の「よ」に似ているが詳細不明。

14　対格疑問詞に接続する要素。無くても文法的。詳細未調査。

d. mayu=ŋa nu **hu-ka** bagar-anu-n[15].
　　猫 =NOM 何 食べる.PRES.PTCP-IDQ わかる -NEG-IND
　「猫が何を食べるかわからない。」　　　　　　　　　　　　間接疑問

　なお(16a, b)で例示する「引用」、「名詞化」を表す要素は、*hu-ndi, hu-nsu* のようにカテゴリー v の接辞と分析できるように見えるが、(17a, b) のように連体形にも接続し(いわゆる係結び構文(山田ほか 2013: 5.10 節)参照)、接辞のように接続相手が一義的に決まっていない。また引用を表す要素は(17c)のように名詞句にも接続する。よって、これらは動詞接辞ではなく接語と分析する。さらにこれらの例から音型は =*nsu* "NMLZ(名詞化)"、=*ndi* "QT(引用)" であるが、直説接辞など n で終わる要素に接続する際に一つの n が(音韻規則によって)脱落すると仮定する[16]。

(16) a. mayu=ŋa uyantu **hu-n=di** baga-i bu=na?
　　　猫 =NOM ねずみ 食べる.PRES-IND=QT わかる -MED いる =YNQ
　「猫がねずみを食べると知っているか?」　　　　　　　　　　　引用

b. mayu=ŋa uyantu **hu-n=su** baga-i bu=na?
　　猫 =NOM ねずみ 食べる.PRES-IND=NMLZ わかる -MED いる =YNQ
　「猫がねずみを食べるのを知っているか?」　　　　　　　　　名詞化

(17) a. su=ya taru=ŋa=du da=ni
　　　今日 =TOP 太郎 =NOM=FOC 家 =LOC
　　　{bu=nsu, bu-ru=nsu} ya.
　　　{いる .PRES=NMLZ, いる PRES-PTCP=NMLZ} SFP
　「今日は太郎が家にいるなあ。」

b. su=ya taru=ŋa=du da=ni bu-ta-ru=**ndi**?
　　今日 =TOP 太郎 =NOM=FOC 家 =LOC いる -PAST-PTCP=QT
　「今日は太郎が家にいたって?」(聞き返し)

15　埋め込み文の動詞述語を *hu-n=di* "食べる .PRES-IND=QT" に置き換えた例も観察された。

16　連続する n の一つが脱落する現象は、与格 =*nki* でも観察される(例 *han=ki* "足 =DIR")。どちらの n が脱落しているかは判断できないため、接辞・接語の最初の n が脱落すると仮定する。

c. sirunna=**ndi**　nd-u-n=**su**=ya…
　　　　シルンナ=QT　言う-PRES-IND=NMLZ=TOP
　　　「シルンナと言うのは…」
(18)　カテゴリー vi
　　a. u　**ha-i**.
　　　　それ　食べる-IMP
　　　「これを食べろ。」　　　　　　　　　　　　　　　　　　　命令
　　b. i　**ha-iba**=du　　anb-arir-u.
　　　　ごはん　食べる-CIRC=FOC　遊ぶ-POT-PRES.PTCP
　　　「ごはんを食べればこそ遊べる。」　　　　　　　　　　　　状況
(19)　カテゴリー vii
　　　nai i　**hu-nna**.
　　　　今　ごはん　食べる-PROH
　　　「今ごはんを食べるな。」　　　　　　　　　　　　　　　　禁止
(20)　カテゴリー viii
　　　i　**ha-ta**-n.
　　　　ごはん　食べる-PAST-IND
　　　「ごはんを食べた。」　　　　　　　　　　　　　　　　　　過去

カテゴリー ix の中止接辞 -i が接続した中止形は、並列の複文の主動詞となるほか、(21a–c) のような補助動詞をはじめ様々な要素が後続する。

(21)　　　カテゴリー viii
　　a. nai i　　{**ha-i**　　　bu-n,　**ha-i**=du　　bu-ru}.
　　　　今　ごはん　{食べる-MED　いる-IND, 食べる-MED=FOC　いる.PRES-PTCP}
　　　「今ごはんを食べている。」　　　　　　　　　　　　中止 ~bun
　　b. unu mayu=ya uyantu tu-i　　**ha-i**　　**c-anu-n**.
　　　　その　猫=TOP　ねずみ　取る-MED　食べる-MED　ABL-NEG-IND
　　　「この猫はねずみを捕って食べられない。」　　　　　中止 ~cun

c.　anu=ya　bansuru　ha-i(*=du)　[17]-**busa-n**.
　　　　1SG=TOP　グァバ　　食べる-MED(=FOC)-DSID-IND
　　　　「私はグァバを食べたい。」　　　　　　　　　　　中止 ~busan
　　d.　i　　**ha-i-datana**　　hanasi　k-i-**ndangi**.
　　　　ごはん　食べる-MED-ながら　話　　する-MED-HOR[18]
　　　　「ごはんを食べながら話をしよう。」　　　　　　中止 ~datana, ndangi

中止形に接続する継起接辞は、動詞の極性によって二種類の異形態のうちどちらが現れるかが決まる。動詞の極性が肯定の場合は -te (22a)、否定の場合は -nki (22b) という形式を取る。

(22) a.　i　　**ha-i-ti**=du　　　anb-i=ndi　hir-u　　do.
　　　　ごはん　食べる-MED-SEQ=FOC　遊ぶ-MED=PUP　行く-PTCP　SFP
　　　　「ごはん食べて遊びに行くよ。」　　　　　　　　中止 ~SEQ
　　b.　i　　**h-anu-nki**　　anb-i=ndi　hi-nna　　yu.
　　　　ごはん　食べる-NEG-SEQ　遊ぶ-MED=PUP　行く-PROH　SFP
　　　　「ごはんを食べないで遊びに行くなよ。」　　　　中止 ~NEG.SEQ

(23)　カテゴリー x
　　　mayu=ŋa　uyantu　**h-a**-n.
　　　猫=NOM　ねずみ　食べる-PERF.PRES-IND
　　　「猫がねずみを食べた。」　　　　　　　　　　　　　完了

受身（可能）、使役、完了の接辞は動詞語根に接続して新たに派生動詞語基を形成し、以下の例のようにさらに接辞を後接させて文中の動詞述語となる。(21c) で見た busan「願望」は動詞語根に中止接辞 -i が接続した中止形に接続するが、同様に派生動詞語基を形成する。中止形に後続する bun「い

17　(*X) は X 無しでは文法的だが、X を挿入すると非文法的であることを示す。この例は係り結びを受けて連体形 busa-ru にしても =du の挿入は非文法的。また中止形に続く他の形式のうちどれが =du の挿入を許すかに関する網羅的なデータは未調査。

18　2.1 節であげた先行研究で報告されている「志向形」の形式は複数の話者に確認しても観察されず、おそらく現代ドゥナン語では用いられていないと思われる。「志向形」が持っていた意味のうち、勧誘を表すには中止形に datana を接続させた動詞を用い、主語の意思を表すには直説形を用いる。

る」や cun「能力可能」なども一般の動詞と同様に接辞をともなって文中の動詞述語となる。

(24) a. uyantu=ŋa　mayu=ni　**h-ar-i**　　　　　bu-ta-n.
　　　　ねずみ =NOM　猫 =DAT　食べる -PASS-MED　いる -PAST-IND
　　　　「ねずみが猫に食べられていた。」　　　　　　　　　受身～中止

　　b. kica　i　　**h-am-ya**-n.
　　　　さっき　ごはん　食べる -CAUS-PERF-IND
　　　　「さっきごはんを食べさせた。」　　　　　　　　　　使役～完了

　　c. ututu=ya　i　　**h-a-ru**-ka　　　　　ya.
　　　　弟 =TOP　ごはん　食べる -PERF-PTCP-IDQ　SFP
　　　　「弟はごはんを食べたかな。」　　　　　　　　　　　完了～連体

存在否定を表す動詞 *minun*"無い"や否定接辞 *-anu-*、否定完了接辞 *-minu-* には、連体形とは異なる係結び形が存在する。(25) で例にあげる否定接辞が接続した動詞述語は、文中に =du が存在するが、係結び現象として予測される連体形 *hir-anu* でも、通常の直説形 *hir-anu-n* でもなく、*hir-anu-ru* という形で現れる。

(25)　kama=ya　twa-bi=du　**hir-anu-ru**.
　　　あそこ =TOP　遠い -CSL=FOC　行く -NEG-MSB
　　　「あそこは遠いので、行かない。」

5. 分析方法の妥当性

　ドゥナン語の動詞語根と接辞の異形態選択は、音韻環境のみでは予測できず、本稿が仮定するような接続相手のラベル情報を参照して決定される。このことを示すために、まず現代日本語共通語を観察する。現代日本語共通語の動詞形態論は本稿の分析観点に立つと、表 4 のように分析できる（不規則動詞は省略）。動詞語根は語根末要素が母音であるか子音であるかによって二つのグループに分類でき、語根末要素が子音である動詞語根はさらに過去形と継起形の形式選択にもとづき四つのクラスに分類できる。過去と継起の

接辞は三つ、それ以外の接辞は二つの異形態を持ち、クラス情報を参照して音形が決定される。

表4　現代日本語共通語の動詞形態論

接辞

使役	-sase-			-ase-		
否定	-na-			-ana-		
受身	-rare-			-are-		
可能	-rare-			-e-		
中止	-φ-			-i		
非過去	-ru			-u		
条件	-reba			-eba		
命令	-o			-e		
志向	-yoo			-oo		
過去	-ta	-ita	-ita	-ta	-ta	-da
継起	-te	-ite	-ite	-te	-te	-de

語根

グループ	V	C				
クラス（語根末要素）	V	C	K	特殊	T	bN
例	食べる	話す	書く	行く	取る	読む
異形態1	tabe-	hanas-	kak-	ik-	tor-	yom-
異形態2			ka-	it-	tot-	yon-

語根異形態が一つしかない動詞クラスVとCを見ると、全ての接辞は、クラスCに接続する際には母音で始まる異形態を、クラスVに接続する際には（音形無しか）子音で始まる異形態を選択する。つまり、過去と継起の接辞、「行く」、クラスK, T, bNを別に指定すれば、接辞の異形態選択は(26)のように語根末の音韻環境のみで指定することができる。これは現代日本語共通語が、(鼻音と重子音による閉音節以外は) 母音＋子音の開音節しか認めないという音素配列の制約 (phonotactics) から予測できる。

第 12 章　ドゥナン（与那国）語の動詞形態論 ｜ 279

(26)　接辞の異形態と出現環境（接続相手）
　　　　母音で始まる異形態　　語根末要素が子音の動詞語根
　　　　子音で始まる異形態　　語根末要素が母音の動詞語根

一方ドゥナン語の動詞形態論は、現代日本語共通語のように音韻環境のみで接辞と語根の異形態を指定することができず、本稿が仮定するようなラベル情報を参照して指定する分析が妥当である。以下では使役形の例を用いてこれを示すが、二つの異形態を持つ状況、禁止、過去接辞などの接続形でも同様の議論となる。

　表5で示すように、VR 小グループの使役形の語根異形態は、C グループ同様カテゴリー i~vi に接続する形式において共通の XVr- という形式だが、（議論を単純にするため UIR/WA クラスをのぞく）IR 小グループでは使役接辞 (i) が接続する際はカテゴリー ii~vi 接続の語根異形態 Xir- ではなく Xi- という形式である。さらに VR 小グループと IR 小グループでは使役接辞の形式もそれぞれ -amir-, -mir- という異なる形式である。

表5　R グループの使役形の差異

グループ	R			
小グループ	VR		IR	
クラス	AR/A	UR/U	IR/U	IR/YA
例	濡れる	成長する	忘れる	する
使役 (i)	ngar-amir-u-n	hudur-amir-u-n	baci-mir-u-n	ki-mir-u-n
否定 (ii)	ngar-anu-ϕ-n	hudur-anu-ϕ-n	bacir-anu-ϕ-n	kir-anu-ϕ-n
命令 (vi)	ngar-i	hudur-i	bacir-i	kir-i

ドゥナン語に以下の三つが成り立つと仮定する：(A)R グループの語根に Xir- と Xi-、使役接辞に -amir- と -mir- という二つの異形態がある、(B) 現代日本語共通語と同様に基本的に開音節のみを許す、(C) 接辞が接続する際の語根・接辞異形態が、現代日本語共通語のように音韻環境にのみ依存する。すると使役形は VR 小グループも IR 小グループも XVr-amir-（語根末が子音＋母音で始まる接辞）もしくは XV-mir-（語根末が母音＋子音で始まる接辞）のどちらかに統一されるはずである。しかし実際は IR 小グループにおいてのみ XV-mir- という形式になり、「語根末の r を脱落させる」、「接辞

頭のaを脱落させる」という(B)を満たすための二つの操作を「わざわざ」行っているように見える。結果、Rグループの使役形はまったく同じ音韻環境にも関わらず、クラス情報によって形式が異なっている。仮定(A)と(B)が正しい仮定とすれば、仮定(C)が間違った帰結の原因である。よって、異形態選択が音韻環境かラベル情報によって決定されるとすれば、語根と接辞の異形態は、語彙情報であるラベル情報を参照して決定されていると考えられる。

6. 活用表の簡略化

6.1 音韻規則

　表層形に忠実な分析を示した表2の動詞活用表は、不規則グループを除いても、動詞クラスに16、接辞カテゴリーに10のラベル情報を必要とする非常に複雑な体系である。直前の議論では、語根・接辞の異形態決定には、語彙情報であるラベルの参照が必要であり、音韻規則では説明できないと結論づけた。しかし(27)の3つの音韻規則を仮定すると、仮定するラベルの数を減らし、少なくとも見かけ上は動詞活用表をより簡潔にすることができる。

(27)　音素配列に関する制約にもとづく音韻規則
　　1.　$i \rightarrow \phi\ /\ \_\ \{y, V\}$　　　　　　　　　(iy→y, ii→i, ia→a, iu→u)
　　　　「yもしくは母音の前のiを削除する」
　　2.　$u \rightarrow w\ /\ \_\ a$　　　　　　　　　(ua→wa)
　　　　「aの前のuをwに書き換える」
　　3.　$V_1 \rightarrow \phi\ /\ \_\ V_1$　　　　　　　　　(aa→a, ii→i, uu→u)
　　　　「同じ母音の前に現れる母音を削除する」

　仮定する音韻規則は動詞形態論に限らずドゥナン語一般に観察される現象を説明する音素配列に関する制約（phonotactics）であり、妥当なものであると言える。しかしいずれにせよ接辞の異形態選択には語彙情報であるラベル情報が必要であるため、活用表の簡略化はあくまで見かけ上の問題である。さらに規則1と2はこの順で適用されなければ正しくパラダイムを予

測できないため、規則間の順序も仮定しなければならない。

UIR/WA クラスに属する *ubuirun* "覚える" を例に説明する。このクラスは (28) のように語根に 4 つの異形態があると分析したが、(27) の音韻規則を用いて 2 つに減らすことができることを示す。

(28) 分析 1. UIR/WA クラスに 4 つの語根異形態
  〈音型, 接続相手のラベル〉
  = {〈ubuir-, ii,iii,iv,v,vi〉, 〈ubui-, vii,viii〉, 〈ubu-, ix〉, 〈ubw-, i,x〉}

i	使役	ubw-amir-u-n	vi	命令	ubuir-i
ii	否定	ubuir-anu-ϕ-n	vii	禁止	ubui-nna
iii	受身	ubuir-arir-u-n	viii	過去	ubui-ta-n
iv	条件	ubuir-ya	ix	中止	ubu-i
v	直説	ubuir-u-n	x	完了	ubw-a-ϕ-n

(28) のような実際に観察される表層形は、ラベル情報を参照して決定された基底形に音韻規則が適用されて導出されると仮定し、それぞれ [表層形]、/基底形/ と異なる記号で囲って表記する。(27) の音韻規則を仮定する分析では、UIR/WA をラベルに持つ動詞語根は一般的に、(29) のようなテンプレートに従った語彙情報を持つとする。

(29) UIR/WA クラスの語彙情報テンプレート
  意味   M
  ラベル   UIR/WA
  音形   {Xui-,   Xuir-}
  接続情報 i,viii,ix,x   ii,iii,iv,v,vi,vii
  (各語根の意味と音素列がそれぞれ M と X に代入される)

(29) によると UIR/WA クラスは接続相手のラベルを参照してどちらかが選択される異形態 Xui- と Xuir- を持ち、これらを基底形とする。この語根基底形に接辞の基底形が接続した形式が音韻規則 (27) の適用条件を満たせば、その規則が適用されて (28) のような表層形が導出される。(30) に五つの形式を取り上げて、基底形に音韻規則を適用させて表層形を得る派生を示す (N/

Aは規則の適用条件が満たされないことを示す)。再掲するが、語根と接辞の異形態は、接続相手のラベル情報を参照して基底形の段階で決定される。

(30) UIR/WA クラスの表層形の導出

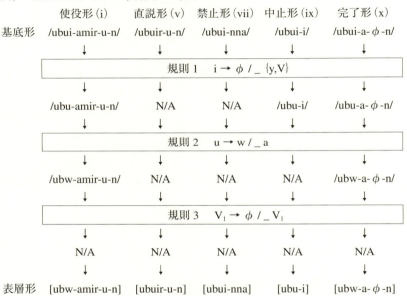

(「透明」である非過去接辞を飛ばし) カテゴリー v の直説接辞が接続する異形態は /ubuir-/、それ以外は /ubui-/ を語根異形態の基底形として選択する。使役形と完了形は規則 1,2 が適用され、語根部分は /ubui-/ → /ubu-/ → /ubw-/ という派生によって表層形 [ubw-] を得る。中止形は使役形、完了形と同じ /ubui-/ を語根異形態の基底形として選択するが、規則 2 の適用条件である a が無いため規則 2 が適用されず規則 1 のみが適用され、/ubui-/ → /ubu-/ という派生によって表層形 [ubu-] が得られる。禁止形も同じ語根異形態の基底形 /ubui-/ だが、どの規則の適用条件も満たしていないためどの規則も適用されず、基底形と同じ表層形 [ubui-] が導出される。直説形も禁止形と同様にどの規則の適用条件も満たしていないが、異なる語根異形態の基底形 /ubuir-/ が選択されるため、表層形も [ubuir-] となる。以上を

まとめてパラダイム表の中で (31) のように示す。

(31) 分析 2．UIR/WA クラスに 2 つの語根異形態

i	使役	/ubui-amir-u-n/ 1 /ubu-amir-u-n/ 2 [ubw-amir-u-n]	vi	命令	ubuir-i
ii	否定	ubuir-anu-φ-n	vii	禁止	ubui-nna
iii	受身	ubuir-arir-u-n	viii	過去	ubui-ta-n
iv	条件	ubuir-ya	ix	中止	/ubui-i/ 1 [ubu-i]
v	直説	ubuir-u-n	x	完了	/ubui-a-φ-n/ 1 /ubu-a-φ-n/ 2 [ubw-a-φs-n]

他にも音韻規則が適用されるクラスがあり、語根異形態の数は C/YA クラスが 1 つ、A/A クラスが 3 つ、他はすべて 2 つとなる。(31) のように基底形から表層形の派生と適用される規則の番号も含めた活用表を表 6 にまとめる（不規則グループの動詞は除く）。語根末形式の一般化が同一になり統合されるクラスもあるが、初出のクラス名とともにそのままパラダイムを掲載する。

表6 音韻規則を仮定し簡略化した活用表

接尾辞(カテゴリー)		使役(i)	-amir-				
		非過去	-u-				
		状況(vi)	-ba				
		禁止(vii)	-unna				-nna
		過去(viii)	-ita				-ta
		グループ	C				R
		小グループ	C	K		IR	VR
		クラス	C/YA	K/YA	K/YA	η/YA	K/U	AR/A
		例（語根グロス）	立つ	引く	裂く	配る	咲く	濡れる
カテゴリー	接辞例	形態素構成						
i	Causative 使役	√-CAUS-PRES-IND	tat-amir-u-n	sunk-amir-u-n	sag-amir-u-n	haŋ-amir-u-n	sag-amir-u-n	ngar-amir-u-n
ii	Negative 否定	√-NEG-PRES-IND	tat-anu-Ø-n	sunk-anu-Ø-n	sag-anu-Ø-n	haŋ-anu-Ø-n	sag-anu-Ø-n	ngar-anu-Ø-n
iii	Passive 受身	√-PASS-PRES-IND	tat-arir-u-n	sunk-arir-u-n	sag-arir-u-n	haŋ-arir-u-n	sag-arir-u-n	ngar-arir-u-n
iv	Conditional 条件	√-COND	tat-ya	sunk-ya	sag-ya	haŋ-ya	sag-ya	ngar-ya
v	Indicative 直説	√-PRES-IND	tat-u-n	sunk-u-n	sag-u-n	haŋ-u-n	sag-u-n	ngar-u-n
vi	Imperative 命令	√-IMP	tat-i	sunk-i	sag-i	haŋ-i	sag-i	ngar-i
vi	Circumstantial 状況	√-PRES-CIRC	that-u-ba	sunk-u-ba	sag-u-ba	haŋ-u-ba	sag-u-ba	ngar-u-ba
vii	Prohibitive 禁止	√-PROH	tat-unna	sunk-unna	sag-unna	haŋ-unna	sag-unna	nga-nna
viii	Past 過去	√-PAST-IND	tat-ita-n	sunt-ita-n	sat-ita-n	had-ita-n	sat-ita-n	nga-ta-n
ix	Medial 中止	√-MED	tat-i	sunt-i	sat-i	had-i	sat-i	nga-i
x	Perfect 完了	√-PERF-PRES-IND	tat-ya-Ø-n	sunt-ya-Ø-n	sat-ya-Ø-n	had-ya-Ø-n	sat-u-Ø-n	/nga-a-Ø-n/ 3 [ng-a-Ø-n]
		語根異形態の一般化	XC-	Xk- Xt-	Xg- Xt-	Xŋ- Xd-	Xg- Xt-	Xar- Xa-

音素配列に関する制約にもとづく音韻規則
1. i -> Ø / _{y,V} 「yもしくは母音の前のiを削除する」(iy -> y, i -> i, ia -> a, iu -> u)
2. u -> w / _ a 「aの前のuをwに書き変える」(ua -> wa)
3. V₁ -> Ø / _V₁ 「同じ母音の前に現れる母音を削除する」(aa -> a, ii -> i, uu -> u)

6.2 意味による完了接辞の選択

　K小グループに属する4つのクラス、VR小グループに属する3つのクラス、UIR/WAクラス以外のIR小グループに属する3つのクラスは、小グループ内で語根の形式変化パターンが同一であり、完了接辞の異形態のみによって区別される。特にK/YAクラスの*sagun*"咲く"とK/Uクラスの*sagun*"裂く"は、完了形以外の全ての形式が完全に同一である。このためドゥナン語では形式のみを頼りにして任意の動詞のクラスを特定するためには、完了形の確認が不可欠である。
　しかし(32)–(33)でまとめたように完了接辞の異形態選択は、主語の意味役割が動作主であるかどうか（主語が自らの意思で行う動作を表す動詞か否か）によってAタイプ(-(y)a-)かUタイプ(-(y)u-)かを予測することができ

-amir-		-mir-				-amir-		-∅-	
		-u- -ba						-iba	
				-nna					
				-ta					
						V			
		IR				V		VS	
UR/U	UR/WA	IR/U	IR/YA	IR/YU	UIR/WA	A/A	U/WA	AS/YA	US/YA
成長する	作る	忘れる	する	行く	覚える	食べる	休む	炊く	干す
hudur-amir-u-n	k'ur-amir-u-n	baci-mir-u-n	ki-mir-u-n	hi-mir-u-n	/ubui-amir-u-n/ 1 /ubu-amir-u-n/ 2 [ubw-amir-u-n]	/ha-amir-u-n/ 3 [h-amir-u-n]	dug-amir-u-n	/maga-amir-u-n/ 3 [mag-amir-u-n]	/hu-amir-u-n/ 2 [hw-amir-u-n]
hudur-anu-∅-n	k'ur-anu-∅-n	bacir-anu-∅-n	kir-anu-∅-n	hir-anu-∅-n	ubuir-anu-∅-n	/ha-anu-∅-n/ 3	dug-anu-∅-n	/maga-anu-∅-n/ 3 [mao-anu-∅-n]	/hu-anu-∅-n/ 2 [hw-anu-∅-n]
hudur-arir-u-n	k'ur-arir-u-n	bacir-arir-u-n	kir-arir-u-n	hir-arir-u-n	ubuir-arir-u-n	/ha-arir-u-n/ 3 [h-arir-u-n]	dug-arir-u-n	/maga-arir-u-n/ 3 [mag-arir-u-n]	/hw-arir-u-n/
hudur-ya	k'ur-ya	bacir-ya	kir-ya	hir-ya	ubuir-ya	N/A	N/A	N/A	N/A
hudur-u-n	k'ur-u-n	bacir-u-n	kir-u-n	hir-u-n	ubuir-u-n	hu-∅-n	dugu-∅-n	maga-∅-n	hu-∅-n
hudur-i	k'ur-i	bacir-i	kir-i	hir-i	ubuir-i	ha-i	dugu-i	maga-i	hu-i
hudur-u-ba	k'ur-u-ba	bacir-u-ba	kir-u-ba	hir-u-ba	ubuir-u-ba	ha-∅-iba	dugu-∅-iba	maga-∅-iba	hu-∅-iba
hudu-nna	k'u-nna	baci-nna	ki-nna	hi-nna	ubui-nna	hu-nna	dugu-nna	maga-nna	hu-nna
hudu-ta-n	k'u-ta-n	baci-ta-n	ki-ta-n	hi-ta-n	ubui-ta-n	ha-ta-n	dugu-ta-n	maga-ta-n	hu-ta-n
hudu-i	k'u-i	/baci-i/ [bac-i]	/ki-i/ 1 [k-i]	/hi-i/ 1 [h-i]	/ubui-i/ 1 [ubu-i]	ha-i	dugu-i	magas-i	hus-i
/hudu-u-∅-n/ 3 [hud-u-∅-n]	/k'u-a-∅-n/ 2 [k'w-a-∅-n]	/baci-u-∅-n/ 1 [bac-u-∅-n]	/ki-ya-∅-n/ 1 [k-ya-∅-n]	/hi-yu-∅-n/ 1 [h-yu-∅-n]	/ubui-a-∅-n/ 1 /ubu-a-∅-n/ 2 [ubw-a-∅-n]	/ha-a-∅-n/ 3 [h-a-∅-n]	/dugu-a-∅-n/ 2 [dugw-a-∅-n]	magas-ya-∅-n	hus-ya-∅-n
Xur-	Xur-	Xir-	Xir-	Xir-	Xuir-	Xu-	Xu-	Xa-	Xu-
Xu-	Xu-	Xi-	Xi-	Xi-	Xui-	Xa-	X-	Xas-	Xus-

る。動作主主語を取る動詞(32)は完了接辞にAタイプを選択し、そうでない動詞(33)はUタイプを選択する。

(32)　完了接辞 -(y)a-（主語が動作主）

tatun "立つ"、ciŋun "注ぐ"、dagun "焼く"、dakun "焼く"、hagun "吐く"、haŋun "配る"、haŋun "剥がる"、kagun "書く"、k'un "開く"、k'un "引く"、magun "巻く"、magun "蒔く"、sagun "破る"、sunkun "引きずる"、tabugun "たたむ"、uŋun "扇ぐ"、utugun "置く"、ngarun "濡れる"[19]、k'urun "作る"、

19　現在確認されている動詞の中で上記一般化の例外として ngarun "濡れる"（完了形 ngan）、hirun "行く"（完了形 hyun）が考えられる。一見すると通常 "濡れる" の主語は非意識的に "濡れる" 状態になり、"行く" の主語は意識的に "行く" 動作を行うため、それぞれ -yu-、 murun "摘む"、turun "取る"、urun "織る"、urun "売る"、kirun "する"、aŋirun "上げる"、bagirun "分ける"、birun "植える"、camirun "刺す"、caŋirun "精米する"、cidimirun "片付ける"、hirun "くれる"、humirun "ほめる"、irirun "入れる"、ubuirun "覚える"、hun "食べる"、dugun "休む"、magan "炊く"、hun "干す"

(33) 完了接辞 -(y)u- (主語が動作主以外)
nkun "満ちる"、sagun "咲く"、hudurun "成長する"、barirun "割れる"、burirun "折れる"、cicirun "切れる"、cirun "干る"、danburirun "壊れる"、dandirun "壊れる"、digirun "できる"、dungurirun/duŋurirun "汚れる"、hantarirun "太る"、bacirun "忘れる"、hirun "行く"、karirun "枯れる"、kurirun "崩れる"、k'urirun "膨れる"、muicirun "焦げる"、narirun "慣れる"、ndirun "出る"、nirun "煮える"、nmarirun "生まれる"、nnirun "死ぬ"、sagirun "破れる"、tundirun "出る"、ugirun "起きる"、urirun "降りる"、utirun "落ちる"

(34) 動詞の意味情報による完了接尾辞異形態の選択
-(y)a-　主語が動作主　　-(y)u-　主語が動作主以外

IR 小グループ共通の形式変化パターンを示す IR/U と IR/YU クラスは、どちらも動作主以外の主語を取るため、U タイプの完了接辞を選択すると予測できる。しかし前者は -u-、後者は -yu- を完了接辞に選択するため、やはり完了形を確認しなければすべての形式変化を修得できない。

　完了形の半母音 y は音韻規則では分布が予測できない。現代ドゥナン語の完了形は、中止形に an「ある」が後続した形式から歴史的[20]に派生したと考えられる。これは完了接辞が接続した動詞の否定形が、通常の否定接辞が完了接辞に続く形式 (例 hanun) ではなく、an「ある」の特殊否定形 minun「無い」が中止形に接続する形式 (例 haiminun「食べていない」) であることから

-a- の完了接辞異形態を選択するように思われるが実際はその逆である。これらは語根の現代日本語共通語訳からの推測のため、ドゥナン語内での振る舞いから判別するテストを考案しなければいけない。

20　他に、命令接辞 -i と状況接辞 -(i)ba の母音 i が歴史的に e に由来すると仮定すると、K 小グループの語根末軟口蓋閉鎖音 k, g の歯茎音化と、R グループの語根末音 r 脱落が接辞頭音 i によると説明できる (ウェイン・ローレンス氏、西岡敏氏よりいただいたコメント)。

も支持される。しかしこの歴史変化を踏まえて i を y に書き変えるような規則は、K/YA vs. AR/A, A/A の対立、先述の IR/U vs. IR/YU の対立が存在するため、規則の適用条件が指定できず、その結果完了接辞の異形態として四つ -*a*-, -*ya*-, -*u*-, -*yu*- を仮定する分析を採用する。

7. 結語

本稿では、ドゥナン語の動詞述語を動詞語根と動詞接辞に分析し、形式変化パラダイムを動詞活用表(表2)としてまとめた。また三つの音素配列に関する規則を仮定して簡略化した活用表(表6)も提示した。その他の異形態を派生させる文法規則や通時的分析に関しては議論しなかったため、これらに関しては有本(2001a, b, 2002a, b)、加治工(1980)、内間(1980)を参照されたい。さらに音素を超える分析も考慮すると、アクセントパターンも語彙的に決定されているようであり、指定するべきラベルはさらに増える。この点に関しては上野(2009, 2010)の動詞アクセントを参照されたい。

音韻規則を仮定し活用表を簡略化した分析(表6)でも、A/A クラスのパラダイムは他のクラスと比較すると不自然である。そこで、A/A クラスの全ての語根を Xa- という形式とし、A/A クラスに接続する非過去接辞を -*u*-、禁止接辞を -*unna* とし、さらに「u の前の a を削除する」音韻規則 (a → φ / _ u) を仮定すると、不自然さは解消される。しかしドゥナン語には *auda* "蛙"、*au*(*cici*) "青"のように a と u が連続する単語があるため、(27)のように音素配列の制約にもとづく規則としては「u の前の a を削除する」規則を仮定することはできない[21]。よって、この分析は本稿では採用しない。

2.2節で扱った非過去接辞の「透明」問題は、以下のように理論的に排除することができる。まず仮に非過去接辞は二種類の異形態 -φ-, -*u*- を持つのではなく、-φ- のみとする。すると連動して、直説接辞は -*un*, -*n* を、連体接辞は -φ, -*ru* ではなく -*u*, -φ, -*ru* を、状況接辞は -*uba*, -*iba*, -*ba* を異形態に持つことになる。(35)に異形態の出現環境をまとめる。

---

21 (i)のように形態素境界でのみ適用される形態音韻規則として仮定することは可能。
(i)　　a → φ / _]ₘ u　　(]ₘ は形態素境界)

(35)

接辞		異形態と出現環境（接続相手）
直説	-un	C, R グループ、「やる」
	-n	その他
連体	-u	C, R グループ、「やる」
	-φ	V グループ、「来る」、「入る」
	-ru	「ある」、「いる」、「知る」、過去接辞、完了接辞
状況	-ba	過去接辞
	-iba	V グループ
	-uba	その他

　この場合でも非過去接辞は語根の異形態を決定せず、後接する接辞のラベルが語根異形態の決定に関わることに変わりがない。そこで先の非過去という接辞は -φ-（音型を持たない）という仮定ではなく、非過去接辞はドゥナン語には存在しないとする。そして「非過去」は「過去」の不在から形態論外の文法規則として導出されるものとして扱うと、少なくとも動詞形態論はより簡素になり、理論的に好ましいものとなる。

参照文献

有元光彦（2001a）「琉球与那国・祖納方言の動詞活用形の語彙音韻論（1）」『安田女子大学紀要』29: 1–15.
有元光彦（2001b）「琉球与那国・祖納方言の動詞活用形の語彙音韻論（2）」『国語国文論集』31: 11–19.
有元光彦（2002a）「琉球与那国・祖納方言の動詞活用形の語彙音韻論（3）」『安田女子大学紀要』30: 1–10.
有元光彦（2002b）「琉球与那国・祖納方言の動詞活用形の語彙音韻論（4）」『国語国文論集』32: 11–15.
平山輝男（1988）『南琉球の方言基礎語彙』東京：桜楓社.
平山輝男・中本正智（1964）『琉球与那国方言の研究』東京：東京堂.
加治工真市（1980）「与那国方言の史的研究」黒潮文化の会（編）491–516.
加治工真市（2004）「与那国方言について」『沖縄芸術の科学：沖縄県立芸術大学附属研究所紀要「与那国島の伝統文化調査研究報告書」16: 17–74. 沖縄県立芸術大学附属研究所.
黒潮文化の会（編）（1980）『黒潮の民俗・文化・言語』東京：角川書店.
高橋俊三（1975）「沖縄県八重山郡与那国町の方言の生活語彙」藤原与一（編）『方言研

究所 4』東京：三弥井書店.
高橋俊三 (1997)「与那国方言」亀井孝・河野六郎・千野栄一 (編)『日本列島の言語』
　　413–422. 東京：三省堂.
田窪行則 (編)『琉球列島の言語と文化：その記録と継承』東京：くろしお出版.
内間直仁 (1980)「与那国方言の活用とその成立」黒潮文化の会 (編) 447–490.
上野善道 (2009)「琉球与那国方言のアクセント資料 (1)」『琉球の方言』34: 1–30.
上野善道 (2010)「与那国方言動詞活用のアクセント資料 (2)」『国立国語研究所論集』
　　34: 135–164.
山田真寛 (2015)「第 11 章　与那国方言」小川晋史 (編)『琉球のことばの書き方』
　　269–289. 東京：くろしお出版.
山田真寛・ペラール トマ (2013)「ドゥナン (与那国) 語の言語使用」田窪行則 (編)
　　93–107.
山田真寛・ペラール トマ・下地理則 (2013)「ドゥナン (与那国) 語の簡易文法と自然
　　談話資料」田窪行則 (編) 291–324.
Yamada, Masahiro, Thomas Pellard, and Michinori Shimoji (2015) Dunan. In: Patrick Heinrich, Shinsho Miyara and Michinori Shimoji (eds.) *Handbook of Ryukyuan languages*. Berlin: Mouton de Gruyter.

おわりに

　本書のきっかけとなったのは、2013年2月に京都大学で行われたワークショップ「琉球諸語と古代日本語に関する比較言語学的研究」であった。論文集の執筆者に代わってワークショップの主催者である田窪行則氏と平子達也氏とに感謝したい。ワークショップで発表した9人(アントノフ・オースタカンプ・下地・早田・平子・ペラール・ホイットマン・山田・ラッセル)のほかに、上野善道氏、かりまたしげひさ氏、松森晶子氏の3人の論文が加わって12の章からなる論文集となった。

　題目にあるように、ワークショップの主旨は琉球諸語と古代日本語に基づいた比較言語学的研究である。Comparative linguistics（独 Vergleichende Sprachwissenschaft、仏 linguistique comparée）の日本語訳である「比較言語学」は一般に誤解されやすい用語であるが、言語学におけるそれは「歴史比較言語学」Historical-comparative linguistics の省略として理解されることが普通である。厳密にいうと、比較方法に基づいて、ある語群または語族の原型とその歴史的変遷を解明する研究が「歴史比較言語学」である。歴史比較言語学は、3つの中心的研究からなる。すなわち、対象となる語群・語族の各ヴァラエティ（variety）の共時的な記述、古資料の文献学的研究、1つの言語の過去から現在への通時的な変化と祖語の再建である[1]。本書にはこの3種類の研究が含まれている。上野、下地と山田の論文は、1つの言語（徳之島浅間方言、与那国語）の精密な共時的記述である。アントノフとかりまたの論文は、琉球諸語の言語間の多様性や相違を視野に入れた比較研究でありながら、『おもろさうし』の文献学的研究も含まれている。オースタカンプ、早田、平子、ラッセルの論文は中世・近代朝鮮語その他の外国語史料あるいは上代の東国歌を含む古代日本語資料に基づいた文献学的研究である。松森、早田、ペラール、

---

[1] 最近の欧米の言語学では政治・文化的なニュアンスが濃い「方言」という用語の代わりに「変種、ヴァラエティ」（variety）と呼ぶことが普通になりつつある。本稿ではヴァラエティを使う。

ホイットマンの論文は、文字資料に残されていない文献以前の言語形式を、比較方法に基づいて再建・再構する、狭義の歴史比較言語学的研究である。

「祖語」（proto-language）という用語が、日本語の史的研究の分野で明示的な形で使われるようになったのは、おそらく服部四郎の研究からであろう（「日本祖語について」『月刊言語』1-22, 1978–1979 に連載）。本書では、服部の言う「日本祖語」（Proto-Japanese あるいは Proto-Japonic）という用語を用いず、代わりに「日琉祖語」（Proto-Japanese-Ryukyuan）を用い、副題も『日琉祖語の再建にむけて』（Toward the reconstruction of Proto-Japanese-Ryukyuan）とした。「日本祖語」ではなく「日琉祖語」という用語を選んだ理由は、祖語の内部構造と比較研究の対象を明確にするためであった。日琉祖語の樹形図は「琉球祖語」と「本土祖語」の 2 本の主枝からなり、琉球諸語と古代語を含む本土諸方言が比較研究の対象となる。日琉祖語の再建にあたっては、両主枝が同等に重要なのである。

12 の章が扱う課題は多様であるが、以下、いくつかの論文ではテーマを共有している。上野と松森はそれぞれ琉球北部（徳之島浅間方言）と南部（宮古祖語）のアクセント体系を対象とする。近年の研究により琉球諸語のアクセント体系の複雑さと多様性が明らかになってきたが、特に、2 型と考えられてきた南琉球の複数のアクセント体系が実は 3 型であることを示す研究が注目に値する（松森 2010、Igarashi et al. 2011）。松森の論文では宮古祖語のアクセント体系が 3 型であり、また、音調を担う単位がモーラや音節ではなく「音韻語」（phonological word）であったとする仮説が提示されている。一方、上野の論文では、先行研究で 2 型アクセント体系と見なされてきた徳之島浅間方言には 4 つか 5 つのアクセント型が存在し、音節構造と緊密な関係を持つことが示されている。

平子の論文は平安時代の歴史的資料に基づいた研究であるが、松森と上野の論文と同じくアクセントをテーマとする。特に、「式」（または語声調）とアクセントの関わりをめぐる諸問題について、特に早田（1977）以来、早田が展開してきた生成アクセント理論を取り上げつつ論じている。早田流の生成アクセント理論では「高起式語声調」「低起式語声調」「低起上昇式語声調」など、1 つの言語に語声調が複数存在しえるが、声調の変化点を表す「アクセント」（*）は原則として 1 つの韻律単位当たり 1 つのみであり、そ

の機能は単に声調の変化を示すことだけに限られる。後者の点は Goldsmith (1976) 以来の自律分節理論との共通点でもある。平子の論文では、平安時代語の複合名詞のアクセントに着目して、早田が提案する3つの語声調「高起式語声調」「低起式語声調」「低起上昇式語声調」とアクセント標識だけで平安時代のデータが十分捉えられ、特に、ピッチがどこで上昇するかは弁別的でないという結論が導かれる。

　アントノフ、かりまたと山田の論文では琉球諸語の動詞形態論が取り上げられている。山田はドゥナン（与那国）語の動詞活用を精密且つ合理的に分析し整理している。アントノフは「アロキュティビティー」(allocutivity)という言語類型論的概念を紹介し、琉球方言の動詞待遇表現の分析に適用している。アロキュティビティーとは、バスク語などで、動詞の項でない二人称（聞き手）が動詞の接辞で標示される現象である。アントノフはこのアロキュティビティーの概念を日本語や韓国語などの、述語に標示される丁寧語形式の分析に適用し、今回の論文では『おもろさうし』を含めた琉球諸語の動詞丁寧語形式を調査している。項である二人称が能格、絶対格、あるいは与格の一致（agreement）を示すバスク語とは異なり、文法的一致を持たない日本・琉球の言語における丁寧語形式がどこまでバスク語が示すアロキュティビティーと同じかについては疑問が残る。一方で、琉球諸語の発話・文献資料の調査の結果、動詞の丁寧語形式が使われる環境には二人称が項でない傾向が強いというアントノフの指摘は興味深い。アロキュティビティーは従来、語用論や社会言語学的観点に重点をおいた丁寧語の研究から転用されたアプローチで、将来の発展に期待したい。

　かりまたは琉球諸語（具体的には『おもろさうし』と現在の首里・野原・四箇方言）のテンス（非過去形・過去形）とアスペクト（完了形・継続形）体系を比較し、通時論的観点から検討した。古代日本語との比較研究の観点から、以下の観察が特に興味深い。まず、琉球諸語の二段活用（かりまたがいう混合活用）またはサ変・カ変活用には本土古代語の二段・サ変・カ変の終止形語尾 /-u/ に対応する形式の存在を示す根拠はない。その代わり、オモロ語、野原方言、四箇方言では連用形（かりまたがいうシ形）が文末に現れることが多い。この指摘を考慮すると、日琉祖語における四段動詞以外の活用型の動詞終止形に -u を再建することについて再検討する必要があるように

思われる。非四段活用終止形語尾 -u が本土方言のイノベーションであるという可能性は否定できない。

　四段動詞（かりまたがいう強変化）に関しては、終止形と連体形を区別する標識として『おもろさうし』では -o、四箇方言では *-o に由来する /-u/ として現れる連体形語尾が注目を引く。かりまたが指摘するように、この語尾は形式上、八丈語の連体形語尾 /-o/、上代東方言の四段動詞連体形語尾 /-wo/（甲類 o）に対応する。アスペクトの領域においても、東日本方言との類似性が見られる。かりまたは「居り」を複数の形で文法化させたオモロ語、首里、野原、四箇方言の継続相は形の上では西日本諸方言の進行相や結果相に現れる「居る」と似ているが、機能的には東日本方言の継続相を表していることを指摘する。琉球諸語と過去・現在の東日本の言語との類似点は将来の検討課題である。

　下地とラッセルの論文はそれぞれ与那国語と上代日本東国語の格配列を取り扱う研究である。日琉諸語の中で時空間的にもっとも離れている 2 言語である以上、この 2 つの論文が同じ論文集にあることだけで読者の興味を引くだろう。

　ラッセルは、東国語の移動動詞に着目し、その項の格配列を意味的役割別に調査した。その調査の中で、付加節助詞「ナ」（目標）などの特異な助詞の存在も注目すべきであるが、上代東国語格体系および上代東国語そのものの理解に特に役立つと思われるのは、主語（動作主・主題）の格標示に関する観察である。ラッセルの調査によれば、「方向移動動詞」の主語は「ガ」「ノ」「ゼロ」のいずれかで表示されるが、「様態移動動詞」の場合にはすべて「ゼロ」格表示となる。属格主語助詞の「ノ」と「ガ」の分布は従属節か主節かの違いに左右される一方で、様態移動動詞が一般的にゼロ格主語をとるということは、これらの動詞の主語はすべて主題であり、ラッセルがあげた例「小筑波の嶺ろに月立し」のように、名詞階層に低いものが多いことと関係があると思われる。ラッセルの研究は、オックスフォード上代日本語コーパスを用いた先駆的なもので、将来のさらなる研究に期待したい。

　下地は言語類型論の観点から与那国語の格配列を調べた結果、この言語には一種の分裂格配列（split alignment）があることを示している。これは、日琉諸語の比較統語論の立場から見て極めて重要な成果である。具体的には、与那国語の連体節の場合、または（主節・連体節を問わず）代名詞主語の場

合、主語の意味役割と関係なく、主格助詞 =nga が原則として現れる。これらの環境は主格・対格配列と言わなければならないが、それ以外の環境では、=nga が現れるか否かは主語の意味的役割によって決まるので、後者の環境では一種の活格配列（下地が言う意味的格配列）になる。

　下地が示した与那国語の分裂格配列と、柳田（2007）、Yanagida & Whitman（2009）が示した上代日本語中央方言の分裂格配列との類似点と相違点を明らかにすることは、日琉語族内の比較研究の立場からも興味深いテーマである。上代語中央方言の主文（終止形節）の主語は、目的語と同様に原則としてゼロ格で標示されるが、このパターンに対応する格配列は与那国語を含めて琉球諸語に見当たらない。このことは、上で言及した琉球諸語に本土古語の終止形に対応する形がないことと関係があるかもしれない。それに対して、従属節（特に連体節）には一種の活格配列が属格主語「=ガ」とゼロ格の対に見られる。ゼロは原則として非動作主の主語（SP）の標識であり、「=ガ」は動作主（SA）の主語を標示する。ただし、与那国語の =nga と同様に、代名詞主語は意味的役割と無関係に「=ガ」で標示される。

　与那国語には主格としての =nu が使われなくなったこと、主文における主格 =nga には焦点を表す機能があることは上代語とは異なる。ある統語的環境で主格・対格配列以外の格配列が現れるという事実が、時・空間が大きく離れているこの2つのヴァラエティに観察されることは言語学的に重要な意義があると思われる。

　最後になるが、早田、ペラール、ホイットマンの論文は狭義の歴史・比較研究である。ペラールは日琉祖語の分岐年代という重要な問題をとりあげ、言語学・考古学・生物人類学の成果を取り入れて、琉球祖語の分岐は上代語（7～8世紀）以前であるが、琉球祖語の話し手たちは分岐後しばらく本土（おそらく九州）にとどまり、中古日本語までの影響を一部受けたと言うシナリオを提案している。琉球祖語には本土上代語中央方言より「古い」要素が一部保たれると（retention 保持）同時に、中古以後に中央方言で「新しく」生じた要素（shared innovation 共通の改新）もある、ということが矛盾なく説明されている。この論文集で、特に一般の読者に知ってほしい、極めて説得力のある見解である。

　早田の論文「古語辞典における実証形と推定形」は比較歴史言語学の方法論の根本的な問題を取り上げている。『時代別国語辞典上代編』以降、いわ

ゆる上代特殊仮名遣いや清濁子音の対立を明記する古語辞典は少なからずあるが、実証形（古代文献に現れた形）と推定形の区別が必ずしも正確に記述されていないのが現状である。古代日本語の資料には解釈上の困難があるとはいえ、例えばインド・ヨーロッパ諸語の歴史比較言語学における研究資料と比べてみると、辞書類から校本まで、古代日本語の基礎資料にはまだまだ改善の余地があると言わざるを得ない。

　最後になるが、本書は、特に2人の学者の貢献がなければ刊行に至らなかったことをお伝えしたい。1人は編者の田窪行則氏である。本年度のご退職まで、氏は九州大学、京都大学時代にて、日本の言語学を代表する中心的な存在であった。形式意味論から語用論・統語論・記述文法に及ぶまで、実に幅広く、しかも奥行きの深い研究を行い、学会に貢献されてきた。田窪氏が2006年に京都大学言語学科で始めた琉球語（特に宮古語）研究イニシアチブが日琉諸語の比較研究に活気を与え、今回の論文集に投稿した若手研究者に直接・間接的に影響を及ぼした。改めて執筆者を代表して感謝と敬意を表したい。

　もう一方、本書の複数の論文を通して、広く影響を与えた学者として早田輝洋氏に感謝を述べたい。本書の多くの論文の知的出発点は、服部四郎が1950年代から1970年代にかけて行った日琉諸語の比較研究であるが、早田氏は、1970年代以降、各時代の日本語、複数のヴァラエティを対象にした、真の意味での歴史比較研究の担い手として、服部の研究プログラムを維持し、発展させてきた研究者である。早田氏の論文を本書に載せることができたのは、編者としては何よりもの喜びである。

参照文献

Goldsmith, John (1976) Autosegmental Phonology. Ph. D. dissertation, MIT.
Igarashi, Yosuke, Yukinori Takubo, Yuka Hayashi and Tomoyuki Kubo (2011) How many tonal contrasts in Ikema Ryukyuan? *Proceedings of the 17th International Congress of Phonetic Sciences*, 930–933. Hong Kong: Hong Kong Convention and Exhibition Center.
松森晶子 (2010)「多良間島の3型アクセントと「系列別語彙」」上野善道 (監修)『日本語研究の12章』490–503. 東京：明治書院.
柳田優子 (2007)「上代語の能格性について」長谷川信子 (編)『日本語の主文現象』147–188. 東京：ひつじ書房.
Yanagida, Yuko and John Whitman (2009) Alignment and word order in Old Japanese. *Journal of East Asian Linguistics* 18: 101–144.

索 引

A～Z
A, B, C 系列 168
Carletti 58, 59
Kaempfer 58, 59, 60
mora-counting syllable language 227
OCOJ 39
p 音 106
TBU 149, 150

あ
アクセント 113
アクセント類 113
上げ核 226, 227
東歌 101
『吾妻鏡補』 58, 62, 63
有坂秀世 20
安定性 188
イエズス会宣教師 15
異形態 263
石垣方言 239, 247
意志性 188
石橋真国 73
伊是名島方言 144
已然形 21, 30, 31, 33, 35, 36
1 人称代名詞 108
移動推進動詞 39
移動動詞 39
伊平屋島方言 144
意味的配列 178
意味役割 46
『伊呂波』 63, 64, 65
『伊路波』 57, 58, 59, 62, 63
印欧祖語 101

引用 274
受身 272, 273
ウデヘ語 25
大分方言 113
大島浦方言 240
大島古仁屋方言 242
大島名瀬方言 241
大島湯湾方言 242
沖縄語の首里方言 104
沖永良部島田皆方言 244
沖永良部島知名方言 244
沖永良部島和泊方言 243
乙類 6, 110
オモロ語 125
『おもろさうし』 102, 125, 249
音位転換 34
音韻規則 268
音韻語（Phonological Word, PhW） 150, 152, 153, 154, 155, 156, 157, 159, 160, 161, 162, 163, 164, 165, 166, 167, 168, 169
音仮名 5
音節 221
音素配列に関する制約 280
音調メロディー 150
音便 145
『諺文音釋』 73, 74

か
海東諸国記 248
外輪式アクセント 113
核 79
格配列 173, 174
格標示 173
過去 262, 275

298 | 索引

過去形 277
過去接辞 267
活格型（active-inactive）179
活格性 187
活動性 188
仮名遣い 5
漢語 104
観智院本類聚名義抄 11
間接疑問 274
『看羊録』 71
完了 276
完了形 271
完了接辞 269
喜界島 250
喜界島阿伝方言 187
喜界島志戸桶方言 242
聞き手 235, 237, 238, 239, 251, 252, 253
聞き手活用 235, 237
基礎語彙 101
北琉球語派 100
君が代 67
疑問詞疑問 273
京上 57, 58, 59, 60, 62, 63
禁止 262, 275
禁止形 282
禁止接辞 287
空気力学 107
グスク時代 116, 118
グスク文化 116, 118
組踊り 249
訓仮名 5
軽音節 212, 227
契機 79
形態素分析 265
形態論 259
系列 166
言語年代学（glottochronology）101
謙譲語 238
謙譲助動詞 249
謙譲動詞 248

語彙的アスペクト 185
（高起）下降型 227
高起下降型 225
後期更新世 115
高起式 225
高起平進型 225, 227
考古学 99
喉頭化 108
項の具現化 39
校本 8
甲類 6
古語辞典 3
古事記 4
語声調 77, 81
古代日本語 102
古墳時代 118
古墳文化 116
語末子音説 28
語末閉音節 27
金光明最勝王経音義 78
ゴンザ 58, 60

さ
再帰代名詞 109
防人歌 101
三型アクセント体系 168
使役 272
使役移動動詞 39
使役形 279
使役接辞 267
四箇方言 125, 139
式 77
式保存 225
四座講式 83
実証形 3
借用 115
重音節 210, 212, 227
主格対格分析 177
首里方言 125, 131, 246, 251
『捷解新語』 64, 70, 71, 72

状況 265, 275
状況接辞 263
条件 265, 273
条件接辞 273
上代語 3, 21, 24, 30
上代東国語 39
上代特殊仮名遣い 5, 110
上代日本語 39, 101
上代日本語コーパス 39
声点 113
声点資料 77
縄文文化 115
人類学 99
推定形 3
清濁無表記の時代 18
声調言語 149, 154, 158, 166
舌根調和 21
舌根母音調和 25
尊敬語 238, 247
尊敬動詞 247, 249, 250, 251

た
ダレ 17
中高母音の上昇 26
中古音 104
中国資料 72
中古・中世日本語 101
中止 275
中止形 272
中止接辞 275
中舌母音化 70, 71, 72
朝鮮板『伊路波』 57
朝鮮イロハ 67, 68, 69, 70, 71, 72
『朝鮮通信考』 68, 69
長母音説 114
直説 265, 273
直説形 277
直説接辞 265
「月」の連濁 14
ツングース諸語 25

低起式 225
(低起)上昇下降型 227
低起上昇下降型 225
低起平進型 225, 227
丁重(アロキュティブ)動詞 250
丁重語 252
丁重(助)動詞 248
丁重動詞 237, 248
丁寧 252
丁寧動詞 247
東国語 40
統語的配列 178
動作主の原型 191
動作主性 173
動作動詞 185
動詞活用 261
徳之島井之川方言 243
徳之島亀津方言 243
徳之島方言 250
図書寮本類聚名義抄 12
豊見城西銘方言 246

な
内的再建 112
7母音説 24
難波津歌 67
ナンビクアラ語 237
ニヴフ語 25
二段活用 33, 34, 35
日琉語族 99
日琉祖語 21, 26, 27, 36, 99
日葡辞書 16
日本書紀 4, 78
農耕 116, 118
野原方言 125, 136, 247

は
Bayer 58, 60, 61
ハ行転呼 103
橋本進吉 5

バスク語 235, 236, 237, 252
八丈語 99
服部四郎 18
林羅山 69
反切表 68
非項 237, 238, 239, 251, 252
非唇音化 70, 71
否定 262, 273
否定形 286
否定接辞 277
被動性 188
被覆形 8, 23, 28, 29
表層アクセント体系 211
複合名詞アクセント規則 84
文弘續 69
ブメ語 237
分岐年代 99, 101
文焦点 182
文法化 103
分裂自動詞型 (split intransitive) 179
平安時代語アクセント 77
ベジャ語 237
変化動詞 185
母音体系 21
母音調和 21, 22, 36
母音融合 9
方向移動動詞 39
本土日本語 99
本部町並里方言 245

ま

枕崎方言 108
満洲語 18
マンダン語 237
万葉仮名 6
萬葉假名類別表 5
万葉集 4, 101
南琉球語派 100
南琉球祖語 168
宮古祖語 166

無助詞 177
名詞化 274
命令 262, 275
命令形 271
命令接辞 263
モーラ 221
モミヂ 17

や

康遇聖 70
弥生文化 115
有生性 186, 188
有標性 194
様態移動動詞 39
与那国（ドゥナン）語 107, 173, 174, 259, 261, 265, 267, 277, 280, 284, 287
与論島方言 245
4母音説 112
4母音体系 112

ら

リズム交替の原理 (Principle of Rythmic Alternation) 151
琉歌 249
琉球諸語 99
琉球祖語 22, 23, 103, 104, 111, 115, 116, 117
類聚名義抄 78
連体 265, 273
連体形 21, 26, 30, 33, 34, 35, 36, 274
連体形語尾 31, 33, 35
連体助詞 12
連体接辞 272
連濁 11
6母音説 36, 112
露出形 8, 23, 28
ロドリゲス大文典 16

わ

話者指示的代名詞 109
和名類聚抄 77

執筆者紹介

◇田窪行則（たくぼ　ゆきのり）＊
岡山県生まれ。京都大学大学院文学研究科教授。専門は理論言語学、琉球諸語、危機言語ドキュメンテーション。著書に『日本語の構造：推論と知識管理』（くろしお出版、2010）、『琉球列島の言語と文化：その記録と継承』（編著、くろしお出版、2013）などがある。

◇早田輝洋（はやた　てるひろ）
東京都生まれ。元九州大学教授。専門は満洲語、日本語音韻史、アクセント論。著書に『博多方言のアクセント・形態論』（九州大学出版会、1985）、『満文金瓶梅訳注』（第一書房、1998）、『音調のタイポロジー』（大修館書店、1999）などがある。

◇ジョン・ホイットマン（John Whitman）＊
米国生まれ。コーネル大学言語学科教授。専門は理論言語学、類型論、歴史言語学。著書・論文に Proto-Japanese（共編著、John Benjamins, 2008）、"Old Korean"（The handbook of Korean linguistics, Wiley-Blackwell, 2015）、「ラテン語教典の読法と仏典の訓読」（『仏教文明の転回と表現：文字・言語・造形と思想』勉成出版、2015）などがある。

◇ケリー・ラッセル（Kerri L. Russell）
米国生まれ。オックスフォード大学日本語言語学科講師。専門は日本語史、デジタル・ヒューマニティーズ。著書・論文に The Oxford Corpus of Old Japanese（共著、2011– 現在）、"The syntax of mood constructions in Old Japanese: A corpus based study"（共著、Proceedings from the International Conference on Historical Linguistics 21, 2015）、"The Oxford Corpus of Old Japanese"（共著、『コーパスと日本語史研究』ひつじ書房、2015）などがある。

◇スエン・オースタカンプ（Sven Osterkamp）
ドイツ生まれ。ドイツ国ボーフム大学東アジア研究学部教授。専門は日本語史、欧州における日本語・琉球語・朝鮮語の研究史。著書・論文に Nicht-monosyllabische Phonogramme im Altjapanischen（『上代日本語の表記における非一音節の音仮名について』）（Harrassowitz, 2011）、「ビュルガー・コレクションに関する若干の覚書」（『シーボルト日本書籍コレクション　現存書目録と研究』勉成出版、2014）、"A sketch history of Pre-Chamberlainian western studies of Ryukyuan"（Handbook of the Ryukyuan languages: History, structure, and use, De Gruyter Mouton, 2015）などがある。

執筆者紹介

◇ **平子達也**（ひらこ　たつや）＊
東京都生まれ。実践女子大学文学部国文学科助教。専門は日本語アクセントの記述的・歴史的研究、古代日本語、出雲諸方言。論文に「平安時代京都方言における下降調に関する試論：観智院本『類聚名義抄』に見られる平声軽点の粗雑な写しを手がかりにして」（『日本語の研究』第 9 巻 1 号、2013）、「能登島諸方言におけるアクセントの変化：「語頭隆起」とその後」（『日本語の研究』第 11 巻 1 号、2015）などがある。

◇ **トマ・ペラール**（**Thomas Pellard**）
フランス生まれ。フランス国立科学研究所（CNRS）・東アジア言語研究所（CRLAO）専任研究員。専門は言語学。論文に "Ryukyuan perspectives on the Proto-Japonic vowel system"（*Japanese/Korean Linguistics* 20, CSLI Publications, 2013）、「日本列島の言語の多様性：琉球諸語を中心に」（『琉球列島の言語と文化：その記録と継承』くろしお出版、2013）、"The linguistic archaeology of the Ryukyu islands"（*Handbook of the Ryukyuan languages: History, structure, and use*, De Gruyter Mouton, 2015）などがある。

◇ **狩俣繁久**（かりまた　しげひさ）
沖縄県生まれ。琉球大学法文学部教授。専門は琉球語。論文に「琉球方言の焦点化助辞と文の通達的なタイプ」（『日本語の研究』第 7 巻 4 号、2011）、「連体形語尾からみたおもろさうしのオ段とウ段の仮名の使い分け」（『沖縄文化』116 号、2014）、"Ryukyuan languages: A grammar overview"（*Handbook of the Ryukyuan languages: History, structure, and use*, De Gruyter Mouton, 2015）などがある。

◇ **松森晶子**（まつもり　あきこ）
東京都生まれ。日本女子大学文学部教授。専門は音韻論、琉球諸語、日本語アクセント、歴史言語学。著書・論文に『日本語アクセント入門』（共著、三省堂、2012）、「複合語アクセントが日本語史研究に提起するもの」（『国立国語研究所論集』第 10 号、2016）などがある。

◇ **下地理則**（しもじ　みちのり）
沖縄県生まれ。九州大学大学院人文科学研究院准教授。専門は言語学。著書に『琉球諸語の保持を目指して』（編著、ココ出版、2014）、*Handbook of the Ryukyuan languages: History, structure, and use*（編著、De Gruyter Mouton, 2015）などがある。

◇ **上野善道**（うわの　ぜんどう）
岩手県生まれ。東京大学名誉教授。専門は音声学・音韻論、特にアクセント論。著書・論文に『言語学』第 2 版（共著、東京大学出版会、2004）、『日本語研究の 12 章』（監修、明治書院、2010）、"Three types of accent kernels in Japanese"（*Lingua* 122, 2012）などがある。

◇アントン・アントノフ（**Anton Antonov**）
ブルガリア生まれ。フランス国立東洋言語文化大学（INALCO）准教授・東アジア言語研究所（CRLAO）研究員。専門は歴史言語学、記述言語学、類型論。論文に "Grammaticalization of allocutivity markers in Japanese and Korean in a cross-linguistic perspective"（*Shared grammaticalization with special focus on the Transeurasian languages*, John Benjamins, 2013）、"Verbal allocutivity in a crosslinguistic perspective"（*Linguistic Typology* 19(1), 2015）などがある。

◇山田真寛（やまだ　まさひろ）
北海道生まれ。京都大学学際融合教育研究推進センターアジア研究教育ユニット特定助教。専門は理論言語学、言語復興。論文に「ドゥナン（与那国）語の自然談話資料と文法概説」（『琉球列島の言語と文化：その記録と継承』くろしお出版、2013）、「11章　与那国方言」（『琉球のことばの書き方：琉球諸語統一的表記法』くろしお出版、2015）などがある。

（論文掲載順。2016 年 3 月現在。*は編者）

琉球諸語と古代日本語
日琉祖語の再建にむけて

発　行	2016年4月15日　　初版第1刷発行

編　者	田窪行則／ジョン・ホイットマン／平子達也

発行所	株式会社　くろしお出版
	〒113-0033　東京都文京区本郷3-21-10
	TEL: 03-5684-3389　FAX: 03-5684-4672
	URL: http://www.9640.jp　e-mail: kurosio@9640.jp

印刷所	藤原印刷株式会社
装　丁	大坪佳正

©Yukinori Takubo, John Whitman and Tatsuya Hirako 2016　Printed in Japan
ISBN 978-4-87424-692-4　C3081

●乱丁・落丁はおとりかえいたします。本書の無断転載・複製を禁じます。